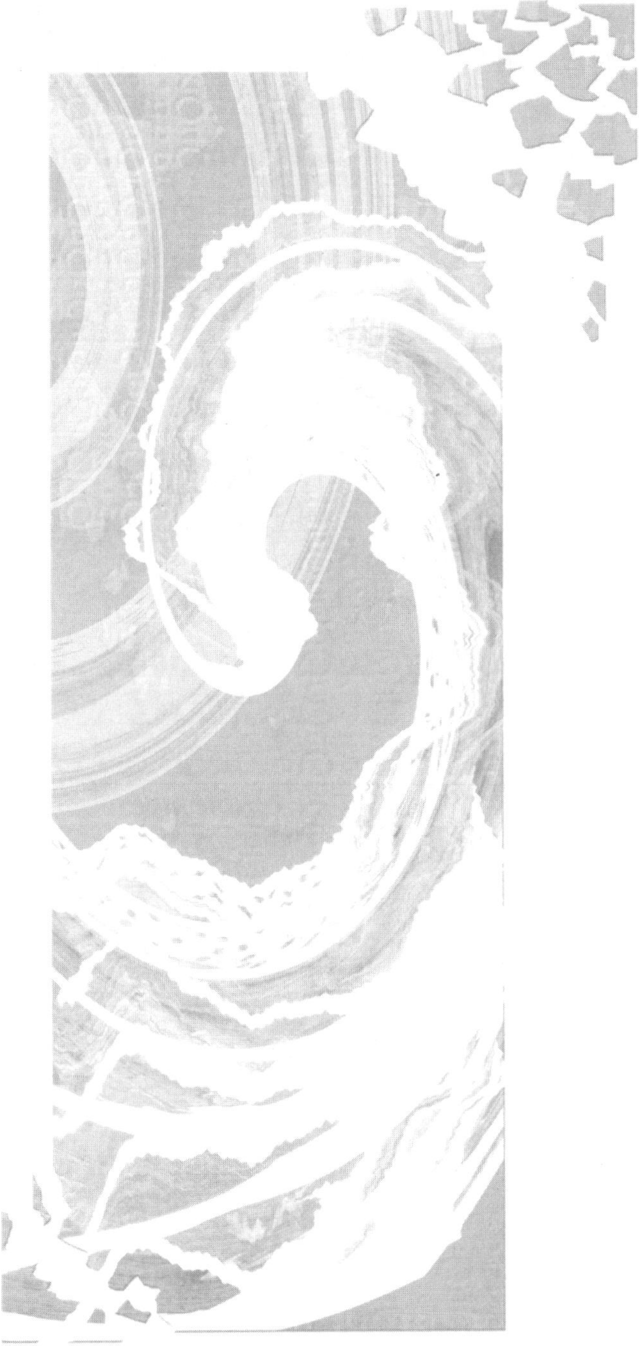

경험과 초월

이도연

도서출판 월인

어머니, 아버지께 이 책을 바칩니다.

책머리에

나는 이 땅에서 인문학을 공부하는 사람의 궁극적인 목표는 자생적 담론의 창출에 있어야 한다고 오래 전부터 믿어왔다. 아무리 뛰어난 학문적 성과라도 자생적 담론의 생산에 기여할 수 없다면, 그것이 어떤 이론적 수사로 무장하고 있더라도 나는 별 쓸모없는 일이라고 생각한다. 물론 이는 당위론적 명제로 수행되거나 실천될 수 없으며 배타적 민족주의의 경직성으로부터 그 동력을 얻을 수도 없다. 1960년대 김수영은 자신의 어느 시에선가 '변두리의 진흙'이란 말을 쓴 적이 있다. 김수영은 이 말을 부정하고 싶은 제 3세계의 저개발성, 당시 한국의 문화적 후진성을 가리키는 뜻으로 사용했다. 나는 이 말을 '사랑하는 싸움'이라는 의미로 받아들인다. '사랑하는 싸움'이라는 말이 지닌 균열과 아이러니를 나는 좋아한다. 싸움은 싸움이되 이때의 에너지는 대상을 거부하고 적대시하는 파괴적인 힘으로 작용하는 것이 아니라 적을 동지로 만들 수 있는 부드럽고 따뜻한 생성의 에너지와 인간의 궁극적 화해의 능력에 대한 믿음을 표현하는 것이기 때문이다. 김수영은 자신의 삶과 문학이 그가 발 딛고 있는 진창에서 얻어진 것이 아니라면 진정한 것이 아니라 믿었다.

근대적 의미의 분과 학문이 정립된 이후 한국의 인문학은 비약적인 발전을 거듭해왔다. 그러나 불행하게도 문학을 포함한 한국의 인문학의 상황은 여전히 심각한 대외 의존성을 드러내고 있다. 나는 소박한 의미에서 우리 사회와 문학을 나름의 관점에서 바라볼 수 있는 최소한의 이론적 준거를 우리 내부에서 찾아보고 싶다. 허나 지금 이 시점에서 나의 학문적 소양과 공부가 턱없이 부족함을 다시금 절감하게 된다. 고백하건대 나는 근대를 전후해서 한국 사회를 지배해왔던 전통과 공통된 인식소(認識素)들에 대해 잘 알지 못한다. 따라서 이 책은 분명한 관점을 보여주는 연구의 결과나 하나의 이정표이기보다는 앞으로 연구의 방향을 내 나름으로 가늠해보는 일종의 학문적 출사표인 셈이다. 이 자리에 모인 글들은 지난 오년 여간 내가 학술지를 통해 발표했던 논문들을 중심으로 구성되어 있다. 각각의 글들이 다루고 있는 영역이나 주제는 상이하지만 스스로 돌이켜보면 한국사회의 경험적 구체성을 소중히 여겼던 작가와 비평가들의 노력에 나의 학문적 관심이 집중되어 있음을 알 수 있다. 문학연구에 있어 일관되게 내가 중요하게 고려했던 것은 텍스트의 언어적 조건과 집단적 발화행위로서 문학 텍스트가 지니는 정치적 성격이었다. 이는 어떤 절충을 의미하지 않는다. 문학작품의 미세한 언어의 결과 텍스트 내부의 흔적으로서 역사성을 고려하지 않는다면 문학 텍스트는 결코 우리에게 말을 걸어오지 않는다. 따라서 문학 연구자의 기본적인 태도는 거창한 이론이나 지식이 아니라 텍스트가 들려주는 작은 숨결들에 귀 기울이는 일이다. 나는 이 책에서 가능한 이론적 장치들에 기대기보다는 텍스트가 들려주는 목소리를 따라가고자 했다.

이 책에서 다루고 있는 대상들은 주로 20세기 전반기, 식민지 시대 한국 문학의 텍스트들이다. 20세기 전반기 한국의 근대에는 전근대성, 근대성, 탈근대성이 혼재되어 있다. 그리고 식민 지배기의 정치적 압력을 늘 고려할 수밖에 없다. 정치적 · 경제적 토대가 바탕이 되었던 서구의 근대에서 마르크시즘이나 모더니즘은 모두 근대성에 대한 비판과 극복이라는 의미를 함축하고 있었다. 반면 근대화의 토대가 제대로 구축되지 않은 채, 근대의 실험을 해야 했던 한국은 서구의 모델과는 다른 특이성을 지닌다. 한국 근대문학은 서구에의 경사와 전통과의 교섭을 통해 형성되었고 그 대체적인 방향은 근대주의였다. 한국인이 진정한 의미의 근대세계를 경험하기 시작한 것은 비교적 최근의 일이라고 할 수 있기에 한국 문학 연구자들은 여전히 근대성과 관련된 논의로부터 자유롭지 못하다. 20세기 전반기에, 전통의 의미를 심각하게 고려하지 않았거나 서구의 근대주의에 대한 깊이 있는 통찰이 부재했던 작가와 작품들은 대부분 체화(體化)된 근대주의에 이르지 못했다. 이 시기 작가들에게 보다 중요한 것은 한국의 경험적 현실과 얼마나 정직하게 싸웠느냐는 문제일 것이다. 즉 근대주의를 표방한 문학적 대응방식이 무엇이든지 간에, 그것이 한국의 경험적 현실의 구체성 속에서 내면적 고투를 통해 육화되지 못한다면 진정성을 확보하기 어렵다는 점이다. 현실에 대한 총체적 묘사와 혁명적 전망을 통해 이성의 해방적 기획을 믿었던 카프 계열의 작가들은 나날의 삶의 구체성 속에서 사유의 내면적 고투를 통과했다고 보기 어려운 부분이 있다. 그것은 미래로 투사된 이데올로기에 가깝다. 또한 과학주의라는 그릇된 보편성의 미망 아래 한국의 경험적 현실을 진지하게 고려하지 않았던 김기림을 비롯한 1930년대 모더니스트들의 문학 역시 구체적 삶을 통과한 문학적 신념이었다기보다는 포즈나 유행적 패션에 가까웠다. 이와 같은 의견들은 앞으로 한국문학사의 구체적인 맥락 속에서 보다 엄밀한 논증을 통해 밝혀질 필요가 있다.

이 책의 1부는 '식민지 시대의 삶과 소설의 언어'로서 식민 지배기의 신채호, 이기영, 이태준, 허준의 소설 작품들을 살펴본다. 여기에서는 문학의 기본적으로 초월적인 성격과 함께 당대의 작가들이 그들의 경험적 현실에 어떻게 대응해나갔는지를 확인한다. 이를 통해 문학을 바라보는 필자의 기본적인 입장이 드러날 수 있으리라 생각한다. 제2부 '정신분석과 문학연구'에서는 프로이트와 라캉의 이론을 중심으로 최명익의 소설 「심문」과 전후작가 송병수의 「빙하시대」를 살펴본다. 문학연구에서 정신분석적 관점의 수용은 시간을 뛰어넘는 인간의 보편적인 심성구조를 이해하는 데 도움을 준다. 제3부 '시론과 문학사'에서는 김기림의 시론과 동시대 김준오의 시론을 살피고 문학사와 관련된 이태준의 전통주의, 그리고 한국현대소설사를 보는 필자의 기초적인 관점을 드러내고자 하였다. 이 책은 나의 첫 번째 책이다. 이 책이 완성되기까지 많은 분들의 가르침과 도움을 받았다. 외람되지만 이 책은 스승이신 김인환 선생님이 알려주신 길을 따라가고자 노력했던 나의 첫 발자욱이다. 스승님께 깊이 감사드린다. 연세대학교의 김영민 선생님은 나에게 연구자의 기본적인 마음가짐과 실증정신의 소중함을 몸소 일깨워주셨다. 선생님께 마음으로부터의 존경을 표하고 싶다. 수지가 맞지 않음을 알면서도 출판을 허락해주신 월인 관계자 분들과 편집부 식구들께 고마움을 전한다.

2007년 겨울의 초입

이 도 연

차례

허준 소설 연구

제2부 정신분석과 문학연구

라캉 정신분석과 문학연구

송병수의 〈빙하시대〉론

제3부 시론과 문학사

제1부
식민지 시대의 삶과 소설의 언어

낭만적 정신의 현실적 구조

- 신채호의 〈꿈하늘(夢天)〉(1916)론 -

1. 몽유소설의 형식과 낭만적 아이러니

<꿈하늘>의 작가 신채호는 매우 낯설은 방식으로 작품의 序에서 독자에게 할 말씀을 세 가지로 당부하면서 소설을 시작한다. 제일 먼저 주목되는 것은 두 번째의 것으로, 신채호는 여기에서 소설의 문법을 따르지 않겠다는 점을 분명하게 천명하고 있다. 그것은 소설의 구성과 문체를 무시하겠다는 의미이다. 작가가 애초부터 장르를 염두에 두고 있지 않다는 점은 '<꿈하늘>이라는 이 글을 짓고 나니'라는 부분에서 이미 드러나고 있다. 수필적 상상력이 지배하고 있는 인용을 보자.

> 둘째는 글을 짓는 사람들이 흔히 排鋪(계획)가 있어, 먼저 머리는 어떻게 내리라, 가운데는 어떻게 버리리라, 꼬리는 어떻게 마무르리라는, 대의를 잡은 뒤에 붓을 댄다지만, 한 놈의 이 글은 아무 배포없이 오직 붓끝 가는 대로 맡기어 붓끝이 하늘로 올라가면 하늘로 따라 올라가며, 땅 속으로

> 들어가면 땅 속으로 따라 들어가며, 앉으면 따라 앉으며, 서면 따라 서서, 마디마디 나오는 대로 지은 글이니, 독자 여러분이시여, 이 글을 볼 때, 앞뒤가 맞지 않는다 우아래의 문체가 다르다, 그런 말은 마르소서[1])

여기에서 우리는 다음과 같은 물음을 던지지 않을 수 없다. 즉 구성과 문체를 포기한 소설을 소설로 읽는 방법은 무엇일까? 혹은 <문학의 범주에 포함할 것인가?>라는 질문이 끊임없이 제기되는 작품을 두고 문학내적 독법으로 읽는다는 것은 가능한 것인가? 미리 말해두지만 신채호의 소설을 그의 사상과 문학관과의 관련 없이 읽는다는 것은 근원적으로 불가능하거나 매우 어리석은 일이다. 신채호의 문학은 그의 사상의 궤적 속에서만 온전하게 그 의미가 밝혀질 수 있다. 하지만 문학작품의 의미를 역사적인 층위로 환원시켜버리거나 사상사의 일부로 편입시켜버리는 일은 문학연구자의 올바른 태도라고 할 수 없다. 신채호의 작품을 그의 민족사관과 관련하여 설명하거나 그 사상사적 의미를 밝히는 일은 역사학자의 몫이다. 여기에 신채호의 문학을 대하는 문학연구자의 난처함이 있다. 문학연구를 사회사로 환원시키지 않고 작품을 작품으로서 읽는 한 방법은 작품의 구조에 주목하는 일이다. 물론 그 구조라는 것도 소설의 구성원리를 문제삼는 것이 아니라 작가로서의 신채호의 정신적 구조를 문제삼는 일이 된다. 따라서 그 정신적 구조의 현실과의 친연성마저 배제하기는 어렵다. 그러나 그 정신적 구조는 현실과 직접적으로 매개된 것이 아니라 간접적으로 매개된, 작품 형상화의 원리로서의 문학적 정신의 구조이

---

1) 단재신채호선생기념사업회편, 『단재신채호전집 하』(개정판), 형설출판사, 1977, 174쪽. 이하 인용은 전집의 권수와 페이지 수만 밝히기로 하며, 가급적 한글로 표기하겠다.

다. 문학작품은 항상 현실에 더붙여진 것으로, 현실의 잉여태로서 존재한다. <꿈하늘>을 소설 그 자체로서 보겠다는 것은 바로 현실의 잉여태로서 예술작품을 대하겠다는 태도에 다름 아니다. 그리고 작가로서의 신채호의 정신적 구조를 문제삼는 일은 <꿈하늘>의 몽유소설적 특성에 주목하는 일과 직결된다.

조동일은 <꿈하늘>이 전대의 몽유소설의 전통을 계승하고 있다는 점을 지적한다.[2] 또 다른 연구자는 <꿈하늘>이 지니는 전대소설의 특징과 근대소설적 특성을 함께 지적하기도 한다.[3] 고전문학 연구자들의 성과에 기대어보면 <꿈하늘>이 몽유록을 비롯한 전대문학의 영향을 받고 있다는 것은 부인할 수 없는 듯하다. 그 영향관계를 직접 실증하는 일은 필자의 능력을 벗어나는 것이기 때문에서 본고에서는 작가가 왜 몽유양식을 소설의 형식으로 선택했느냐는 문제에 초점을 맞추고자 한다. 몽유소설의 기저를 이루는 정신적 구조는 낭만주의라고 할 수 있다. 따라서 이 지점에서 신채호의 낭만적 정신구조와 그 정신을 추동하는 아이러니와의 관계를 설정해 볼 수 있다. 낭만적 아이러니는 이상과 현실의 괴리에서 생긴다.[4] 낭만적 정신은 언제나 이상을 동경하지만 그 이상은 언제나 도달될 수 없기 때문에 아이러니가 발생한다. 동경은 항상 미완의 것으로 머물러 있다. 일본은 1910년 한국을 강제합병함으로써 한국민의 민족국가 건설의 꿈을 짓밟아 버렸다. 신채호는 한일합병후 중국으로 망명하여 1916년 <꿈

---

2) 조동일, 「몽유록의 재현」, 『한국문학통사 4』, 지식산업사, 1994, 329~331쪽 참고.

3) 신재홍, 「몽유양식의 소설사적 전개양상」, 『한국몽유소설연구』, 계명문화사, 1994, 214~219쪽 참고.

4) 지명렬, 「낭만주의와 동경의 문제」, 『문예사조』, 문학과지성사, 1977, 48~63쪽 참고.

하늘>을 집필했다. <꿈하늘>에는 자주적인 독립국가를 갈망하는 작가의 간절한 염원이 고스란히 배어있다. 일본의 제국주의적 침탈이라는 현실 앞에서 절망할 수 없었던 신채호는 자주독립의 꿈을 소설 속에서나마 펼쳐보이고 싶었던 것이다. 하지만 그것은 현재 속의 현실태(實現態)가 아니라, 미래 속의 가능태(可能態)로 존재할 수 있었기에 몽유소설의 형식으로 나타난 것이다. 작가에게 현실을 초극할 수 있는 유일한 소설적 형식은 꿈이었다. 따라서 그것은 욕망을 선취하는 방식이며, 미리-당김의 형식이다. 이와 같이 <꿈하늘>이 몽유소설의 형식을 취하고 있는 것은 우연이라고 할 수 없다. 신채호의 <꿈하늘>은 현실과 이상의 아이러니의 간극과 거리 속에서 탄생한 것이다. 독자에게 당부하는, 序에서의 신채호의 발언으로 다시 한번 돌아가 보자.

> 첫째는 한놈은 원래 꿈 많은 놈으로, 근일에는 더욱 꿈이 많아 긴 밤에 잠이 들면 꿈도 그와 같이 깊어 잠과 꿈이 서로 시종하며, 또 그뿐만 아니라 곧 멀건 대낮에 앉아 두 눈을 멀뚱멀뚱히 뜨고도 꿈 같은 지경이 많아 님나라에 들어가, 단군께 절도 하며, 번개로 칼을 치어, 평생 미워하는 놈의 목도 끊어 보며, 비행기도 아니 타고 한 몸이 훨훨 날아 만리구천에 돌아다니며, 노랑, 거먹이, 흰동이, 붉은 동이를 한법에 모아 놓고 노래도 하여 보니, 한놈은 벌써부터 꿈나라의 백성이니, 독자 여러분이시여, 이 글을 꿈꾸고 지은 줄 아시지 마시고, 곧 꿈에 지은 글로 아시옵소서.[5)]

독자에 대한 첫 번째 당부인 인용에서 신채호는 소설을 꿈을 꾸고

---

5) 『전집 하』, 174쪽.

나서 지은 것이 아니라, 꿈 속에서 지은 것으로 보아달라고 부탁하고 있다. 이 작품이 몽유소설의 형식임이 직접적으로 드러나는 대목이라고 할 수 있다. 여기에서 이 소설이 꿈 속에서 지은 것이라는 점은 중요한 의미를 지닌다.6) 꿈 속이라는 작가의 전제는 독자의 허구에 대한 승인을 요구하고 있는 것이다. 그 암묵적 동의는 작가를 현실적 힘의 관계로부터 자유롭게 한다. 이와 같은 사정은 '자유 못하는 몸이니 붓이나 자유하자고'라고 하는 절절한 작가의 절규 속에 드러나 있다. <꿈하늘>의 몽유형식은 작가가 절망적 현실을 초극하는 형식이었던 셈이다. 여기에서 우리는 1920년대 한국문학의 낭만주의가 현실과의 관계 속에서 비탄의 형식이었음에 반해 신채호의 낭만주의는 현실초극의 형식이었음을 조심스럽게 가정해 볼 수 있다.

2. 알레고리적 구조와 그 의미

<꿈하늘>이 낭만적 초월의 형식임에는 분명하지만 그것은 문자 그대로의 초월이라기보다는 초극에 가깝다. 즉 현실과의 알레고리적 구조 한에서의 초월이다. 문학은 언제나 현실에 대한 잉여태이지만

6) 김영민은 다음과 같이 그 차이를 정확하게 지적하고 있다. "현실에서는 소망의 실현이 방해받는다. 더구나 단재가 사는 시대에는 그로 인한 좌절감이 더욱 큰 시대였다. 따라서 꿈 속에서 희망을 느끼더라도, 꿈을 깬 이후는 그것이 곧 좌절감으로 이어진다. 현실에서 작품을 쓸 경우, 아무리 그것이 꿈을 바탕으로 한 것일지라도 결말에서는 현실을 생각하지 않을 수 없다. ……하지만 꿈에 쓴 작품은 현실의 어려움에서 자유롭다. 여기에서는 꿈과 현실이 조화를 이룰 필요도 없다. 작가는 하고 싶은 이야기를 현실적 제약 없이 얼마든지 해나갈 수 있다. 단재는 이 작품을 쓰면서 그것이 현실적으로 얼마나 실현 가능한 것인지 생각하지 않았다."(김영민, 『한국근대소설사』, 320쪽)

동시에 언제나 현실 속의 잉여태이기도 하다. 즉 항상 덧붙여진 것이지만 그것은 항상 무엇에 덧붙여진 것이다. 현실의 잉여가치는 늘 현실의 사용가치를 전제로 하는 것이다. <꿈하늘>이 몽유의 형식임은 분명하지만 그것은 처절한 현실을 포함하고 있다. 이 작품이 초극의 형식이라는 것은 현실에 대한 배제의 원리가 아니라 포섭의 원리에 의해 작동하고 있기 때문이다. 이와 같은 사실은 작품의 서두에서 분명하게 볼 수 있다. 즉 하늘과 땅/ 靈界와 肉界의 지배원리가 다르지 않고 같다는 것, 땅과 육계에서의 삶은 하늘과 영계에서의 삶으로 그대로 연장된다는 인식이 그것이다. 이는 허구와 사실이 결코 이질적이지 않고 동질적인 차원의 것이라는 인식과 맞닿아 있다. 우리는 여기에서 신채호의 소설과, 그의 역사기술과 문학론을 포함한 산문을 겹쳐 읽을 수 있는 가능성을 만난다. 중첩해서 읽기 혹은 겹쳐서 읽기의 방식이 그것이다. <꿈하늘>을 소설적 허구라고 보았을 때, 그의 산문은 현실에 대한 사실적 진술들이다. 소설이 허구의 체계라면 역사는 사실의 체계이다. <꿈하늘>이 허구의 세계라면 <천희당시화>와 <조선혁명선언>은 사실의 세계이다. 이 지점에서 우리는 신채호의 소설을 단순히 사회사적 차원으로 환원시키지 않고 허구와 사실들을 상호침투 속에서 읽어 낼 방법을 만난다. <꿈하늘>의 알레고리적 구조에 주목하는 이유도 여기에 있는 것이다. 우리는 우선, 다음과 같은 강렬하면서도 가장 정확한 신채호의 현실인식과 만날 수 있을 것이다.

> 强盜 日本이 우리의 국호를 없이하며, 우리의 정권을 빼앗으며, 우리의 생존적 필요조건을 다 박탈하였다. 경제의 생명인 산림, 천택, 철도, 광산, 어장, 내지 소공업 원료까지 다 빼앗아 일절의 생산기능을 칼로 베이며 도

> 끼로 끊고, 토지세, 가옥세, 인구세, 가축세, 백일세, 지방세, 주초세, 비료세, 종자세, 영업세, 청결세, 소득세, 기타 각종 잡세가 수일 증가하여 혈액은 있는 대로 다 빨아가고, 여간 상업가들은 일본의 제조품을 조선인에게 매개하는 중간인이 되어 차차 資本集中의 원칙하에서는 멸망할 뿐이요, 대다수 인민 곧 일반농민들은 피땀을 흘리어 토지를 갈아, 그 종년 소득으로 일신과 처자의 호구거리도 남기지 못하고, 우리를 잡아먹는 일본 강도에게 진공하여 그 살을 찌워주는 영세의 우마가 될 뿐이오, 내종에는 그 우마의 생활도 못하게 일본 이민의 수입이 년년 고도의 속률로 증가하여 <딸각발이> 등쌀에, 우리 민족은 발디딜 땅이 없어 산으로 물로 서간도로 북간도로 시베리아로 황야로 몰리어 가 유귀가 될 뿐이며, 강도 일본이 헌병정치, 경찰정치를 려행하여 우리 민족이 촌보의 행동도 임의로 못하고, 언론, 출판, 결사, 집회의 일체 자유가 없어, 고통과 분한이 있으면 벙어리의 가슴이나 만질 뿐이오, 행복과 자유의 세계에는 눈 뜬 소경이 되고, 자녀가 나면 <일어를 국어라, 일문을 국문이라> 하는 奴隷養成所-학교로 보내고 …….7)

우리는 동시대의 어떤 문헌에서도 식민지배기의 제국주의적 침탈에 대한 이보다 더 첨예한 인식을 찾아볼 수 없을 것이다. 일본이 강도라는 것은 누구나 알고 있었으나 이를 제국주의에 대한 정치적 인식 속에서 표현한 사람은 신채호가 거의 유일하다. 일본의 경제적 수탈이 참혹한 수준으로 진행되고 있음은 누구나 느끼고 있었으나 이를 자본집중의 경제 원리에 의해서 포착할 수 있었던 사람은 드물었다. 공장의 노동자들이 식민지 경제체재의 한낱 소모품에 불과하고

---

7) 「朝鮮革命宣言(1923)」, 『전집 하』, 35쪽.

학교가 노예양성소로 전락하고 말았다는 지적은 너무나도 정확해서 노골적으로 들리기까지 한다. 김인환의 지적대로 신채호는 제국주의와 계급투쟁이 식민지 현실의 본질적 문제 상황임을 파악하고 있었다.[8] 신채호의 현실비판은 이처럼 전면적이면서도 총체적인 것이어서 식민지배기의 정신적 지형도의 한 극한을 형성한다. 이와 같은 현실인식을 바탕으로 신채호의 <꿈하늘>은 창작되었다. 신채호는 소설이 허구임을 인식하고 있었지만 그것은 항상 사실들의 세계와 긴장관계 속에 놓여져 있다는 점을 잊지 않았다. 이는 서의 세 번째 당부에서 분명하게 드러난다.

> 셋째는, 자유 못하는 몸이니 붓이나 자유하자고 마음대로 놀아, 이 글 속에는 미인보다 향내 나는 꽃과도 이야기하며 평시에 사모하던 옛적 성현과 영울들도 만나 보며, 오른 팔이 왼팔도 되어 보며, 한놈이 여덟 놈도 되어, 너무 사실에 가깝지 않은 시적, 신화적도 있지만, 그 가운데 들어 말한 역사상 일은 낱낱이 <古記>나 <三國史記>나 <三國遺事>나 <高麗史>나 <廣史>나 <繹史> 같은 속에서 참조하여 쓴 말이니, 독자 여러분이시여,

8) 김인환은 신채호의 근대성 인식에 대해 다음과 같이 평가한다. "신채호는 근대가 일용할 양식과 일용할 기계가 필요한 시대라는 사실을 인식하고 있었으며 제국주의와 계급투쟁이 근대의 본질적 문제 상황임을 파악하고 있었다. 무엇보다 그는 근대를 대중의 수량이 움직이는 사회로 이해함으로써 대중의 개념을 정치의 범주로 포착한 한국 최초의 사상가가 되었다. 이광수가 정인보와 한용운을 비웃으며 친일하지 않는 지식인은 수십 명도 안 된다고 친일파의 세력을 과시하였듯이 신채호는 일본어를 모르는 2천만 조선 민중을 직접 혁명의 주체로 규정함으로써 항일 무장 세력의 거대한 잠재력을 과시하였다. 그의 민중직접혁명론은 민중에 대한 과대평가의 위험이 내재되어 있음에도 불구하고 대중의 수량에 대한 한국 최초의 정치적 인식이라는 점에서 20세기 후반기에도 유효한 참조의 척도로 작용할 수 있다."(김인환, 「한국현대소설의 계보」, 『문학동네』, 1998년 겨울호, 209쪽)

섞지 말고 갈라 보시소서.[9]

인용에서 작가는 허구와 역사적 사실들을 분명하게 구분하고 있다. 이를 통해서 우리는 이 작품을 현실에 대한 알레고리로 파악할 수 있는 단서를 발견할 수 있다. 즉 <꿈하늘>이 작가의 허구적 상상물임에는 분명하지만 그것은 어디까지나 현실과의 유추관계 속에서 파악될 수 있다는 것이다. 그것은 초월적이라기보다는 현실에 대한 초극을 내포하고 있는 것이다. 따라서 우리는 그 낭만적 정신의 현실적 구조를 문제삼지 않을 수 없는 것이다. 신채호의 우주적 상상력을 추동하는 것은 낭만적 정신이지만 그 낭만적 정신은 현실적 구조를 근간으로 한다. 작가의 주관적인 정념의 세계는 객관적인 사실들의 세계와 구체적인 힘의 역학관계를 포함하고 있다. 허구와 사실의 관계는 고정된 일대일 대응관계로 파악할 수 없다. 그것은 역동적인 긴장관계 속에서만 포착될 수 있다. 하지만 소설로서의 신채호의 <꿈하늘>은 수사적 변형보다는 현실과의 직접적인 친연성을 굳이 숨기려 들지 않기 때문에 허구와 사실간의 간극이 그만큼 좁혀져 있다. <꿈하늘>을 알레고리적 구조로 파악하는데 별다른 어려움이 따르지 않는 것은 이 때문이다. 이처럼 이 작품의 알레고리적 구조가 선명한 데에는 신채호의 문학관의 영향도 있다. 즉 그는 직업적인 文人이라기보다는 文士에 가까웠고 그의 문학관은 전통적인 유교적 문학관인 '載道之器'의 효용론에 가까웠기 때문이다. <꿈하늘>은 사실 논설로 읽어도 전혀 무리가 없다. 작가 역시 이 작품을 소설이라는 장르의식을 갖고 창작하지도 않았다. 결국 우리는 이 작품의 알레고리적 구조

9) 『전집 하』, 175쪽.

에 유의하면서 <꿈하늘>과 그의 다른 산문들을 중첩해가면서 읽어 갈 수 있는 것이다.

<꿈하늘>은 전체 여섯 개의 단락으로 나뉘어 있는데, 각 단락의 요지를 간추리면 다음과 같다. 1. 我와 非我의 투쟁 2. 我의 범위 규정 3. 싸움터의 제시 4. 여정의 어려움 5. 지옥의 판도 6. 님나라의 모습. 첫 번째 단락은 무궁화 꽃송이에 앉아있던 한놈이 수나라와의 살수 대첩을 재현하고 있는 을지문덕을 만나 그에게 교훈을 얻는 것이 주된 내용이다. 1단락이 주는 메시지는 역사는 我와 非我의 투쟁이라는 것이다. 1단락의 주요대목과 <조선상고사>에서의 신채호의 역사규정을 겹쳐서 읽어 보자. 그러면 그 의미가 보다 분명해질 것이다.

(1) "인간에게는 싸움뿐이니라. 싸움에 이기면 살고 지면 죽나니 신의 명령이 이러하다."(176) "한놈아, 눈을 떠라! 네 이다지 약하냐? 이것이 우주의 본면목이니라. 네가 안 왔으면 하릴 없지만 이미 온 바에는 싸움에 참가하여야 하나니, 그렇지 않으면 도리어 너의 책임만 방기하느니라. 한놈아 눈을 빨리 떠라."(178) "그러하니라. 영계는 육계의 射影이니 육계에 싸움이 그치지 않는 날에는 영계의 싸움도 그치지 않느니라. 대저 종교가의 시조인 석가나 예수가 천당이니 지옥이니 한 말은 별로이 寓義한 곳이 있거늘, 어리석은 사람들이 그 말을 집어 먹고 소화가 못되어 망국멸족 모든 병을 앓는도다. 그대는 부디 내 말을 새겨 들을지어다. 소가 개를 낳지 못하고 복숭아 나무에 오얏 열매가 맺지 못하나니, 육계의 싸움이 어찌 영계의 평화를 낳으리요?"(182)[10]

10) 이하 <꿈하늘>의 인용문 속의 페이지 수는 『전집 하』의 페이지 수를 가리킴.

(2) 역사란 무엇이뇨. 인류사회의 <我>와 <非我>의 투쟁이 시간부터 발전하며 공간부터 확대하는 심적 활동의 상태의 기록이니, 세계사라 하면 세계인류의 그리 되어 온 상태의 기록이며, 조선사라면 조선민족의 그리 되어 온 상태의 기록이다. 무엇을 我라 하며 무엇을 非我라 하느뇨. 깊이 팔 것 없이 얕게 말하자면, 무릇 주관적 위치에 선 자를 <我>라 하고, 그 외에는 <非我>라 하나니, …(중략)… 我의 중에 我와 非我가 있으면 非我 중에도 또 我와 非我가 있어, 그리하여 아에 대한 비아의 접촉이 煩劇할수록 비아에 대한 아의 분투가 더욱 맹렬하여, 인류사회의 활동이 휴식할 사이가 없으며 역사의 전도가 완결될 날이 없나니, 그러므로 歷史는 我와 非我의 鬪爭의 記錄이니라.[11]

논설의 형식인 (2)를 참조하여 허구의 형식인 (1)의 요지를 밝히면, 이미 지적했지만 역사란 싸움의 기록이며, 땅과 하늘/ 육계와 영계가 서로 구별되는 것이 아니라 하늘과 영계는 땅과 육계의 연장선상에 있다는 것이다. 이는 '싸움은 휴식할 사이가 없으며 완결될 날이 없다'는 (2)의 역사적 인식과 상통한다. (1)의 그와 같은 주장은 물론 현실에서의 싸움을 강조하기 위한 상징적인 처리이지만 이를 통해 <꿈하늘>의 알레고리적 구조가 분명해진다. 이 양자가 구별되지 않는다는 것은 다른 말로 하면 허구와 사실이 구별되지 않는다는 뜻도 된다. 그 표면적 구조에 있어서는 몽유소설이라는 허구의 형식을 취하고 있지만 그 심층 구조에서는 이념의 직접적 진술이라는 사실의 형식을 취하고 있다는 것이다. 이 소설을 사실상 논설과 구별하기 어려운 내면적 이유도 여기에 있는 것이다. 이 작품은 꿈이라는 허구의 형식

11) 「朝鮮上古史(1931)」, 『전집 상』, 31쪽.

을 취하고 있지만 그 이면적 구조에 있어서는 허구와 사실의 경계가 모호해지고 그 알레고리적 구조마저 취약해지는 것이다. 이와 같은 판단은 엄밀한 소설문법을 따를 때 그렇다는 것이고 가치판단을 함축하는 것은 아니다. 구성과 문체를 포기한 소설 속에서 구성과 문체를 문제삼는 일은 어리석은 일이다. 앞서 언급한 바 있지만 신채호의 문학관은 주자학적 세계관에 바탕한 것이고 1910년대라는 시기는 전통적인 '文'의 개념에서 '文學'이 분화되기 이전이며 장르의식이 본격화되기 이전이다. 주지하듯이 동양의 전통적인 '文'이라는 개념은 허구와 사실적 영역을 두루 포함하는 것이었다. 신채호 역시 이와 같은 전통적인 동양의 '文'의 개념으로 문학을 대하던 사람이었다. 그래서 그를 '文人'이라기보다는 '文士'로 부르고자 하는 것이다. 1단락에서 또하나 주목해야 할 것은 삽입된 2편의 詩歌인데, 소설 전체가 半律文體[12]의 문장에 가깝다는 것만 지적하고 뒤에서 항목을 따로 마련하여 이에 대해 언급하겠다.

2단락의 요지는 한놈의 손가락이 여러 개로 나뉘어 서로 싸우다가 무궁화의 충고로 我의 범위를 깨닫게 된다는 것이다. 즉 我의 범위를 규정하는 것이 주된 내용이다. 여기에는 세계주의의 허구성을 비판하는 것도 포함되며 我의 싸움은 반드시 非我와의 싸움이 되어야 한다는 점을 강조하고 있다. 그 주된 대목에서 무궁화는 민족 내부의 분열에 대해 경고하고 있으며 지금 시대의 我란 바로 국가임을 분명히 하고 있다.[13] 따라서 현재의 싸움은 한국과 일본의 싸움임이 명백해

12) 이선영, 「신채호의 민족사관과 민족문학」, 『작가와 현실』, 평민사.
13) "싸우거든 내가 남하고 싸워야 싸움이지, 내가 나하고 싸우면 자살이요 싸움이 아니니라." 한놈이 바싹 달려들며 묻되 "내란 말은 무엇을 가르키는 말입니까? 눈을 크게 뜨면 우주가 모두 내몸이요, 적게 뜨면 오른 팔이 왼 팔더러 남

진다. 3단락은 싸움터를 제시하는 장면 전환의 역할을 한다. 4단락에서는 님과 도깨비의 싸움이 일어 달려간 을지문덕을 따라서, 여섯 한놈과 함께 싸움터로 가는 여정을 그리고 있다. 다른 여섯 한놈과의 여정 속에서 겪는 어려움들은 독립투쟁의 험난함과 노선의 분열을 상징한다. 꽃송이의 <칼부름> 전송가를 듣고 그들은 길을 떠나는데 일곱 한놈은 일신의 안락을 구하며 낙오되고, 여섯째 한놈은 황금의 유혹에 빠져 낙오된다. 셋놈과 넷놈은 서로 샘을 내다가 죽고, 나머지 둘은 님나라의 패배에 절망하여 청산을 찾아서 적진을 향하여 떠난다. 홀로 남아 적진으로 향하던 한놈은 풍신수길의 계략에 빠져 지옥에 떨어진다. 4단락의 중심을 이루는 것은 상징적이고 우화적인 수법을 통한 조선의 역사와 현실에 대한 비판이다. 한 대목에서는 비폭력투쟁의 허구성이 지적되기도 한다. 여섯 한놈들의 낙오과정은 순응주의자, 분파주의자, 현실도피자, 투항주의자들에 대한 비판에 다름아니다. 독립투쟁의 신산함을 상징하고 있는 그들의 여정은 작가 신채호의 역정과 다를 바가 없다. 이 작품은 신채호 자신의 자전적인 소설로도 볼 수 있다. 그만큼 <꿈하늘>의 낭만적 구도에는 현실이 깊숙이 개입하고 있다. 조선의 역사에 대한 비판은 '宗敎的 尙武精神'의 상실로 집약될 수 있다. 식민지 현실에 대한 우회적인 비판은 이 작품의 알레고리적 구조를 보다 선명하게 한다. 조선의 현실에 대한 비판은 5단락에서 그 정점을 보여주는데 國賊과 亡國奴를 가두는 지옥의 판도가 격정적인 필치로 그려진다. 지옥의 巡獄使者는 강감찬으로

이라 말하지 않습니까." 꽃송이가 날카롭게 깨우쳐 가로되 "내란 범위는 시대를 따라 줄고 나느니, 가족주의의 시대에는 가족이 내요 국가주의의 시대에는 국가가 내라. 만일 시대를 앞서 가다가는 발이 찢어지고 시대를 뒤져 오다가는 머리가 부러지나니, 네가 오늘 무슨 시대인지 아느냐?"(185)

한놈은 그에게 진정한 애국자의 길을 배운다. 지옥의 판도는 작가의 순전한 창작이지만 그 비판의 효과는 어떤 현실에 대한 직접적인 비판보다도 강렬하고 직접적이다. 작가 신채호의 애국애족에 대한 간절한 염원이 그와 같은 신랄한 비판을 낳은 것이다. 신채호는 我에 포함된 非我를 맹렬히 비판한다. 그 주요한 몇 대목을 <朝鮮革命宣言>과 겹쳐 읽어 보자.

(1) 강도 일본의 驅逐을 주장하는 가운데 또 如左한 논자들이 있으니, 제1은 外交論이니, 이조 5백년 문약정치가 외교로써 호국의 장책을 삼아 더욱 그 말세에 우심하여, 갑신이래 유신당, 수구당의 성쇠가 거의 外援의 유무에서 판결되며, ……아! 과거 수 십년 역사야말로 勇者로 보면 唾罵할 역사가 될 뿐이며, 仁者로 보면 상심할 역사가 될 뿐이다. 그리고도 망국 이후 해외로 나아가는 모모지사들의 사상이, 무엇보다도 먼저 외교가 그 제 1장 제 1조가 되며, 국내 인민의 독립운동을 선동하는 방법도 <미래의 일미전쟁. 일로전쟁 등 기회>가 거의 천편일률의 문장이었고, 최근 3.1운동에 일반인사의 <평화회의. 국제연맹>에 대한 과신의 선전이 도리어 2천만 奮勇前進의 의기를 打消하는 매개가 될 뿐이었도다.

제2는 準備論이니, …… <금일 금시로 곧 일본과 전쟁한다는 망발이다. 총도 장만하고 돈도 장만하고 대포도 장만하고 장관이나 사졸감까지라도 다 장만한 뒤에야 일본과 전쟁한다>함이니, 이것이 이른바 준비론 곧 독립전쟁을 준비하자 함이다. 외세의 침입이 더할수록 우리의 부족한 것이 자꾸 감각되어, 그 준비론의 범위가 전쟁 이외까지 확장되어 교육도 진흥해야겠다, 상공업도 발전해야겠다. 기타 무엇무엇 일체가 모두 준비론의 부분이 되었었다. 경술이후 각 지사들이 혹 서. 북간도의 삼림을 더듬으며, 혹 시베리아의 찬 바람에 배부르며, …… 십여성상 내외 각지에서 목이 터질 만치 준비! 준비! 를 불렀지만, 그 소득이 몇 개 불완전한 학교와 실력 없는 회 뿐이었었다. 그러나 그들의 성력의 부족이 아니라 실은 그 주장의 착오이다. 강도 일본이 정치, 경제 양방면으로 구박을 주어 경제가 날로 곤란하고 생상기관이 전부 박탈되어 의식의방책도 단절되는 때에, 무엇으로? 어떻게? 실업을 발전하며, 교육을 확장하며, 더구나 어디서? 얼마나? 군인을 양성하며, 양성한들 일본 전투력의 백분지일의 비교라도 되게 할 수 있느냐? 실로 일장의 잠꼬대가 될 뿐이다. 이상의 이유에 의하여 우리는 <외교> <준비> 등의 미몽을 버리고 민중직접혁명의 수단을 취함을 선언하노라.14)

(2) 둘째는 망국노를 두는 지옥이니, ……

ㄹ. 동양의 아무 나라가 잘 되어야 우리의 독립을 찾으리라 하며, 서양의 아무 나라가 우리 일을 보아 주어야 무엇을 하여 볼 수 있다 하여, 외교를 의뢰하여 국민의 사상을 약하게 하는 놈들은 그 몸을 주물러 댕댕이를 만들어 큰 나무에 감아 두나니 이는 댕댕이지옥 이니라.

ㅁ. 의병도 아니요, 암살도 아니요, 오직 할 일은 교육이나 실업 같은 것으로 차차 백성을 깨우자 하여 점점 더운 피를 차게 하고 산 넋을 죽게 하나니, 이 놈들의 갈 곳은 어둥지옥 이니라.(209~210)

(1)과 (2)에서 신채호는 외교론과 준비론을 철저히 배격한다. (1)의 외교론과 준비론은 (2)의 ㄹ과 ㅁ에 직접 대응한다. (1)과 (2) 사이의 거리는 사실과 허구, 문사와 문인의 거리이다. 하지만 인용에서 보듯이 이 작품에서는 현실과 소설사이의 거리가 극단적으로 좁혀져 있

14) 「朝鮮革命宣言」, 『전집 하』, 38~40쪽.

다. 허구와 사실간의 간극이 그만큼 좁혀져 있을 때, 우리는 그 정신의 강렬도와 깊이를 문제삼을 수밖에 없다. 식민지배기의 외교론과 준비론은 이광수나 최남선의 문화운동론처럼 결국 체제순응의 길로 타락하게 될 수밖에 없었다. 현실의 객관적 조건들을 무시하고 개인의 도덕적 수양에 의해서만 민족을 개조시키고자 했던 이광수가 결국에는 친일의 길로 달려갔던 것도 우연이 아니다. 그는 <예술과 인생>(1922)에서 "모든 종류의 정치적, 경제적, 사회적 혁명이 인생의 개조에 큰 의미가 있다고 보지 않는"다라고 하면서 자신이 투항주의자임을 분명히 하였다. 그래서 <여의 작가적 태도>라는 글에서는, 자신의 창작동기를 '조선과 조선민족을 위하는 봉사-의무의 이행'라고 설명하면서도 그것은 '검열관이 허하는 한도의 민족운동의 찬미, 만일할 수만 있다면 선동'이라고 자신의 의식의 분열을 솔직하게 고백할 수밖에 없었다. 이광수에게 '열렬한 문학, 심각한 문학, 자릿자릿한 문학, 신통하고 기이하여 입을 딱 벌리게 하는 문학, 奇想이 천외에서 뚝 떨어져서 귀신이 곡할 문학'은 '찾을 필요가 없고, 또 그런 것을 지으려 애 쓸 필요가 없'는 것이다. 그런 문학은 '특종의 신경과 취미를 가진 사람에게 만족을 주는 점'으로 족한 것이고, 그런 문학은 '문학의 常은 아니요, 正道는 아니다. 이단이요, 서자요, 기형아요, 괴물'이며 따라서 '索隱行怪는 仁한 자가 적다'[15] 이광수의 논리를 따른다면, 신채호의 소설도 정상적인 문학은 아닐 것이요, 문학의 정도는 더더욱 아닐 것이다. 그것은 신채호와 같이 특종의 신경과 취미를 가진 사람에게만 만족을 주는 문학이 될 것이다. 우연이겠지만 이와 대조적으로 신채호가 '사람이 이미 사람 노릇을 못할진대 노예와 괴

15) 이광수, 「중용과 철저」, 《동아일보》, 1926.1.1.

물에 무엇이 더 나으랴? 나는 차라리 괴물을 취하리라. 괴물! …… 괴물! ……'[16]이라고 적고 있는 것은 흥미롭다. 이광수가 보기에 신채호는 괴물이겠지만 신채호가 보기에 이광수는 노예이다. 신채호는 비자주적인 외교론자와 타협적인 준비론자들을 모두 지옥에 떨어뜨림으로써 진정한 자주독립의 길은 일제에 대한 비타협적인 폭력투쟁과 민중에 의한 직접혁명뿐이라는 점을 분명히 하였다.

6단락은 님나라에 도착한 한놈이 님나라의 모습을 살펴보다가 님나라의 하늘에 먼지가 쌓인 것을 보고 다른 이들과 함께 그 먼지를 쓸고 님이 설치하신 '도령군 놀음 곳'을 방문하는 곳에서 중단되고 있다. 하늘에 먼지가 덮였다는 것은 앞 단락에서 지상과 하늘이 연속선 상에 있다는 것과 민족의 기상이 일제에 의해 훼손되고 있다는 것을 상징적으로 보여준다. 이와 같이 상징과 우의적 수법은 현실에 대한 알레고리를 드러내는 것이다. '도령군 놀음 곳'으로 가는 입구에서 한 장사가 한놈에게 입장료격으로 눈물을 바치라는 것 역시 매우 상징적인 처리이다. 님나라라는 이상향, 즉 자주독립국가는 저절로 얻어지는 것이 아니라 그것을 위해 바친 땀과 피와 눈물의 댓가로 얻어진다는 것이다. 이에 한놈은 <이제 눈물의 정구가 되는데 한놈의 생각에는 내가 가장 끝이 되리로다. 나는 원래 무정하여 나의 인간에 대하여 뿌린 눈물은 몇 방울인가 세이랴……>라는 회한에 잠기면서 소설은 중단되고 있다. 신채호가 간 길은 결국 애국애족의 한길이었다.

작품 전체를 살펴보면 중요한 점을 한가지 발견하게 된다. 그것은 작품의 분량에 비해서 매우 많은 양의 詩歌가 삽입되고 있다는 점이

---

16) 신채호, 「문예계 청년에게 참고를 구함」, 『전집 하』, 24쪽.

다. 모두 7편의 시가가 삽입되어 있는데 그 내용은 주로 현실을 개탄하는 것으로 되어 있다. 을지문덕과 무궁화의 화답가 2편, <칼부름>의 노래, 황금산의 옥동자의 노래, 최영의 丹心歌, 님나라의 한 어른의 노래, <가갸풀이>의 7편이 그것이다. 일반적으로 시가의 삽입은 감정의 고양을 불러서 소설의 분위기를 고조시키고, 서사로는 불가능한 일체감과 통일성을 구현한다. <꿈하늘>은 삽입된 시가에서뿐만 아니라 인물이나 싸움터의 묘사 등에서도 현저하게 운율감이 발견된다. 작품 전체가 시적 리듬감에 감싸여 있다고 해도 과언이 아닐 정도이다. 이와 같은 사실은 이미 이선영에 의해 '半律文體'의 문장이라고 정확하게 지적된 바 있다. 이는 이 작품을 추동하고 있는 낭만적 정신과도 관련된다. 낭만적인 정신은 본질적으로 시적 정신이다. 신채호는 이미 1909년 <천희당시화>에서 '詩란 者는 國民言語의 精華'라며 시가에 대한 높은 관심을 보인 바 있어서, 국시개량운동의 차원에서 직접 시가들을 지어 소설 속에 삽입한 것으로 볼 수 있다.[17] 그의 자주적 시관과 국어에 대한 사랑은 한글 자모의 순서대로 운을 붙여 지은<가갸풀이>에서 확연하게 드러난다. 전통시가의 영향을 받은 것이 분명한 <꿈하늘>에 대한 운율론적 분석은 작품에 대한 새로운 해석을 첨가해줄 가능성이 있는 것으로 보이지만, 본고에서는 그 가능성만을 지적하는 데서 멈추고자 한다.

---

17) "자유로운 형식으로 된 노래를 많이 넣어 정감을 고양시키고자 했다. 1909년 <천희당시화>를 통해서 구습에 매이지 않고 새 시대의 목소리를 마음껏 나타내는 '동국시'의 혁명을 이룩하고자 한 주장의 구체적인 실현을 이 작품에 삽입된 시가를 통해서 확인할 수 있다."(조동일, 『한국문학통사 4』, 330쪽)

3. 신채호와 민족주의

신채호에게 민족주의는 변하지 않는 항수(恒數)였다. 아나키즘으로의 선회를 분명히 보여주는 작품 <용과 용의 대격전>(1928)을 집필한 이후에도 신채호의 민족주의에 대한 신념은 변하지 않았다. 그가 무산계급의 혁명을 믿었음에도 불구하고, '일본인이 아무리 무산자일지라도 그래도 그 뒤에 일본제국이 있어 위험이 있을까 보호하며, 화재에 걸리면 보조하며, 자녀가 나면 교육으로 지식을 주도록 하여, 조선의 유산자보다 호강한 생활을 누릴뿐더러, 하물며 조선에 이식한 자는 조선인의 생활을 威嚇하는 식민의 선봉이니, 무산자의 일인을 환영함이 곧 식민의 선봉을 환영함이 아니냐'[18]라고 지적함으로써, 제국주의의 침탈하에 있는 조선의 현실에서는 계급이 민족보다 우선시 될 수는 없다는 점을 잊지 않았다. 그는 "한강의 철교가 현실이 아니냐? 인천의 미두가 현실이 아니냐? 경제의 공황이 현실이 아니냐? 상업 각계의 소조가 현실이 아니냐? 다수 농민의 서북간도 이주가 현실이 아니냐?"[19]라고 물으면서 민족의 현실에서 도피하려고 하는 문예계 청년들의 연애지상문학에 경종을 울렸다. 신채호는 1921년에서 1923년 사이, 북경에서 『資本論』을 읽을 수 있었기 때문에[20] 민족경제의 현실을 보다 구체적으로 인식할 수 있었다. 김인환이 지적한 바와 같이 신채호는 식민지 조선의 본질적 문제 상황이 제국주의와 계급투쟁임을 인식했기 때문에 민족문제를 계급문제와의 관련 속에서 파악할 수 있었다.

---

18) 「낭객의 신년만필(1925)」, 『전집 하』, 29쪽.
19) 「문예계 청년에게 참고를 구함(1918)」, 『전집 하』, 21쪽.
20) 김병민, 『신채호문학연구』, 아침, 1989, 29~30쪽.

신채호의 민족주의는 매우 비타협적이어서 자민족중심주의의 위험이 내재되어 있지 않나하는 의문이 들기도 한다. 신채호는 항상 <國粹>를 강조하기 때문에 그런 질문도 가능한 것이다. 그러나 신채호의 민족주의는 '종족의 보존'이 의문시되는 절박한 상황 속에서 표출된 것이다. 그것은 자민족의 최소한의 생존권을 보호하려는 자기방어적인 성격의 것이다. 따라서 그것은 민족의 문제이기 이전에 보편적인 인권의 문제이기도 하다. 그것은 국수적인 자민족중심주의나 선민적인 종족우월주의와는 질을 달리한다. 비교적 최근에 학계에서 논의되었던 <식민지근대화론>이 사실을 지적하는 데에 타당성이 없는 것은 아니지만 그것은 현재의 관점에서 식민지배기를 평가했을 때 가능한 주장들이다. 현재의 관점으로 과거의 사실들을 판단하는 것도 어쩌면 폭력이 될 수도 있다. 따라서 과거의 사실들을 판단하는 데에는 현재의 관점과 함께 그 시대 당대의 관점이 균형을 이루어야 한다. <현재적 관점>과 <당대적 관점>은 영향사적 관계 속에서 지평의 융합을 일으킨다. 신채호의 문학을 제대로 평가하기 위해서는 <꿈하늘>의 결말의 물음을 자신에게 던져 볼 수 있어야 한다. "내가 인간에 대하여 뿌린 눈물은 얼마나 되는가?"

몸의 소설학 혹은 욕망의 계급적 분포도

- 이기영의 〈고향〉(1934)론 -

1. 들어가기 전에

한국 장편소설의 연구방법론을 체계화시키는 과정에는 몇가지 어려움이 내포되어 있다. 그것은 소설이라는 장르에서 기인하는 것과 소설의 하위범주로서 단편소설과의 비교에서 오는 것으로 나누어 살펴볼 수 있을 것이다. 소설과 함께 언어를 그 질료로 삼는 시는 압축적 언어와 운율로써 절대적인 형식으로서의 예술에 근접해 간다. 시의 언어가 물자체로서 자기충족적임에 반해 소설의 언어는 도구적 성격을 지닌다. 물론 언어가 공동체를 이루고 있는 구성원들 사이의 대타적 약속이기 때문에 언어를 질료로 하는 모든 인어예술작품은 이미 작품 속에 사회성을 내재하고 있다고 보아야 할 것이다. 그러나 시는 그 나름의 독자적인 존재양식과 소통의 회로를 지닌다. 이에 반해 소설의 형식은 사회적 노동의 산물인 여타의 산문들과 본질적으로 구분되지 않으며, 다른 예술장르에 비해 상대적으로 사회적 맥락과의 깊은 친연성을 지닌다. 따라서 소설의 연구방법론은 그 장르의 속성상 독자적으로 체계화되기 어렵다. 소설의 연구방법론은 숙명적으로 잡종의 형식을 띨 수밖에 없으며 그 혈통적 순수성을 주장하기 어렵다. 단편소설은 정서적 긴장 속에서 파편적 진실을 추구한다. 이에 반해 장편소설은 인과관계의 배열 속에서 총체성을 추구한다. 단편은 소설의 구성요소들의 해석을 통해 의미의 재배치가 비교적 용이하지만 장편은 상대적으로 소설의 구성요소들만으로 환원되기 어렵다.

한국 근대소설을 연구하는 가장 진부하면서도 식상한 방법은 근대성과 관련된 논의일 것이다. 그리고 이와 관련해 가장 해묵은 미학적 기준은 바로 리얼리즘일 것이다. 근대성과 관련된 논의는 그 개념범주의 거시적 성격으로 인해 추상적인 논의로 흐를 위험이 많다. 그러나 한국 근대문학에 있어서의 근대성은 그 논의의 진부함에도 불구하고 여전히 핵심적인 관건이 아닐 수 없다. 역사철학적 의미로서의 근대란 자본주의적 생산관계가 관철되고 계급투쟁이 일상화되는 시대이다. 파행적인 근대화과정을 겪어야했던 20세기 전반기의 한국은 제국주의의 침탈에 무방비 상태로 놓여 있었다. 식민지배기의 한국은 대다수의 국민이 여전히 농업에 종사하고 있었고 공업부문의 발전도 아직 중공업의 단계에는 이르지 못했다. 따라서 식민지배기의 한국사회를 본격적인 근대라고 보기는 어렵다. 개항 이후 한국의 근대화과정은 상부구조로서의 근대의식의 성장과 물적 토대로서의 자본주의적 경제 발전이 병행하지는 않았다. 20세기 전반기의 한국사회에서 근대성은 낯선 실험이었고 역사철학적 의미의 근대성을 한국민이 경험하게 된 것은 20세기 후반기에 와서야 가능한 것이었다. 우리에게 근대성의 경험은 매우 압축적이면서 짧은 것이었기에 이에 대한 반성(Reflection)은 문제적이며 여전히 유효한 것이라고 할 수 있다. 미적 반영이론과 모방론에 근거한 리얼리즘과 표현이론에 근거한 모더니즘의 이분법적 도식은 한국문학의 오랜 가치척도로 군림해왔다. 그러나 이러한 이분법적인 도식의 한계는 명백해 보인다. 리얼리즘론은 반영이론에 근거해 한 작품이 대상을 적확하게 모사했느냐의 여부가 절대적인 가치평가의 기준이 된다. 따라서 이와 같은 태도는 이데올로기화된 도식에 의해 작품을 재단하는 결과를 가져왔고, 헤겔, 루카치적인 관점에서의 총체성에 미달한 작품은 좋은 작품으로 평가되지 못한다.

1925년을 전후로 해서 등장한 카프문학은 향후 10년간 문단의 주도권을 행사했다. 1935년 카프의 조직이 해산될 즈음, 카프의 맹원들은 심각한 자기분열을 겪는다. 임화는 문학사서술을 통해 카프문학의 역사적 정당성을 확인하고자 했으며 김남천은 풍속론을 통해 소설의 내용과 형식을 일치시키고자 했다. 1934년 발표된 이기영의 <고향>도 이와 같은 카프작가들의 자기분열과 전혀 무관하지는 않다. 그동안 이기영의 <고향>은 카프문학의 기념비적 소설로 고평되어 왔으며 그런 평가는 주로 계급문학의 관점에서 고찰되어 왔다. 그러나 필자가 보기에 그것은 너무나 단순하고 평면적인 평가로 보인다. 또한 평자들의 세계관에 의해서 왜곡되고 굴절된 부분도 적지 않아 보인다. <고향>을 다루고 있는 평문들의 흐름을 보면 80년대에는 부분적인 사실을 과도하게 해석하여 계급소설의 최고봉에 이르렀다는 평가가 주류였다가, 90년대에는 작품의 허술한 구성 혹은 관념화된 인물과 추상적인 논리 등을 문제삼아 리얼리즘에 미달하는 작품으로 폄하하는 경향이 우세해진다.[1] 그러나 이 사이에는 논리적 공백이 있어

1) <고향>을 다루고 있는 주요 논문들은 다음과 같은 것들이 있다.

보인다. 그리고 반영론에 입각한 리얼리즘론의 그물을 빠져나가는 작품의 어떤 부분이 존재하는 듯하다. 이러한 극단적인 평가에는 어떤 문제점들이 숨어있고 리얼리즘론으로는 설명되지 않는 작품의 부분들은 무엇인가? 이와 같은 문제의식에서 본고는 출발한다. 이를 통해 <고향>을 보다 온당한 위치에 자리매김하고, 기존의 리얼리즘론에 문제를 제기해 보고자 한다.

2. '발전'으로서의 근대와 욕망의 지형학

2-1. '계몽'으로서의 근대[2)]와 지평의 확대

김남천, 「지식계급 전형의 창조와 '고향' 주인공에 대한 감상」, 《조선중앙일보》, 1935.6.28～7.4.
안함광, 「로만 논의의 제 과제와 '고향'의 현대적 의의」, 『인문평론』, 1940.11.
이재선, 「반항의 시학과 상상력의 제한」, 『세계의 문학』 50호, 민음사, 1988.
김재용, 「일제하 농촌의 황폐화와 농민의 주체적 각성-'고향' 해설」, 풀빛, 1989.
김윤식, 「이기영론-'고향'에서 '두만강'까지」, 『한국현대현실주의소설연구』, 문학과지성사, 1990.
김병걸, 「이기영의 '고향'론」, 『1930년대 민족문학의 인식』, 한길사, 1990.
김동환, 「고향론」, 『민족문학사연구』 1, 민족문학사연구소, 1991.
류보선, 「현실적 운동에의 지향과 물신화된 세계의 극복」, 『민족문학사연구』 3, 민족문학사연구소, 1993.
문흥술, 「이기영 '고향'에 나타난 미적 특수성에 관한 연구」, 『한국문학과 리얼리즘』, 한양출판, 1994.

2) <고향>이 계몽과 근대성의 형식이라는 점은 경호의 출생의 비밀과 옥희의 정체가 밝혀지는 과정이 추리소설 혹은 탐정소설의 형식을 띄는 것과도 관련된다. 추리소설은 근대성과 관련된다. 탐정소설의 가장 전형적인 공식, 불가해한 미스테리가 있고, 전능한 이성으로 무장한 영웅이 있고, 결국 그에 의하여 미스테리가 해결된다고 하는 이 전형적인 패턴 속에서 궁극적인 주체가 되는 것

개항 이후 근대 계몽기를 거쳐 3.1운동까지, 한국 근대문학의 화두는 계몽이었다. 근대화의 과정을 '탈마법화'의 과정으로 파악했던 막스베버의 계몽은 중세적 기독교의 붕괴를 전제로 하고 있는 것이어서, 20세기 초의 한국에서의 계몽주의의 성격을 이와 동일선상에서 파악할 수는 없다. 한국의 계몽주의는 서구의 계몽과는 다른 특수성과 복합성을 지닌다. 1917년 발간된 이광수의 <무정>을 지나서, 진정한 의미의 근대적인 주체로서의 개인은 염상섭의 <만세전>(1922)에서 비로소 발견되었다. 그러나 계몽주의의 잔재가 한국근대문학에서 완전히 청산되기까지는 오랜 시간이 필요했다. 특히 1930년대에 접어들면서 경공업을 중심으로 한 식민지 공업화가 진행되고 시간과 공간의 구체적인 감각이 일상을 지배하게 된 도시와는 달리 농촌은 여전히 농업을 바탕으로 하는 자연적인 시간의 지배가 절대적이었다. 또한 이때부터 '도시사람=개화한 사람/농촌사람=개화하지 못한 사람, 시대에 뒤떨어진 사람'이라는 2분법이 당대인들의 의식에 떠오르기 시작한다. '촌놈, 촌사람'이라는 단어가 경멸의 뜻을 내포하기 시작한 것도 이때부터이다. 따라서 식민지 지식인들에게 1930년대의 농촌과 농민은 여전히 개화되어야 할 곳, 계몽의 대상을 의미했다. <고향>의 농촌이 개화되어야 할 곳이고 김희준의 의식이 <무정>식의 계몽주의와 여전히 닮아 있는 것도 이와 같은 사정에 기인한다. 이와 같은 풍경은 다음과 같은 '달'과 '전등불'의 비유에서 선명하게 드러난다.

은 작가도, 탐정도, 서사도, 독자도 아닌 바로 '전능한 이성'이다. 세계는 해석될 수 있고 이성의 힘으로 모든 문제가 해결될 수 있다는 추리소설의 형식은 바로 이성의 논리적 추리에 의해 모든 것이 밝혀지고 해결될 수 있다는 합리성의 논리라는 점에서 근대성의 형식인 것이다(조성면, 「탐정소설과 근대성」, 『민족문학사연구』 13, 355쪽).

(1) 솔밭 위로 넘어가는 우중충한 달 그늘은 마치 조수물처럼 마을 안으로 밀려나온다. 그러나 달빛을 받은 들 건너편은 훤-하게 딴 세계를 이루었다. 그것은 마치 이 지구를 두 쪽으로 갈라놓은 것과 같이 어둠과 광명은 딴 색으로 갈려 있다. 어둠은 광명으로 돌진한다. 그것은 이 땅의 모든 것을 저의 암흑한 빛으로 죽여 버리려는 악마와 같이 발작한다. 미구에 원터 동리는 그의 시꺼먼 아가리 속으로 들어가고 말 것 같다./ 광명은 어둠의 돌격을 피하여 뒷걸음질 치며 달아난다. 그러나 들 건너편에 큰 희망을 안은 월세계는 넓은 땅을 그의 빛나는 광채로 껴안고 거기에 위대한 이상과 생명의 기쁨을 불어넣는다. 철둑 너머로 점점이 반짝이는 전등불은 이 커다란 동경에 불타고 있는 어떤 영물의 장차 어둠을 정복하기 위한 형형한 눈동자와 같이 빛나지 않는가! 그러나 냇둑에 늘어선 버드나무의 실버들가지는 오히려 평화한 달밤에 졸고 있다./ **희준은 한발 두발 읍내 가는 길 위로 걸음을 옮기었다.** 마치 그는 등 뒤에서 밀려오는 어둠 속에서 광명한 세계를 향하여 전진하려는 것처럼. 과연 그는 자기의 인테리 근성을 비웃었다. 그것은 가정에 있어서나 사회에 나가서나 때때로 행동에 드러났다. 왜 자기는 일직선으로 자기의 신념을 향해서 돌진하지 못하는가? 그는 지금 자기의 발걸음과 같이 어둠에서 광명을 향하면서도 전후 좌우를 둘러보며 공연히 우물쭈물하고 있지 않은가? 달 그늘은 마침내 원터 동리를 온통으로 삼키고 말았다. 다만 인동이네 집 지붕 닷머리를 겨우 남긴 한 줄기 광선이 그 언저리를 훤하게 할 뿐이었다. …(중략)… 넘어가는 달은 일각일각 어둠을 몰아서 온 들을 휩싸 온다. 그러나 전등불은 그럴수록 저의 광선을 찬란히 밝힌다.(205~207)[3)]

(2) 희준이는 올봄에 뒷산에 올라서 떡갈나무 잎을 보고 느끼던 것이 생

3) 이기영, 『고향: 한국문학대표작선집 19』, 문학사상사, 1994, 이하 인용된 페이지 수는 이 책의 것임.

각난다. 지금 이들은 마치 떡갈나무의 묵은 잎새와 같이 낡은 생각이 붙어 있지 않은가. 햇잎새가 길게 싹터 나오는데도 묵은 잎새는 그대로 붙어 있다. 그들은 새 시대를 맞이하면서 오히려 묵은 사상에 사로잡혀 있지 않으냐? 봄이-인간의 봄이 무르녹아야만 그들의 묵은 잎새도 떨어지려는가? (264)

(3) 희준이는 고향에 돌아온 지가 어느덧 삼 년이라는 세월이 지나갔다. 그동안에 자기는 한일이 무엇이던가! 그가 당초에 고토로 나온 것은 자기 한 집을 위해서나 일신의 행복만을 위하고자 함은 아니었다./ 그는 세계라는 무대 위에서 뒤떨어진 조선 사회를 굽어볼 때 청년의 피가 끓어올라서 하루바삐 그들로 하여금 남과 같이 따라가게 하고 싶었던 것이다./ 그래서 누구보다도 먼저 고토의 동포를 진리의 경종으로 깨우치고자, 그는 나오는 길로 많은 열정을 가지고 청년회를 개혁해 보려 하였으나 완전히 실패하고 그 뒤로는 농민을 상대로 농촌 개발에 전력해 왔는데, 역시 오늘날까지 이렇다 하고 내세울만한 것이 없었다.(537)

(1)에서의 서술내용이 작가의 것인지 인물의 의식인지는 분명치 않지만 이에 대한 판단이 중요한 것은 아니다. 원터라는 마을로 대표되는 농촌은 평화로운 달빛이 지배하는 세계로서 원환적 총체성으로 충만해 있다. 이 세계는 농사일의 주기처럼 자연적 시간이 지배하는 세계이어서 근대적인 시간이 끼어들 틈은 없다. 그러나 희준이 보기에 이 평화는 갈등이나 모순이 은폐되어 있는 거짓화해의 세계로 깨어져야할 성질의 것이다. 그것은 봉건적 질서가 지배하는 위장된 조화의 세계이며 계몽되어야 할 전근대적 세계이다. 여기에 근대적 세계를 표상하는 읍내가 대비된다. 철둑 너머 읍내의 전등불은 원터마

을의 달빛과 선명하게 대비된다. '계몽(enlightenment)'의 상징인 전등불은 가장 강력한 근대성의 표지이다. 전등불은 전근대적인 시간관을 파괴한다. 자연적인 시간 속에서 일몰 후의 인간의 활동은 위축될 수밖에 없다. 그러나 전등불은 그 밝기만큼이나 혁명적으로 인간의 활동에서 시간적 제약을 제거하였다. 밤에도 인간은 낮처럼 대지를 활보할 수 있다. 농촌의 자연적인 시간 속에 근대의 분절적 시간이 침입하게 된다. 하지만 아직 원터마을은 달밤에 졸고 있고 농민들은 묵은 잎새와 같은 낡은 생각에 사로잡혀 있다. 그러나 근대화의 여정은 멈출 수 없는 대세이며 '넘어가는 달'이 이 흐름을 되돌릴 수는 없다. 따라서 희준의 '읍내 가는' 발걸음은 의미심장한 것일 수밖에 없다. 그러나 희준의 계몽의식은 <무정>의 이형식의 그것보다는 좀 더 세련된 것이다. 농민은 일방적이고 수동적인 계몽의 대상이 아니라 희준에게도 영향을 주는 존재이며 소설 속에서 희준의 역할은 매개적 존재로 국한되어 있다. 달빛이 인동이의 집에 비추는 장면은 매우 상징적인 것으로 인동이나 김선달 같은 농민들의 주체적 역량과 소작쟁의 과정에서의 민중들의 헤게모니를 암시한다. 청년 희준에게 있어 식민지 조국의 정체성은 견딜 수 없는 것으로 계몽에의 의지는 희준을 청년회 개혁사업에 뛰어들게 한다. 그러나 회원들의 소시민적 안일함 때문에 청년회 사업은 실패로 돌아가고, 대신 희준은 농촌 개발사업과 야학을 통해 농민들을 '진리의 경종으로' 깨우치고자 한다. 희준이 시혜적인 계몽의식에서 벗어나고 그와 농민들과의 관계가 영향관계의 지평으로 확대, 전환되는 것은 '두레'를 통해서이다. 농민들과의 육체노동을 통해 희준은 인텔리적 근성을 극복하고 그들과의 유대를 확인한다.

2-2. 인물의 내면과 욕망의 구조

근대적 의식을 구성하는 중요한 요소 중의 하나는 개인의 발견과 욕망의 긍정이다. 한국근대소설에 있어 개인의 욕망의 문제는 자유연애의 형태로 나타났다. <무정>의 중요한 한 축도 자유연애의 문제이며 이는 전통적인 조혼의 폐해에 대한 비판으로 이어진다. 김희준도 부모들의 강압으로 조혼을 했으며 유학 후 돌아온 고향에서의 부부관계도 원만하지 못하다. 희준은 그의 아내 복임이에 대한 미움에 사로잡혀 있으며 그의 내면은 공허함으로 가득찬다. 이 공허함을 채우는 것은 야학에서의 음전이에 대한 애욕과 갑숙과의 사랑이다.

(1) 창문 밖에는 만월의 큰 희망을 안은 반달이 중천에 걸려 있다. 달은 방안을 들여다보려는 것처럼 아미를 숙이고 추녀끝을 엿보아 든다. 음전이도 반달 형국으로 구부리고 앉아서 무엇을 정신없이 쓰고 있다. 달을 내다보던 희준이는 그의 반쪽 얼굴에 눈을 박았다. 그는 부지중 한숨을 내쉬었다./ 그는 꽃다운 처녀가 소복한 아리따운 자태에 홀렸다./ <뿡->하는 자동차의 경적 소리에 희준이는 깜짝 놀라서 일어났다./ <다들 하셨습니까?>/ 시침을 뚝 떼고 그는 전과 같이 산술 문제를 칠판 위에다 풀기 시작했다.(141)

(2) 그러나 그 순간 희준이는 자기도 모르는 이상한 감정이 무럭무럭 떠올랐다. 그는 내색을 하지 않으려도 마치 질투와 같은 야릇한 감정을 아니 느낄 수 없었다. 그래 그는 별안간 침울해서 가만히 앉았다. 경호는 그 눈치를 채고 무언중에 승리의 쾌감을 느끼었다. 금시로 그는 우월감을 가지고 여태까지 희준이 앞에서 쳐들지 못하던 고개를 번쩍 들었다.(521)

> (3) 희준이는 비로소 인동이의 심중을 이해할 수 있었다. 그는 음전이와 성격이 맞지 않아서 그런 모양이었다. 그러나 한가지 모를 것은 도리어 자기의 마음이었다. 그는 진심으로 인동이가 음전이와 잘살기를 바라는 것처럼 말하였으나 한편으로는 그런 것이 은근히 자기에게 좋은 것 같은, 악마와 같은 생각이 떠올랐다. ……그는 음전이를 아내로 삼은 인동이를 평소에 부러워 하던 마음이 부지중 이런 생각을 남몰래 갖게 한 것이 아니었던가?(525~526)

(1)의 야학 강습 풍경은 근대성에 관한 많은 계기들을 머금고 있다. 먼저 야학에서 가르치는 내용이 '산술'이라는 점은 의미심장하다. 근대란 결국 수학적 계산가능성이 지배하는 세계에 다름아니기 때문이다. 그 세계의 풍경은 자동차의 경적소리처럼 새로움과 놀라움으로 가득차 있다. 여기에서 보다 중요한 것은 야학을 통한 희준의 계몽의식에 개인적 욕망이 겹쳐지는 풍경으로 그것은 희준에게 '시침을 뚝 떼는' 자기분열의 과정이다. 희준은 선구자적 인물이지만 사회적 욕망과 개인적 욕망 사이에서 자기분열을 겪는다. 희준의 의식 속에는 계몽의식이 선명히 부각되어 있지만 그 틈 사이로 심층의 '자기도 모르는' 무의식적 욕망이 불쑥불쑥 고개를 내민다. 계몽의식이라는 사회적 욕망 위에 개인의 무의식적 욕망을 겹쳐놓는 방식, 그것이야말로 <고향>의 탁월함이다. 이와 같은 갈등 양상이 첨예화되는 것은 갑숙과의 관계에서이다. 결국 희준은 이성에 의해 제어된 동지적 사랑을 선택하지만 그의 사회적 욕망은 늘 개인적 욕망 위에서 미끄러지고 중첩되는 양상을 보인다.

<고향>이 연애소설로도 읽힐 수 있다면 이는 인동-방개-막동의 삼각관계 때문이다. 여기에서 <고향>은 삼각관계를 바탕으로 한 전

형적인 연애소설의 면모를 보인다. 인동과 방개의 에로스적 비전은 달밤의 원초적 생명력 속에 녹아든다. 방개를 둘러싼 인동과 막동의 대결은 인동의 대결로 끝나지만 인동은 음전이와 방개는 기철이와 결혼한다. 그러나 결혼 이후에도 인동과 방개는 서로에 대한 그리움과 정념으로 괴로워한다.

> 그들은 어느덧 철도 둑을 넘어섰다. 그는 앞서 가는 방개의 머리채에서 상긋한 동백기름 내를 맡았다./-함함한 머리채! 달빛에 을비치는 하늘하늘한 인조견 치마 속으로 굼실거리는 엉덩이 그리고 통통한 두 팔목 잘룩한 허리! 인동이의 시선은 마치 불똥 튀듯 방개의 몸뚱이의 군데군데로 튀어 박혔다. 그는 몸을 떨었다. 가슴이 널뛰듯 한다.(157)

방개에 대한 인동의 욕망이 분출되고 있는 이 장면은 '상긋한 동백기름 내'로 촉발된다. 시각은 내가 타자를 타자로서 인식하는 방식이지만 후각은 나와 타자를 구별짓지 않는 원초적인 방식이다. 시각은 타자를 대상화시키지만 후각은 타자를 존재로서 감각하게 한다. 이와 같은 원초적인 에로스는 달방이라는 원시적 비전 속으로 자연스럽게 녹아든다. 희준과 갑숙의 사랑이 이성에 의해서 통제되고 제어되는 근대적인 방식이라면 인동과 방개의 사랑은 이성이 개입되지 않는 원초적인 생명력이 넘치는 본능적인 사랑이다.

<고향>에서 보여지는 욕망의 중첩화 현상은 쇠득이의 처, 국실이에게서 보다 분명하게 볼 수 있다. 국실이는 집안이 몰락하여 원치 않게 쇠득이에게 시집을 간 인물로, 어느날 소작권이 떨어질 위험에 처하게 된다. 남편 쇠득이가 마름 이근수에게 간청해보지만 실패로 돌아가고 말고, 결국은 국실이가 청을 넣으러 이근수를 만나게 된다.

> 나중에는 국실이가 안으로 청을 넣어 보았다. 이근수는 국실이의 외양이 똑똑함을 보고 내심으로 탐을 내고 있는 만큼 음흉하게 낚시를 던졌다. 국실이는 감질이 나서 마름집을 자주 다녔다. 그 바람에 다행히 논은 얻었다. 그러나 쇠득이가 논을 얻던 사흘째 되던 날 밤중에 국실이는 가만히 이근수가 혼자 자는 사람방 문을 도수장에 들어가는 짐승처럼 벌벌 떨면서 열었다. 국실이는 이근수를 처음 대할 때 그의 시선에 끌리었다./ 그의 눈은 자기에게 무엇을 하소연하는 것 같았다. 그는 그때까지 젊은 남자에게서 그와 같은 정열에 타는 눈을 보지 못했다. 그래 그는 그의 시선이 무서우면서도 한편으로는 끌리는 힘이 있었다. 청춘의 유혹은 넋을 공중에 뜨게 한다.(78)

국실이는 이근수에게 몸을 바치는 댓가로 소작지를 유지할 수 있게 된다. 그러나 지주와 소작농이라는 그러한 사회적 역학관계 속의 이면에는 국실이의 욕망이라는 주관적 원리가 작동하고 있었다. 도식화된 계급소설의 경우 소작농과 마름(지주)은 선악의 이분법으로 극명하게 대비된다. 소작농은 한없이 선량한 인물로, 마름은 악의 화신으로 등장한다. 그러나 <고향>은 그러한 이분법을 채택하지 않고 있다. 이 지점에서 <고향>은 속류화된 계급소설과 결별한다. 계급투쟁의 논리 속에 정신분석을 중첩시키는 방식, 사회적 생산관계의 논리가 개인적 차원의 욕망의 구조를 배제하지 않는 방식, 그것이 바로 <고향>의 방식이다. 그와 같은 것이 이기영에게 어떻게 가능했는지, 그리고 이에 대한 평가는 어떻게 내려야 하는 지는 본고의 3장에서 중점적으로 다루어질 것이다.

3. '역설'로서의 근대와 집단의 발견

3-1. 도구적 이성과 수학적 계산가능성

근대세계란 합리성이 지배하는 세계이고 그것은 도구적 이성에 의해 수학적으로 계산 가능한 세계이다.[4] 그것은 분절화된 시간과도 밀접한 관련을 지닌다. 도구적 이성이 가장 강력한 힘을 발휘하는 곳은 관료제와 경제부문이다. 식민지배기에 수탈적 공업화와 근대적인 제도도 함께 도입되었다. 제도로서의 근대는 가치중립적인 것이지만 이는 식민지적 수탈을 전제로 하는 것이었다.

안승학은 군청의 재무계에 근무했던 인물로 소작지의 지적도(地籍圖)를 조작하여 이근수를 몰아내고 마름의 자리를 얻는다. 지적도란 바로 수학적 측량을 의미하는 것으로 근대적 이성의 도구적 성격과 관련된다. 근대란 또한 시간에 의해 분절화되고 계산되는 세계이다. 안승학이 정직의 모랄은 고수하지 않지만 시간에 관해서는 엄격한 성실성을 보인다는 것은 중요한 의미를 내포하고 있다.시간은 돈으로 환산되는 것이기 때문이다.

(1) 원래 정직이라는 것은 조그만 어린아이 사회에서만 필요한 것 같다. 어른의 사회에서 정직을 제대로 지키다가는 여간 손해가 아닐 것 같이 그는 생각되었기 때문에. 그래서 안승학은 정직이라는 것과 차차 절연하기로

---

4) 칸트에 의해 합목적적 이성과 도구적 이성이 구별되어진 이후 이러한 전통은 막스베버, 그리고 하버마스에 이르기까지 이성의 이중적 성격을 파악하는 준거가 되었다. 프랑크푸르트학파의 비판적 사회이론도 결국은 도구적 이성의 비판작업에 다름 아니다.

작정하였다./ 거기에 비하면 그의 나중 이야기는 명심불망하지 않을 수 없다. 왜 그러냐 하면 그것은(시간) 참으로 자기에게 유익하기 때문에.(70)

(2) 안승학은 그때 군에 있었다. 그는 재무계에 오래 있었던 만큼 누구의 돈이 어디가 붙고 어떤 수렁이 있고 봇돌이 있다는 더구나 원터 앞뒤뜰에 있는 전장으로 말하면 자기 집 그릇 수효를 헤이기보다도 더 용이하였다./ 이에 그는 비밀히 원터 앞뒤뜰에 있는 민판서 집 전장의 지적도를 펴놓고 복사하였다.(그는 측량도 할 줄 알았다.)(114)

(3) 승학은 이렇게 따지고 나서 이번에는 원두를 놓는 비용을 따져 보았다. 그래서 만일 이십 원이 훨씬 넘는다면 그는 원두를 놓지 않을 작정이었다. 계산표는 다음과 같다./ 원두막 건축비 2,800+원두매는 품값 1,500+비료대 500+종자대 300+지세 450+소작료(사두락) 10,500+숙직료(일당 십전) 3,100=합계금 19,150/ 안승학은 수판알을 올렸다 내렸다 하더니 별안간 무릎을 탁 치고 좋아한다.(211)

(3)에서 안승학이 원두놓는 비용을 계산하는 장면은 수학적 계산가능성이 지배하는 근대세계의 면모를 여실히 보여준다. 그에게 중요한 것은 수학적 계산을 통한 이윤의 확보이다. 그에게는 도구적 이성만이 지배하고 있다. 그에게는 합목적적 이성을 통한 반성의 계기가 누락되어 있다. 근대적 이성에 대한 자기반성과 성찰이 동반하지 않을 때 이성은 도구화된다. 안승학의 유일한 관심은 '논'으로 그의 모는 가치를 결정하는 준거가 된다. 그래서 경호의 출생의 비밀을 빌미로 권상철과의 이전투구가 발생하는 것이고, 갑숙의 정조를 미끼로 위자료를 집요하게 청구하는 것이다. 이러한 안승학이 결국 자기 함정에

빠지고 만다는 것은 아이러니가 아닐 수 없다. 안승학은 근대의 도구적 이성에 깊이 침윤된 인물이면서도 여전히 봉건적 가치인 신분에 집착한다. 안승학을 통해 이성의 부식을 볼 수 있지만 그러한 부식현상조차도 20세기 전반기의 한국의 근대성에는 완전히 관철되지 못하고 있다는 점, 그것이 바로 압축적 근대화의 과정을 겪어야했던 식민지 한국의 특수성이라 할 수 있을 것이다.[5)]

3-2. 근대화의 역설과 계급의식

도구적 이성의 폐해는 이성의 부식현상을 보여준다는 점에서 근대화의 역설이다. 다른 측면에서 근대화의 또하나의 역설은 신분제로부터 해방되어 형식적인 의미에서의 <정치적 자유>를 획득한 민중들이 여전히 <경제적 자유>로부터는 소외된다는 점이다. 그와 같은 사실(史實)은 전혀 새로운 사실(事實)이 아니었지만 이에 대한 집단적인 의식을 민중들이 공유하게 되었다는 것은 새로운 사실(事實)에 속한다. 계급적 각성은 근대세계의 새로운 사실로 신분구조의 철폐와 밀접하게 관련된다.[6)] 그러나 20세기 전반기의 한국은 제국주의의 침탈

5) 한국의 근대문학에는 '발전'으로서의 근대와 '역설'로서의 근대가 혼재되어 있다. 서구의 모더니즘이 근대성에 대한 반발로써 성립된 것임에 반해, 한국의 모더니즘은 李箱의 경우에서처럼 근대화의 물적 토대가 갖추어지지 않은 상태에서 근대성에 대한 열망과 초월이 동시에 이루어져야 했다.

6) 루카치에 의하면 '계급의식'은 본질적으로 근대세계의 산물이다. 신분구조가 철폐되고 자본주의라는 순수하게 경제적으로 편성된 사회가 건설됨과 더불어 비로소 계급의식은 의식될 수 있는 단계에 들어선다. 前자본주의사회에서는 어느 사회에서나 본질상 계급이해가 결코 충분히 경제적으로 분명하게 출현할 수가 없다. 그러한 신분 사회에서는 경제적 요소가 정치적, 종교적 요소와 뗄 수 없이 결합되어 있기 때문이다. 자본주의 사회에서 순수한 계급은 부르조아와 프롤레타리아트뿐이다. 다른 계급들, 소부르조아나 농민 등은 자본주

과 이로 인해 자본주의적 생산관계가 전면적으로 관철되지는 않았다는 특수성을 지닌다. 따라서 식민지배기의 계급의 분화는 투철한 계급적 각성에까지 이르지는 않았다. 식민지배기의 일제의 농업정책은 한국민의 대다수를 차지하던 농민층을 자작농에서 소작농으로, 소작농에서 더욱 열악한 소작농으로 몰락시켜갔다. 경공업을 중심으로 한 식민지공업화과정을 통해서 노동자계급이 형성되기 시작했지만 그들의 지위는 아직 반농반노(半農半勞)의 상태에 머물러 있었다. 따라서 1930년대 한국경제에 있어서의 주요모순은 여전히 토지문제와 이를 둘러싼 계급갈등에 있었다.

원터마을의 마름, 안승학은 파행적인 근대화과정 속에서 편법으로 부를 축적한 식민지배기의 부르조아계급의 전형이다. 또 하나의 부르조아, 권상철은 고리대금업으로 축재한 인물로 근대초기의 금융자본가라고 할 수 있다. 작가는 두 인물을 통해 가치증식과정에 사로잡혀 있는 부르조아계급의 물신화를 풍자적인 어법으로 보여준다. 두 인물이 극적으로 희화화되는 것은 위자료 오천원을 놓고 벌이는 그들의 한 치의 양보도 없는 이전투구에서이다. 서구의 역사에서 부르조아계급의 승리는 신분제의 완전한 철폐를 의미하는 것이었다. 부르조아에게 신분이라는 것은 금방이라도 던져버릴 수 있는 헌 신짝과도 같다는 것, 그들을 지배하는 것은 오직 돈의 논리라는 것, 그들의 돈을 둘러싼 싸움은 목숨을 거는 비장한 것이라는 것, 이것이 바로 부르조아의 계급으로서의 각성의 출발점이다. 그러나 안승학과 같은 1930년대 한국의 부르조아의 계급의식은 신분의식과 뒤섞어 있다.

의적 생산관계 내에서의 그들의 지위가 신분사회의 잔재들과 결합되어 있다(게오르그 루카치, 『역사와 계급의식』, 박정호 · 조만영 역, 거름, 1995, 118~123쪽).

<거머리 권가는 명색이 뭐야?>/ <살구지 안가는 무슨 양반이람!>/ 하고 마침내 그들은 욕질 손찌검질까지 하였다./ 그러나, 두 사람은 서로 약조나 한 듯이, 다시 입심으로 다투기 시작했다. 그들은 점잖은 체통에 피차간 손찌검을 하는 것은 온당치 않은 듯이 정신차렸기 때문이다.(373)

안승학과 권상철의 싸움이 육박전으로 치닫게 되는 것은 권상철이 경호와 갑숙의 혼인문제를 들고 나왔기 때문이다. 안승학과 권상철의 싸움이 신분적 가치를 둘러싼 인정투쟁에서 목숨을 거는 비장함을 풍긴다는 것은 당시 한국의 부르조아 계급이 철저한 계급적 각성에 이르지는 못했다는 점을 암시해준다. 그들에게 신분적 가치는 여전히 의미심장한 것으로 가문과 양반의식이라는 한국 부르조아 계급의 봉건적 윤리가 허위의식이 아닌 실체로서 작동하고 있음을 보여준다. 그와 같은 윤리는 사실 소유욕을 화려하게 치장하고 있는 것일 뿐이어서 우스꽝스러운 희극에 지나지 않지만 그들 스스로에게는 비장함을 내포하고 있다. 1930년대 한국의 부르조아의 내면에는 근대적 계급의식과 봉건적 신분의식이 혼재되어 있었다는 점, 이것은 20세기 전반기 한국의 근대성의 하나의 특징이다.

원터 마을의 소작인들은 재강죽으로 연명할 만큼 가난은 나날이 심화된다. 작황이 좋은 해에도 그들은 '풍년공황'을 겪는다. 그러나 그들은 아직 봉건적인 노예근성에 사로잡혀 있으며, 지주와의 집단적인 대결양상도 소설에 전면적으로 부각되지 않는다. 그 다음해에 수재로 인해 절대적 빈곤에 처하자 그들은 소작료탕감을 내걸고 안승학과 비로소 대결한다. 이와 동시에 인순이와 갑숙이가 있는 제사공장에서 해고사건을 계기로 노동쟁의가 일어난다. 여기에서 중요한 역할을 하는 것은 김희준이라는 매개적 인물과 함께 인동의 계급적 각성이다. 이는 소설의 초반부에 이미 어느 정도 복선화되어 있었다.

> '우리들은 지금까지 자고 있었다. 그리고 밤새도록 가위를 눌렀다. 별안간 악몽을 깨어나 보니 세상은 딴세상이 된 것 같다!'/ 인동이는 자기의 변해진 마음을 이렇게 생각하였다. 그러면 자기의 깊이 든 잠을 깨워준 사람은 누구던가? 어쨌지 그는 이상스런 느낌이 났다. 그가 어떻게 그런 생각을 가질 수 있었던가!/ 그러나 그는 확실히 자기보다 눈을 먼저 떴다. 그는 개명한 글을 배워서 남 먼저 눈을 떴다. 그런데 우리들은-하찮은 것에 눈이 가려서 오래도록 늦잠을 자지 않았던가!(396)

인동의 계급적 각성은 이후 소작쟁의에서의 농민의 주도적 역할과 민중의 헤게모니를 위해 미리 마련된 장치이다. 계급소설의 관점에서만 <고향>을 읽으면 추수를 놓고 벌이는 마을사람들의 갈등을 농민의 소소유자적(小所有者的) 특성으로 파악하고 갑숙의 금전적 지원을 노동동맹으로 확대시켜 의미 부여하게 된다.[7] 그러나 소작인들의 추수갈등은 그들의 소유욕 때문이 결코 아니고 당장 끼니를 때울 길이

7) "이 소설에서 농민대중과 전위 사이에서 이루어지는 상호작용 못지않게 뚜렷하게 드러나는 것은 노농동맹의 문제이다. ……빈농들은 노동계급의 유일한 동맹자로서 혁명적 성격을 지니고 있어 그들은 노동자들의 노동쟁의와 그 맥을 같이 하면서 당대 반제 반봉건투쟁에 나서게 된다. 특히 농민에서 노동자로 전환한 인물들에서 이러한 노농동맹의 인식이 뚜렷하게 싹트고 있고 결국에는 이들에 의해 노농동맹의 구체적 실천이 드러난다. <고향>이 한층 더 우리 농민소설의 백미로 꼽힐 수 있는 것은 위에서 말한 것과 더불어 또 하나의 중요한 관점을 결코 지나치지 않았기 때문이다. 그것은 농민들의 이중성 특히 농민의 소소유자적 특성에 대해서도 당대 농촌현실에 두면서, 그리고 당대 현실의 발전과정 위에서 그려냈다는 점이다."(김재용, 「리얼리즘소설의 전개과정」, 『카프문학운동연구』, 역사문제연구소 문학사연구모임 편, 역사비평사, 1989, 196~197쪽)

없는 생존의 절박한 요구 때문이었다. 따라서 이를 두고 농민의 소소유자적 특성을 거론하는 것은 어불성설이다. 또한 노농동맹의 문제도 갑숙이라는 영웅적인 인물의 일회적이고 개인적인 행위이지 그것이 계급적인 동지의식에서 발로한 집단적인 행동은 아니다. 따라서 노농동맹의 문제로 이를 확대해석하는 것은 평자들의 선입견이 개입하는 연역적 논리에 불과하다.

4. '지양'으로서의 근대와 몸의 소설학

4-1. 변증법적 지양과 열린 구조

대립물의 통일을 통해 더 높은 단계로 발전한다는 변증법의 논리 속에는 모순적 계기들을 제거한다는 의미가 아니라 지양된 단계에서 이전단계의 계기들을 보존(reservation)하면서 발전해나간다는 뜻이 내재되어 있다. 20세기 전반기의 한국의 근대성에도 이와 같은 변증법적 '지양'의 논리가 내재되어 있다. 좀 더 정확하게 말한다면 모순적 계기들이 혼재되어 있다. 전술한바 있지만 한국의 근대문학에는 근대성에 대한 열망과 이에 대한 초월이 동시에 존재하는 것이다. <고향>에서 드러나고 있는 근대성의 양상에도 '발전'으로서의 근대와 '역설'로서의 근대가 뒤섞여 있으며, 인물들의 내면에는 봉건적 의식과 근대적 의식이 함께 공존하고 있다. 거기에는 계몽이 있고 인물들의 욕망이 꿈틀대고 있으며, 물신화된 부르조아 계급의 도구적 이성의 논리가 존재하고 있다. 부르조아의 근대적 계급의식 속에는 봉건적 신분의식이 잠재해 있으며 소작인들의 계급적 각성의 이면에는 전근대적인 노예근성이 깃들어 있다. 이와 같은 뒤섞임과 혼재라는 보존으로서의 지양의 논리를 가장 극명하게 보여주는 것은 소작쟁의의 결말에서 보여지는 안승학의 이중적인 의식을 통해서이다. 안승학은 소작인들의 요구를 시종 묵살하고 가치증식이라는 근대 부르조아 계급의 논리를 고수하지만 그가 결국 굴복하게 되는 것은 가문과 위신이라는 봉건적 신분의식에 대해서이다. 그를 굴복시킨 것은 소작인들의 일치된 단결력과 집단적 계급투쟁의 논리가 아니라 신분적 가치의 논리이다. 김희준과 소작인들은 그의 이중적인 의식을 간파하고 이를 공략한다. 그들이 안승학을 압박하는 방식은 다음과 같다.

> <일찍이 문제를 해결해 주지 않는다면 댁에서는 아무리 이 동네서 행세를 하고 싶어도 딸을 팔어 가지고 위자료 오천원을 받어먹으려고 하다가 코가 납작해지구, 게다가 그 딸의 정조를 유린한 청년이라는 것이 중놈에게 끌리어다니던 여자의 몸에서 애비가 누군지도 잘 알 수 없게 생겨난 사람이라면! …… 만일 이 사실을 동리 사람들이 안다면 얼마나 조롱거리가 되겠습니까…… 그뿐인가요, 지금……> …(중략)… <……댁은 이 동네서 부자요 행세하는 양반인지 모르나 따님은 공장의 여직공으로 경호하고 좋아지내니 당신도 결국은 우리와 마찬가지 미천한 사람이 아니겠습니까!>/ 안승학이는 그만 당장에 얼굴이 푸르락붉으락하고 코르 벌르벌름하기 시작했다./ <양반의 집 가문이 어떠니 어떠니 하더니 그 꼴 참 잘 됐다!>/ 김선달은 비꼬는 듯이 딴전을 보면서 이런 말을 내뱉었다.(575~576)

안승학이 전근대적인 신분의 논리에 굴복하고 만다는 것은 20세기 전반기의 한국의 근대성에 내재되어 있는 특수성을 드러내준다. 근대적 의식에 대한 열망과 전근대적 가치에 대한 집착이 혼재되어 있는 양상은 한국의 근대성이 압축과 비약을 동반하고 있었던 저간의 사정을 잘 보여준다. 1930년대 한국의 부르조아가 자신의 계급의식에 불철저했다는 것은 근대에 대한 함량미달이라는 비판의 근거를 제공해주는 것이 아니다. 오히려 계급의식에 철저할 수 없었던 한국의 근대성의 특징과 차별성을 설명하는 데 도움을 주어야 한다.

<고향>의 근대성이 전근대성과 혼재된 '지양'으로서의 근대성이라는 점은 제 18장에서 보여지는 두레의 성격과 관련한 소설의 장르적 특성에 의해서도 설명할 수 있다. 작가는 두레의 전 과정을 매우 자세히 묘사하고 있는데, 그 장은 자체만으로도 완결된 시적 세계이다. 두레를 통해 희준의 소시민적 인텔리 근성이 극복되고 마을사람들은 하나가 된다. 그것이 시적세계라는 것은 거기에는 갈등과 모순의 논리가 없고 화해와 일치만이 존재하기 때문이다. 인동과 막동이 화해하고 백룡모와 쇠득모가 함께 춤을 춘다. 그 세계는 어떤 것이 끼어들어도 균열이 생기지 않고 무엇이든 녹아들어가 버리는 강력한 흡입력의 세계이다. 루카치의 말처럼 소설이라는 장르는 본질이 시간에 의해서 부식되는 과정을 보여주는 것이라면 두레 속의 원터 마을은 시간이 결코 흔적을 남길 수 없는 원환적 총체성의 세계로 그 자체로 완결된 세계인 것이다. 이것이 근대적 장르인 소설의 형식이 될 수는 없는 것이다.[8] 그러나 이 부분을 제외하고 <고향>이 근대소설의 면모를 갖추고 있다는 것은 의심할 수 없는 분명한 사실이다.

<고향>은 '발전'으로서의 근대와 '역설'로의 근대가 혼재되어 있

8) 김윤식은 이를 두고 <고향>이 서사시적 단계에 머물러 있다고 지적한다. 물론 이는 과장된 평가이지만 <고향>의 근대성이 전근대성과 혼재되어 있다는 점을 소설의 장르적 특성과 관련하여 설명할 수 있는 근거이다(김윤식, 「이기영론-'고향'에서 '두만강'까지」, 『한국현대현실주의소설연구』, 문학과지성사, 1990).

으며, 그와 같은 근대성은 보존된 '지양'으로서 전근대성도 함축하고 있다. 이와 같이 <고향>의 구조와 형식은 개방적인 열린 구조로서 식민지배기의 한국의 근대성의 특수성을 적실하게 보여준다. 근대성에 대한 열망과 초월을 동시에 아우러야 했던 한국 근대문학의 난처한 표정이 <고향>에 고스란히 녹아 있으며 이는 그와 같은 열린 구조로도 모두 포섭될 수 없는 난감한 과제였다.

4-2. 경험의 논리와 몸의 소설학

이제 <고향>이 기본적으로 계급소설의 논리를 바탕으로 하고 있으면서도 도식화된 속류 계급소설과 결별하는 지점에 대해서 설명할 차례이다. 앞에서 지적한 바 있지만 그것은 계급투쟁의 논리 속에 무의식적 욕망의 층위들을 중첩시키는 방식이다. 이와 같은 모습은 소작농들이 갑숙이가 전해준 돈을 배분하는 과정에서도 확인할 수 있는 것으로, 농민들은 결코 도덕적으로 이상화된 인물들로 그려지지 않는다. 그들은 소작쟁의라는 대의명분 앞에서도 개인적인 잇속을 챙기기를 마다하지 않는다. 그들은 자신들의 개인적인 소유욕을 감추지 않는다. 실로 길고도 격렬한 논란을 통해서 겨우 분배의 기준을 마련한다. 그 과정은 결코 쉽지 않은 것으로 의견의 차이와 어긋남이 적나라하게 드러난다. 필자가 보기에 소설 <고향>의 절정과 백미를 이루는 곳은 소작인들의 승리가 확인되는 지점이 아니라 오히려 차이와 어긋남 속에 갈등이 증폭되고 소작농들이 어렵게 합의에 이르는 과정을 묘사하고 있는 바로 이 부분이다. 사회주의적 전망이라 한다면 바로 이와 같은 것이 아닐까? 계급소설의 관점에 따르면 이러한 차이들은 무화되고 자기희생에 바탕을 둔 일사불란한 합의가 신속하게 이루어졌어야 할 것이다. 그러나 거기에는 인간이 빠져 있다. 대신 억압과 배제의 동일화의 논리가 숨어있다. 소설이 인간에 대한 관심에서 출발한 것이라면 그것은 경험적 사실 속에서의 구체적 인간을 의미하는 것일 것이다. 계급소설로서 <고향>을 읽는다면 결말부의 모호한 전망은 비난받아야 할 것이다. 사실 거기에는 전망이 부재한다. 거기에는 아무런 낙관적 전망도 미래에 대한 혁명적 비전도 제시되어 있지 않다. 이는 1930년대 중반 카프조직의 와해와 계급문학의 쇠퇴라는 문학적 환경의 변화와도 관련되어 있는 듯하다. '전망의 부재 속에서 소설은 어떻게 단련되는가?'라는 질문을 던져봄직한 대목이다. 희준이 보여주는 전망이라는 것은 다음과 같이 초라하기 짝이 없는 것이다.

> <지금 우리가 안승학이라는 철면피와 같은 마름에게서는 완전한 결말을 지을 수도 있을지 모르지요, 그러나 그 결말이라는 것은 한때입니다. 금년에 해결되었다가 명년에 또 이런 일리 생기지 말란 법이 있습니까? 지금 여러분은 만족한 것으로 생각하시는 모양이지마는 결코 그렇게 생각하지 마십시오!> …(중략)… <사실이야 이기다니, 우리가 무얼 이기었겠어. 그 마름이 어떤 사람이라구…… 나종에 걸리기만 하면 어디 보자-하고 단단히 우리를 잡아먹으려고 벼를 사람인데……>/ 누구인지 이렇게 장래를 염려하는 사람도 있다.(584)

이와 같은 <고향>의 결말부의 열린 전망은 결함이 아니라 오히려 작품의 미덕으로 보인다. 닫힌 결말이 아니라 열린 결말을 통해 작품은 오히려 풍요로움을 얻는다. 이러한 풍요로움의 원천이 되는 것은 소극적 수용력이라고 할 만한 작가의 <경험의 논리>이다.[9] 이를 필자는 '몸의 소설학'이라 부르고자 한다. 인간이라는 존재는 관념이 형성되기 이전에 '세계-내-존재'로서의 자아를 경험하게 된다. 의식이라는 것은 경험적 사실에 대한 사후 추인과정이다. 싸르트르의 <실존은 본질에 우선한다>는 명제도 인간의 의식이 형성되기 전에 인간은 이미 자기가 발딛고 있는 구체적 현실에 던져져있다는 경험적 사실을 상기시켜주고 있는 것이다. 우리는 의식행위 이전의 경험의 주체로서 '신체-주체(body-subject)'라는 것을 상정해 볼 수 있을 것이다. 이기영이 작가로서의 경험을 매우 중요시하고 있었음은 다음과 같은 글에서도 확인할 수 있다.

> 작가는 생활을 창조한다. 생활을 떠난 작가의 두뇌는 고무풍선과 같이 공상의 관념만 충만할 뿐이다. 생활은 생생한 현실을 통해서 발전하기 때문이다. …(중략)… 나는 <고요한 돈호>를 쓴 숄로호프가, 중앙무대에서 갑론을박 문학이론에 화포를 터칠 때에 자기는 지방으로 여행하여 농촌을 실지 조사한 결과 다시 <개척된 처녀지>의 장편을 창작하였다는 말을 듣고 미상불 감동하기 마지 않았다./현실은 위대한 교재다. 그것을 똑바로 보는 눈을 가지고 그것을 기술적으로 파들어가면 그만이다.[10]

---

9) 이를 두고 김인환은 <창작주의 리얼리즘>이라는 다소 이채로운 명명을 시도했다. "리얼리즘의 창작성과는 리얼리즘을 이론이 아니라 창작으로 추구한 염상섭과 이기영에 의하여 달성되었다. 우리는 염상섭과 이기영의 리얼리즘을 토착주의 리얼리즘 또는 창작주의 리얼리즘이라고 부를 수 있을 것이다. …… 이기영은 <고향>의 김희준처럼 현실 인식과 실천 의지를 갖춘 인물 속에서도 선부른 계몽 관념의 허위의식을 찾아냄으로써 인물의 빛과 그늘을 동시에 묘사할 수 있었다. 이기영은 원리로 환원할 수 없는 완강한 사실들을 중시하면서 소설의 목적은 더 나은 삶을 추구하는 데 있다는 작가 의식을 견지하였다. 북한의 토지개혁과정을 다룬 <땅>에서도 이기영은 경험의 직접성을 중시하였다."(김인환, 「한국현대소설의 계보」, 『문학동네』, 1998년 겨울호, 212~213쪽 참고)

<천변풍경>의 박태원이 눈에 보이는 바를 보여주는 방식이라면 <고향>의 이기영은 몸이 느끼는 바를 말하는 방식이다.[11] 이는 소설의 개방적 구조와 결말의 열린 전망과도 관련되는 것이다. 그것은 바로 완강한 사실에 바탕한 <경험의 논리>이다. 이기영의 의식 속에는 계급투쟁이 있었지만 그는 완강한 경험적 사실을 무시하지 않았다. 그의 생생한 체험 속에는 구체적 인간의 모습들과 그들의 내면에 잠

---

10) 이기영, '창작방법문제에 대하여', 《동아일보》, 1934.5.30～6.4.

11) <천변풍경>과 <고향>은 그 창작의 원리로서의 미학적 근거가 전혀 다르다고 할 수 있다. 그럼에도 불구하고 다음과 같은 내재적 동형성은 모더니즘과 리얼리즘이라는 이분법적 도식을 뛰어넘을 수 있는 가능성의 단초를 제공해준다. 첫째, 두 작품은 모두 뚜렷한 사건진행이 없고 완만한 플롯으로 이루어져 있다. 둘째, 각 章은 그 자체로도 독립된 삽화로 볼 수 있을 만큼 완결된 구성을 보여준다. 셋째, 작품 속의 인물들은 主人物과 附人物로는 구분되지만, 주인공이라고 할 만큼 부각되는 인물은 두 작품 모두에게서 발견되지 않는다. 넷째, 두 작품 모두, 1930년대 도시민과 농민들의 삶이라는 日常性에 기초해 있다. 참고로 <고향>의 각 장을 행위의 주체에 따라 분류해보면 다음과 같다(조진기, 「이기영의 '고향' 연구」, 『동일문화논총』 제2집, 1993, 49쪽).

① 김희준-2, 9, 11, 14, 18, 37, 38.
② 안갑숙-6, 8, 19, 22, 24, 29, 33, 36.
③ 안승학-5, 7, 15, 16, 27.
④ 권경호(권상철)-20, 23, 26, 30, 31, 34, 35.
⑤ 마을 사람들-1, 3, 4, 10, 12, 13, 17, 21, 25, 28, 32.

이에 대해서 서종택은 다음과 같이 언급한다. "이처럼 행위의 주체를 한 사람에게 집중시키지 않고 등장인물에게 골고루 분산시키고 있다는 것은, 다름 아닌 카프 맹원으로 당파성으로서의 이데올로기와 예술적 형상화를 위한 리얼리즘의 결합을 동시에 구현하려는 시도라고 볼 수 있다. 행위 주체에 따른 분류에서 살펴보았듯이, 원터 마을 주민들의 삶을 통해 당대 농촌을 총체적으로 드러내 보이려는 의도에 의해 작품의 주요 인물인 김희준과 함께 주변인물들도 충분히 서술되고 있다."(서종택, 「현실과 이념」, 『한국현대소설사론』, 고려대출판부, 1999, 54쪽)

재된 욕망의 그늘이 드리워져 있었다. 그래서 마름 이근수와 소작농민 국실이와의 관계를 묘사할 때도 계급투쟁의 논리 속에 스며있는 욕망의 그림자를 포착할 수 있었던 것이다. 그래서 희준이라는 인물도 결코 관념화된 천상의 인물이 아니라 늘 미결정 상태 속에서 갈등하는 지상의 인물로 그려질 수 있었다. 그는 결코 내면이 거세된 지사적 인물이 아니다. 또한 소작농민들을 묘사할 때도 선악의 이분법과 도덕적 이상화를 피해 갈 수 있었다.

유토피아란 미래로 투사된 이데올로기에 다름 아니다. 중요한 것은 추상적 이데올로기가 아니라 완강한 구체적 사실이다. 현실의 계기들은 무한함에 반해 비현실적 전형이 포섭할 수 있는 계기들은 유한하다.[12] 예술작품이란 결국 현상으로서의 본질이다. 예술작품은 주관적 원리에 의해서만 주관을 뛰어넘는 진리내용(truth-content)에 도달한다.[13] 이기영은 비현실적 전형의 틀 속에 현실세계의 무한한 계기들을 가두어두지 않고 이를 경험적 사실 속에서 포착함으로써 식민지 배기 농촌의 현실을 총체적이고 입체적으로 보여줄 수 있었다.

12) 김인환, 『상상력과 원근법』, 문학과지성사, 1993, 61~72쪽.
13) T. W. Adorno, *Aesthetic Theory*, University of Minnesota Press, 1997, p.283.

이태준 단편 연구

-〈토끼 이야기〉를 중심으로-

1. 언어학과 정치학

한 편의 문학 텍스트는 언어를 매개로 해서만 존재한다. 동시에 문학 텍스트는 발화행위의 집합적 배치로서만 존재한다. 즉 질료로서의 문학적 언어는 언제나 구체적인 사회적 힘들 사이의 역동적인 긴장관계로 이루어진다. 따라서 문학 텍스트로서의 소설은 직접적인 현실로부터 나름의 자율적 영역을 형성하면서 동시에 그 사회의 정치적 힘들의 배치로부터 끊임없이 간섭받는다. 소설의 자율적 영역은 절대적 현존으로서가 아니라, 현실이라는 관계의 그물망 속에서의 현존이다. 하지만 문학 작품은 삶의 구체적 현실로부터 직접적으로 매개되지 않을 때에만 현실과 매개될 수 있다. 즉 역설적이지만 문학 작품은 현실을 모방하지 않음으로써만 현실을 모방할 수 있는 것이다.

한국 근대소설사에서 상허의 위치는 매우 이채로워 보인다. 그의 소설은 리얼리즘이나 모더니즘 혹은 전통주의의 규범 어느 하나로만 포섭되지 않는다. 상허의 소설의 기본적 특징은 여러 가지로 규정할 수 있으나, 우선 그의 소설은 전통적인 리얼리즘의 수법을 근간으로 하고 있다고 할 수 있다. 그러나 그의 리얼리즘은 사회적 현실에 대한 충실한 재현과 미래에 대한 역사적 전망이라는 통상적인 의미의 리얼리즘과는 거리가 멀다. 그의 소설 속에서 사회, 역사적 현실이 직접적으로 드러나는 경우는 거의 없다. 상허는 매우 간접화된 방식으로 현실을 보여준다. 그는 줄곧 현실의 구체성을 인물을 통해서 드러낸다. 그러나 상허 소설의 가장 큰 특징으로 인물의 조형성만을 언급하는 경우는 단선적인 시각이 아닐 수 없다. 이런 시각은 그의 소설이 사회의식이 없다거나 사상이 빈약하다는 최재서의 언급[1] 이후로 상허 단편의 약점으로 지적되어 왔다. 그러나 정작 문제가 되어야 하는 것은 그 인물의 성격이 드러나는 방식과 그들이 처해 있는 실존적이고도 역사적인 상황이다. 그의 소설 속에는 행복한 인물이 거의 등

1) 상허의 단편에 대한 주요한 논저들을 정리하면 다음과 같다.

김기림, 「스타일리스트 이태준씨를 논함」, 《조선일보》, 1933.6.25~27.
김환태, 「상허의 작품과 그 예술관」, 『개벽』, 1934.12.1.
최재서, 「단편작가로서의 이태준」, 『문학과 지성』, 인문사, 1938.
김동석, 『예술과 생활』, 박문출판사, 1948.
김윤식·김현, 『한국문학사』, 민음사, 1973.
정한숙, 『현대한국문학사』, 고려대출판부, 1982.
강진호, 「이태준론」, 고려대 석사학위논문, 1987.
민충환, 『이태준 연구』, 깊은샘, 1988.
이남호, 「시대에 대한 미학적 간접화법」, 『문학의 위족 2-소설론』, 민음사, 1990.
유종호, 「인간사전을 보는 재미」, 『1930년대 민족문학의 인식』, 한길사, 1990.
황송연, 「한국문학의 근대와 반근대」, 동국대 박사학위논문, 1991.
상허문학회, 『이태준 문학연구』, 깊은샘, 1993.
장영우, 『이태준 소설 연구』, 태학사, 1996.
서영채, 「두 개의 근대성과 처사의식」, 『소설의 운명』, 문학동네, 1996.
박헌호, 『이태준과 한국 근대소설의 성격』, 소명출판, 1999.
서종택, 「닫힌 세계와 자아」, 『한국현대소설사론』, 고려대출판부, 1999.

장하지 않는다. 즉 겉으로 드러나는, 인물에 대한 충실한 묘사가 문제적인 것이 아니라 그 묘사를 통해 드러나는 인물들의 모습이 어떤 성격을 지니고 있는냐가 문제적이라는 점이다.2) 본고에서는 그의 단편이 딜레탕티즘에 빠져 있다거나 사회의식을 결여하고 있다는 부정적인 평가에 대해, 상허가 미적 자율성에 대한 신념과 함께 미학적 간접화의 방식으로 현실을 드러내고 있다는 사실을 밝히고자 한다.

이태준은 정상적인 욕망의 발산을 바라는 한 여성의 삶을 그린, <오몽녀>로 등단한 이후로 20년대 후반까지는 주로 추상적인 인간의 욕망의 문제를 다루었다. 그러다가 30년대로 접어들면서 사회적 현실에 대해 관심을 갖게 된다. 그렇다고 30년대를 전후로 해서 상허의 소설이 확연하게 변별되는 것은 아니고, 이후로는 초기의 문제의식도 함께 다양한 형태로 변주된다. 상허의 단편 중에는 우리 소설사에서 마땅히 오래도록 기억되어야 할 작품들이 있으니, <꽃나무는 심어놓고>(1933), <밤길>(1940), <토끼 이야기>(1941), <무연>(1942) 등의 작품이 그것들이다. 본고에서는 <토끼 이야기>(1941.2.《文章》)

2) 이와 같은 맥락에서 이남호의 다음과 같은 언급은 주목할 만한 것이다. "그의 소설에 등장하는 인물들은 모두 치유되기 어려운 상처를 지니고 있다. 그 상처는 말할 것도 없이 식민지 시대의 소산이다. 이태준의 의도가 시대적 폭력의 비판적 노출에 있지 아니하다면 무엇 때문에 그 상처를 그토록 쓰다듬고 있겠는가. 여기서 성격창조에 내포된 이태준 소설의 실속을 따져보아야 할 보다 분명한 근거가 마련된다."(이남호, 위의 글, 위의 책, 378쪽) 인물 중심의 논의를 하고 있는 유종호도 다음과 같이 언급하고 있어 주목된다. "첫 단편집 『달밤』은 대충 세 가지 유형으로 나눌 수 있을 것 같다. 첫째가 <아무 일도 없소> 같은 사회 현실 고발이고, 두번째가 <달밤>, <불우선생>, <서글픈 이야기>와 같은 인물 소묘이고, 세번째가 <천사의 분노>, <마부와 교수> 흐름의 콩트이다. 물론 <불우선생> <아담의 후예> 등 인물 소묘도 첫째 유형과 겹치는 바 있어 이 분류법은 사뭇 자의적이긴 하나 일단의 편의는 제공해 줄 것이다."(유종호, 위의 글, 위의 책, 247쪽)

를 중심으로 논의를 전개하고자 한다.

2. 〈토끼 이야기〉 분석

2-1. 구성과 문체의 의미구조

단편 <토끼 이야기>는 이태준 자신이 주관하던 잡지, 《文章》에 1941년 2월 발표된 작품이다. 이 작품은 보통 <고향>(1931), <장마>(1936), <패강냉>(1938) 등의 '心境小說'의 범주에서 함께 논의되기도 한다. 이 작품의 진정한 가치를 인정해 주고 있는 논자는 김동석과 이남호로 보인다. 이남호는 이 작품의 차분한 어조를 <장마>, <패강냉>의 감상주의와 비교한다. 즉 '작가 스스로 놀라울 정도의 냉정함을 유지하면서 시대의 암울이 자신의 생활에 어떻게 반영되는가를 보여주는 수작'이라고 평가하면서, '당시 상황의 정신적 경제적 목죄임이 착하고 평범한 삶을 얼마나 모멸스럽고 비참하게 만드는가를 감동적으로 그리고 있다'고 본다.[3] 그러나 이남호의 글은 이태준에 대한 총론적인 성격의 글이어서 구체적인 작품 분석을 통한 각론을 보여주지는 않고 있다. 또한 기존의 인물중심 논의에서 벗어나지 않고 있다. 본고에서는 이남호의 총론에 대체적으로 동의하면서 논의를 출발하고자 한다.

<토끼 이야기>는 모두 네 난락으로 이루어져 있나(<1> 170~173쪽 상단부 <2> ~177쪽 상단부 <3> ~181쪽 하단부 <4> ~183쪽).[4]

---

3) 이남호, 위의 글, 위의 책, 375쪽.

이를 서술의 대상이 되고 있는 시간을 기준으로 나누어 보면, '<1> 과거 <2> 과거+현재 <3> 과거+현재 <4> 현재'가 된다.(<3>에서 과거가 차지하는 비중은 <2>에서보다 현저히 떨어진다.) 따라서 작품 전체의 시간 구조는 과거에서 현재로 순차적으로 이동해 가는 구조라고 할 수 있다. 이것의 숨은 뜻은 시간의 부식작용으로 이상이 현실의 압력 하에 처참하게 굴복하게 된다는 것이다. <1>에서 서술의 대상이 되는 시간은 도입부만 빼면 전적으로 과거의 시간으로 회상부분이라고 할 수 있다. 따라서 <1>에서의 주도적인 서술방식은 사건에 대한 요약적 제시이며 쉼표가 가장 많이 사용되고 있는 부분이기도 하다. 그리고 과거에 대한 회상은 본질적으로 3인칭 시점이 아니라 1인칭 시점에서만 가능하기 때문에, <1>에서의 표면적인 서술자는 작중화자이지만 심층적인 서술자는 인물 현이라고 볼 수밖에 없다. 그리고 <1>에서의 가장 큰 의미구조는 이상과 현실 사이의 팽팽한 긴장이다. 이는 현에게 있어 '단편소설'과 '신문소설'로 상징된다. <2>에서는 토끼로 상징되는 현재의 시간이 먼저 서술되고 현의 독서 공간으로 상징되는 과거의 시간이 이어서 서술된다. 이를 시점의 측면에서 본다면 3인칭 서술과 1인칭 서술의 교차 서술로 볼 수 있다. 현실과 이상, 현재와 과거가 아직까지는 긴장을 유지하고 있지만 생활의 압박으로 이상의 공간은 훨씬 축소되어 있으며, 분량 상으로도 현재의 시간에 대한 서술이 과거에 대한 서술을 압도한다. 그리고 과거의 시간에 대한 서술의 어조와 톤(tone)도 밝은 것에서 어두운 것으로 바뀐다. 이는 또한 예술가인 현의 입장에서 본다면, 미적 자율

---

4) 이태준, <토끼 이야기>, 『이태준문학전집 2』, 서음출판사, 1988. 이하 서음출판사판 전집을 텍스트로 삼고, 작품의 인용은 본문에서 쪽수만 밝히기로 한다.

성의 공간이 식민지 근대성이라는 도구적 합리성의 세계에 의해 침윤됨을 의미한다. <3>에서 서술의 대상이 되는 시간은 압도적으로 현재의 시간이다. 그리고 사건과 서사가 가장 활발히 진행되는 것도 이 부분에서이다. 여기에서는 전적으로 토끼와 관련된 현실의 공간이 주로 묘사된다. 그리고 1인칭 자기 서술이 진행되는 것도 과거의 시간과 관련지어지는 것이 아니라 현재의 인물의 내면에 대한 서술로 이루어진다. 과거의 시간에 대한 서술은 현재의 참담함과 비극성을 보다 극명하게 부각시키는 데에 이용되고 있다. 즉 <3>에서는 이상과 현실사이의 긴장관계가 유지되지 못하고 깨어져서 파탄에 이르고 있다. 이는 <4>에서의 비극적 결말을 미리 암시하고 그 과정을 예비하고 있는 셈이다. 이 부분에서 하나 더 언급하고 넘어가야 할 것은 시제의 문제이다. 177쪽에서는 현재 시제의 사용이 두드러지는데,[5] 이는 상황의 어려움의 복합성과 현실의 압력의 가중을 점층적으로 표현하는 데 효과적으로 기여하고 있다. 현실의 절박함이 시제를 통해 드러나고 있다고 볼 수 있을 것이다. <4>에서 서술되고 있는 시간은 전적으로 현재의 시간이다. 그리고 토끼와 현의 아내로 상징되는 생활의 압력이 전면에 부각되는데, '하로는 ~ 때였다'(182)라는 문장을 통해 서사의 흐름이 급작스럽게 멈추는 것은 이미 어떤 결말을 암시하고 있다고 볼 수 있다. 여기에서는 현의 아내에 대한 현재

---

5) "문제가 일어났다. 멕이의 문제다. 풀과 아카시아 잎의 저장을 충분히 할 수 없어 비지와 간조 사료에 오히려 민는자 컷엇는데 두부장시기 가끔 길른다. 오는 날도 비지를, 소위 실적의 반도 못 가져 온다. 간조 사료도 선금과 배달비까지 후히 갖다 맡것는 데도 오지 않는다. …(중략)… 사십여 마리를 일시에 죽이자니 집안이 일대 도살장이 되여야 한다. 한꺼번에 사십여 마리의 가죽을 쟁을 쳐 말린 널판도 없거니와 단 한나리라도 칼을 들고 껍질을 벗길 위인이 없다."(177)

적 묘사가 두드러진다. 이를 통해 이상과 현실사이의 긴장이 완전히 파괴되며, 이상은 현실의 잔인함에 처절하게 굴복하게 된다. 그리고 '이놈의 토끼 이야기나 써보리라'(182)라는 대목에 이르러서는, 현실과 허구(소설) 사이의 경계마저 무너질 조짐을 보인다. 이는 꼭 작가의 의도랄 수는 없지만, 1940년대 식민지 조선의 실제 현실이 소설 속에서 보여준 현실과 별반 다름이 없다는 사실을 은연중에 작가가 고백하고 있는 듯이 보인다. 결론적으로, <1>에서 <4>까지의 과정은 이상적인 삶을 붕괴시키는 시간의 부식작용을 보여준다 하겠다.

이와 같은 대립적인 의미구조는 쉼표의 사용을 통해서도 표현된다. 정한숙에 의하면, '이태준을 단순한 美文家로 이해하는 사람들도 있으나, 그는 文學의 媒材가 言語라는 사실을 자각한 최초의 小說家'였다.[6] 이태준은 언어에 대한 뚜렷한 자각을 바탕으로 문학적 언어를 일상적 언어와 분명하게 구분하였다. 그에 의하면 '예술가의 문장은 일상의 생활기구'가 아니고 '창조하는 도구'이며, 작가는 '언어가 미치지 못하는 대상의 핵심을 찝어내고야 말려는 항시 교교불군(矯矯不群)하는 야심자'이다.[7] <토끼 이야기>에서는 쉼표의 사용이 독특한 의미작용을 낳고 있는데, 하나는 서사의 진행을 위한 서술자의 요약적 제시와 또하나는 대립되는 의미소들의 병치에 효과적으로 쓰이고 있다. 인용을 보기로 한다.

(1) 현은 다행히 독신이던 덕으로 이태나 견듸였지만, 어머님을 모시고, 안해와 자시과 더부러 남의 셋방사리를 하던 서해로서는, 다만 우정과 의리를 배불리는 것만으로 가족들의 목숨까지를 지탕시켜 나갈 수는 없었다.

6) 정한숙, 위의 책, 131쪽.
7) 이태준, 『문장강화』, 전집 16, 298쪽.

> …(중략)… (2) 현은 그후 '중외'에 있으면서 실상 '메신'의 원고료로 하숙집 마누라의 입을 막으려고 공연히 시간만 빼앗기던 것, 내 공부나 착실히 하리라 하고, 서해가 쓰라는 대로 잡문을 쓰고 단편도 얽어 허숙비를 마련하는 한편, 학생때에 멋모르고 읽은 태서대가들의 명작들을 재독하는 것부터 일과를 삼았었다. …(중략)… (3) 여름이면 현은 파쓰덕이긴 하지만 혼자만 싸다니는 것이 미안하여 한이십원 만들어다, 아이들 다리고 가까운 인천이라도 하로 다녀오라고 주면, 아침에는 인천까지 갈 채비로 나섰다가도 고작 진고개로 가로새여 백화점 식당에나 드러갔다가는, 냄비, 주전자, 찻종, 그런 부엌세간을 사서 아이들에게까지 들려 가지고 오기가 일수였다. (170~172)

(1)에서 독신인 현의 생활과 가족까지 딸린 서해의 생활을 대비해주는 역할을 하는 구문상의 요소는 쉼표이다. 그들의 생활에의 압력은 '우정과 의리'와 대비되고도 있다. (2)에서도 현의 현실과 이상의 대립과 괴리라는 의미소들을 발생시키는 데 효과적으로 사용되고 있는 것은 쉼표이다. 이는 예술의 영역과 생활의 영역의 분리와 대립을 보여주기도 한다. 이를 조금 더 확대해보면 미적 근대성/ 사회 역사적 근대성, 미적 자율성/도구적 합리성의 대립짝들로까지 연결시키는 근거가 될 수도 있을 것이다. 현실과 이상의 대립과 긴장이라는 의미작용이 보다 선명하게 드러나는 것은 (3)에서인데, 이상적 삶을 표상하는 인물인 현과 생활을 표상하는 인물인 현의 아내는 인용문 속에서 쉼표의 사용으로 상호 대립의 의미구조가 효과적으로 드러나고 있다.

2-2. 언어의 물질성과 자유간접화법

민충환은 '상허의 중, 단편 소설은 1인칭 시점이 총 18편으로 전체 대비 32.7%, 3인칭 시점이 37편(67.4%)으로 보다 높은 비중을 차지하고 있다'고 조사하였다.[8] <토끼 이야기>는 기본적으로 3인칭 시점을 채택하고 있다. 하지만 이를 초점화자의 지각행위와 작중화자의 서술행위로 세밀하게 나누어 보면, 그 3인칭 시점은 인물시각 서술과 1인칭 자기서술과 혼합 내지 중첩되어 있음을 알 수 있다. 또한 두드러지는 화법상의 특징으로 자유간접화법(free indirect style, FID)[9]을 지

8) 민충환은 이태준 소설의 시점을 1인칭 서술자 시점이 10편, 1인칭 관찰자 시점이 8편, 작가 관찰자 시점이 3편, 전지적 작가 시점이 34편으로 분류하고 있다(민충환, 위의 책, 123쪽).

9) 자유간접화법(free indirect style)은 서술된 독백, 재현된 발화, 의사 직접화법 등으로도 불리운다. 기본적으로, <간접보고의 자유로운 변형>으로 정의할 수 있으며, 문장 단위에서 서술자의 목소리와 인물의 목소리의 공존현상을 가리킨다. 신플라톤주의의 용어로 한다면 미메시스적 디에게시스로 간주할 수 있다. FID 문장이 지니는 영향력의 핵심적인 원천은 고유 서사물과 고유의 발화나 사고의 애매모호한 혼합이라는 데 있다. 우리말의 자연스러운 결과 소설 속에서는 자유간접화법이 언어학적으로 나타나기 어렵다는 지적도 있으나, 우리 소설 속에 존재하는 화법 중의 하나임에는 분명하다. 또한 현대 소설로 올수록 자유간접화법은 더욱 확산되고 일반화되는 경향이 있다. 김인환은 이인성의 소설을 분석하면서 자유간접화법에 대해 언급하는데, 그에 의하면 자유간접화법은 '화자의 목소리와 인물의 목소리가 한 문장 안에서 함께 어울리는' 서술 방식으로 자유간접화법에는 '화자의 몫, 즉 화자의 목소리가 크든 작든 포함되어 있으므로 이러한 서술 방법으로 씌어진 소설을 읽을 때에 우리는 목소리의 임자를 찾아내는 데에 특별히 유념해야 한다'고 지적하고 있다(김인환, 『상상력과 원근법』, 문학과지성사, 1993, 85쪽). 자유간접화법에 대한 보다 자세한 내용은 M. J. Toolan, *Narrative: A Critical Linguistic Introduction*, Routledge, 1988.-한국어 번역본: 『서사론』(형설출판사, 1995)-의 제4장(번역본, 175~206쪽)과 엄미숙, 『서술기법의 백과사전 율리시즈』(한신문화사, 1995) 등을 참고할 수 있다.

적할 수 있다. 자유간접화법은 발화의 다양한 양태를 보여줌으로써 소설이라는 장르의 근원적 다성성(多聲性)을 드러낸다. 다음은 이 소설의 첫머리이다.

> (1) 현은 잠이 깨이자 눈을 부비기 전에 먼저 머리맡부터 더듬었다. 사기대접에서 밤샌 숭늉은 어름에 채인 맥주보다 오히려 차고 단듯 하였다. 문득 전에 서해(曙海)가, 이제 현도 술이 좀 늘어야 물맛을 알지 하던 생각이 난다.(170)

> (2) 새 사조가 지나갈 때마다 많으나 적으나, 또 그전 것을 위해서나 새것을 위해서나 반듯이 히생자는 났다. 그 사조가 거대한 것이면 거대한 그만치 넓은 발자취로 인류의 일부를 짓밟고 지나갔다. <u>생각하면 물질문명은 사상의 문명이기도 하다.</u>(176)

인용 (1)의 첫 문장에서는 초점화자와 작중화자가 일치한다. 즉 여기에서의 초점화자는 서술자이다. 그러나 두 번째 문장에서 초점화자와 작중화자는 일치하지 않는다. 여기에서 초점화자는 현으로 인물시각 서술을 보여주고 있다. 세 번째 문장은 보다 복합적인 서술을 보여준다. 즉 서해의 시각과 현의 시각과 서술자의 시각을 동시에 보여준다. 서해의 과거의 발화내용을 현의 시각에서 회상하며 이를 작중화자가 서술하고 있는 것이다. 즉 3중의 서술구조라고 할 수 있다. 서해의 직접적인 발화로 보아도 무방한 과거의 진술을 통해 우리는 인물과 서술자의 목소리의 공존현상을 목격할 수 있다. 이는 분명한 자유간접화법으로 이를 통해 독자는 다양한 인물들의 시각을 동시에 경험하게 되는 것이다. 우리는 <토끼 이야기>에서 이 외에 다양한 형태의 서술방식을 볼 수 있으며 다채로운 인물들의 목소리를 듣는다. 이 작품은 3인칭 서술 외에도, (작중 인물 현의) 내심독백에 가까운 1인칭 자기서술을 보여주기도 하는데, (2)에서의 서술은 인물의 시각인지 서술자의 시각인지 분명하게 구분하기 어렵다. (2)의 서술은 사실 1인칭 시점의 표지가 직접적으로 드러나지 않았을 뿐이지, 인물의 1인칭 자기서술로 보아도 무방하다. 독자는 독서 과정 중에 매우 모호한 상태의 인물과 서술자의 목소리의 결합 내지 공존 상태를 지각하게 된다. 밑줄 친 부분에서 독자는 비로소 지금까지의 서술이 현이라는 인물의 시각에서 이루어졌음을 알게 된다. 그러나 사실 그 서술이 누구의 것이냐를 밝히는 일은 중요한 일이 못 된다. 여기에서 중요한 점은 이 작품이 다양한 시점과 서술방식을 통해, 독자를 보다 풍요롭고 다채로운 독서의 경험에로 이끈다는 점일 것이다.

문학 텍스트로서의 소설의 언어는 다양한 사회, 정치적 힘들과의 긴장관계 속에서 구축된다는 의미에서 본다면, 소설은 본질적으로 자유간접화법인지도 모른다. 물론 여기에서의 자유간접화법이란 통사론의 미시적인 수준에서의 화법을 의미하는 것이 아니라, 문학사회학의 거시적인 수준에서의 비유적인 의미를 지니는 것이다. 아무리 개인적인 성격의 소설에서도 언제나 '내'가 아니라, '우리'가 이야기한다. 이와 같은 문학적 언어의 집합적 성격은 언어의 물질성에서 기원한다. 언어는 순수하게 언어적 차원에서만 기능할 수 없으며, 그것이 사용되기 위해서는 많은 비언어적 토대(土臺)들이 사용되어야 한다.[10] 질료로서의 문학적 언어의 신체에는 수많은 비언어적 토대들이 각인되어 있다. 문학적 언어의 이런 성격을 우리는 언어의 물질성이

10) 미셸 푸코, 『담론의 질서』, 이정우 역, 서강대출판부, 1998, 15쪽.

라 부를 수 있을 것이다. 이런 맥락에서, 비유적인 뜻으로서의 자유간접화법은 문학사회학적 차원에서 단순한 비유가 아니라 실체적 성격을 지닌다.

<토끼 이야기>에서 표면적으로 드러나 있는 유일한 시대적 표지는 일간지들의 폐간이다. 생활을 위해 신문소설을 연재하곤 하던 현은 '단편 하나라도 자기 예술욕을 채울 수 있는 창작에 자기를 소모시키고 싶다는 비장한 결심이 그렇지 않아도 굳어질 무렵에 '동아'가 '조선'과 함께 고시란히 폐간이 되는' 현실을 목도한다. 신문소설로 생활을 꾸려가는 소설가인 현에게 일간지들의 폐간은 또한 생활의 폐간을 의미한다. 생계수단의 상실은 현으로 하여금 이상과 현실사이의 긴장관계의 형성조차 불가능하게 만들어 버리는 것으로, 현의 가족은 이제는 생활이 아니라 생존의 위기에 처하게 된다. 아이러닉하게도 이 작품 역시 《문장》지의 폐간호에 실렸던 작품으로, 이태준은 자신의 실제적인 경험을 토대로 이 소설을 창작했음을 알 수 있다. 1940년대가 식민 지배기에서 어떤 성격을 지니고 있는지는 굳이 말하지 않아도 될 것이다. 여기에서 우리는 일제의 정치적 압력이 이제 사회의 하층민뿐만 아니라 엘리트 계층에까지 미쳐 민족 자체의 존망마저 불투명해지고 있음을 알 수 있다. 실의에 빠져 술로 나날을 보내던 현은 네 번째 아이를 임신한 아내의 권유로 퇴직금을 털어서 토끼를 사육하게 된다. 생계수단이 되어버린 토끼는 이제 고귀한 생명을 가진 존재가 아니라, 시장의 논리에 따라 상품화되어야 하는 교환가치밖에 지니지 못한다. 일제 말기의 폭압적인 현실이 사람뿐만 아니라 식민지 조선의 온 생명 모두에게 그 파장이 미치고 있음을 알 수 있다. 현은 토끼의 사육이 '시대가 메가폰으로 소리쳐 요구하는 명랑하고, 건실한 생활일 수도 있는 점에' 스스로 위안을 삼고 한편으로

는 소설창작과 독서에 매진한다. 하지만 '그 적은, 그 귀여운, 그리고 박꽃처럼 희고 여린 동물에게다 오륙명의 거센 인생의 생계를 계획한다는 것을 생각할때 확실히 죄스럽고 수치스럽다'는 느낌을 현은 지울 수 없다. 현은 현실의 압력에 무기력한 자신을 되돌아보며, 청(淸)나라 때의 시인 이초(二樵)가 쓴 <일신수생사(一身數生死)>라는 구절을 생각한다. 현은 '예전 사람들은 일생에 한번이나 겪을지 말지한 사상의 날리를 현대인은 일생동안 얼마나 자조 겪어야 하는가'라고 자문하며, 이 구절이 '정히 현대의 우리를 가르킴'이라 생각하고 쓴우슴을 짓는다. 이 구절은 자유간접문체의 '서술된 독백'으로 이루어져 있다. 작가는 '현대인'이 처한 위기라고 에둘러 표현하고 있지만, 이것이 식민지의 폭압적 정치현실을 빗대고 있음을 눈치채지 못하는 사람은 없을 것이다. 식민지 현실의 압력은 생활 곳곳에 침투하여, 존재들의 일상적인 삶조차를 생사를 건 생존투쟁으로 변질시킨다. 식민지의 규율권력은 일상을 철저하게 구획하여, 지상의 모든 존재들을 제국주의의 지배질서 속으로 포획한다. 토끼사육은 먹이조달의 문제로 새로운 위기에 봉착하고, 토끼를 처분할 길이 막힌 현과 아내는 토끼의 살생을 놓고 갈등한다. 살리자니 먹이가 없고, 죽이자니 그 일을 맡을 위인이 없다. 현의 아내는 전에 '닭 한마리를 온군채 사왔더니 닭의 흘교 뜬 죽은 눈이 무서워 신문지로 덮어 놓고야 썰던 솜씨였다.' 일단은 토끼를 살리기로 결정한 현의 가족은 현의 아내의 모교인 M여전 운동장에 무성한 클로버를 뜯어다 토끼에게 먹인다. 현은 운동장에 모인 여학생들을 바라보다, '자기의 안해도 한때는 뿌라우닝의 시집을 끼고 이 운동장 언저리를 거닐다가 저렇게 목마르듯' '행복의 요쓰바'를 찾아보았으려니 그 '행복의 요쓰바'와 함께 푸른 하늘가에 떠오르던 그의 '영웅'은 오늘 이 마당에 농립을 쓰고 앉아 토끼 밥을 뜯는 사나이는 결코 아니였으려니, 이런 생각에 혼자 쓴 침을' 삼킨다. 이 구절도 역시 '서술된 독백'으로서의 자유간접화법으로 서술되어 있다. 여기에서 우리는 현실과 이상, 현재와 과거의 선명하고도 잔인한 대조를 읽을 수 있는데, <뿌라우닝 시집, 행복의 요쓰바, 영웅> 등의 이미지와 의미소들은 <토끼 밥, 농립> 등의 이미지나 의미소들과 확연하게 대비된다. 그 대비가 일으키는 효과와 의미작용이 너무나도 선명해서 잔인하게까지 느껴질 정도이다. 정서적 긴장과 압축을 통해 삶의 진실을 미시적 차원에서 포착하는 단편소설의 전략을 여실히 보여주고 있는 것이다. 영웅은 농립을 쓴 추레한 사나이로 전락했으며, 행복의 요쓰바는 더 이상 행운을 가져다 주는 네잎클로바가 아니라 가족의 생계가 걸려 있는 토끼 밥으로 쓰여진다. 클로버가 현실의 이해를 떠난 심미의 대상이 아니라, 절박한 현실적 이해관계에 종속되어 버렸다는 사실은 의미심장한 것으로 모든 것이 식민지 근대성의 도구적 합리성의 세계로 편입되어 버렸음을 의미한다. 진, 선, 미의 영역을 구분한 칸트는 예술의 자율적 영역이, 현실의 이해관계를 초월한 예술의 무목적성(無目的性)을 통해서 가능하다고 보았다. 변화된 현실이 현에게는 바로 이와 같은 예술의 자율적 영역이 더 이상은 불가능하며 생활의 논리에 철저하게 붕괴되어 버리는 것을 뜻한다. 이것이 바로 현실의 잔인한 리얼리즘이 아니고 무엇이겠는가. 그리고 그 현실은 식민지 현실이며, 생활의 논리라는 것도 식민지 지배질서에 의해 강제된 것이 아니고 무엇이겠는가. 그나마 남아 있던 클로바도 때 이른 된시리에 못 뜯게 되고, 현은 도끼의 가죽을 벗겨서 내다 팔 수밖에 없는 상황에 처하게 된다. 급기야 현은 토끼의 도살법을 연구하기 시작한다. 이와 같은 현실의 잔인한 리얼리즘이 그 최고의 표현을 얻는 곳은 다음과 같은 대목에서이다.

암만 생각하여도 그 목을 졸라 쥐고, 빠들적거리는 것을 이기노라고 가치 힘을 쓰며 뒤여 쓰는 눈을 나려다 보고 숨이 끊어지기를 기다리는 노릇, 현은 그 목을 졸라 죽이는 법에 자신이 생기지 못한다. 심장이 어드메쯤이라고 그 폭신한 가슴을 더듬어 송곳을 듸려박기는, 남의 주사침 맞는 것도 제대로 보지 못하는 현으로는 더욱 불가능한 일이요, 쥐처럼 돌 속에 든 것도 아닌 것을 물 속에 끌어 넣기나, 귀와 다리를 붓잡고 척추가 끊어지도록 잡아 늘쿠는 것이나, 그 어린아이처럼 따스하고 발랑거리는 목에서 동맥을 싹뚝 짤라 놓는 것이나, 작고 돌아보는 것을 앞으로 숙여 놓고 망치로 뒤통수를 따리는 것이나 현으로는 소름이 끼치고, 지금 안해의 배 속에 들어 있는, 마치 토끼 형상으로 꼬부리고 있을 태아를 위해 이런 짓은 생각만으로도 죄를 받을 것만 같았다.(181)

위 인용은 인물의 의식 상태와 서술자의 시선이 중첩되는 전형적인 자유간접화법으로 서술되고 있다. 근본적인 3인칭 서술에서 인물의 내적 독백은 불가능하기 때문에, 우리는 인용문의 서술을 자유간접화법으로 밖에 설명할 수 없다. 마치 토끼 도살의 현장을 함께 한 공범이 된 것 같은 착각마저 들게 하는 감각적인 묘사 문장을 통해 우리는 숨막힐 듯이 육박해 오는 현실의 무게를 인지하게 된다. 그 생생하고도 세밀한 묘사 속에서 우리는 식민지 현실의 압력을 읽어낼 수 있어야 한다. 쉼표의 병렬적 배치를 통해 우리는 정서의 긴장과 고조를 경험한다. 그 언어를 긴장적 언어(tensive language)로 만드는 것은 언어의 신체 속에 각인된 시대와의 긴장 때문이다. 그 압력이 남기는 흔적들은 먼 곳에 따로 존재하는 것이 아니라 우리 곁에, 지금 여기의 우리들의 일상 곳곳에 깊숙이 배어 있는 것이다. 작가는 바로 그 말을 하고 있는 것이고, 그 말을 하고 싶었던 것이다. 우리가 조금만 더 주의 깊게 귀기울인다면 틀림없이 그 목소리를 들을 수 있을 것이다. 이태준은 소리내어 외치지 않고 낮은 목소리로 우리에게 호소한다. 그 목소리가 격앙된 것이 아니라고 해서 외면한다면, 그것은 그의 잘못이 아니라 우리들의 책임이다. 이태준의 사회의식의 결여에 대한 가장 강도 높은 비판은 김동석의 것인데, 그는 산문정신을 <사달이기의(辭達而已矣)>(말은 목적을 달하면 고만이다)라는 공자의 말로 요약하면서 이태준의 문체중심주의를 비판한다. 그리고는 '생활이라든가 현실과 유리된 소설은 꺾어다 병에 꽂은 꽃과 같아서 그 수명이 길 수는 없다.'라는 단정적인 표현으로 이태준 소설의 현실의식의 결여를 비유하고 있다.[11] 그러나 이남호의 지적대로, '한 시대의 암흑상은 최서해식의 비판으로만 드러날 수 있는 것은 아니며', 식민지 시대의 작가 모두가 '총칼을 들고 만주로 가지 않았다고 해서 비난할 수'는 없는 것이다. 이런 의미에서 이태준이 '민족 현실이라는 나무의 말라 비틀어져 떨어지는 잎과 가지를 묘사하는 것이 아니라 땅 속에서 썩어가고 있는 그 나무의 뿌리를 묘사하고자 한다'고 보고 있는 이남호의 견해는 매우 적실하면서 타당한 것이라고 생각된다.[12] 김동석의 같은 글에서 다음과 같은 지적을 함께 볼 수 있는 것은 우연의 일치는 아닌 듯 하다.

> 그러나 춘원처럼 일본 제국주의의 주졸(走卒)이 되지 않고 강원도 시골로 은거해 버린 상허를 우리는 축하하지 않을 수 없다. <토끼 이야기>에서 보듯이 그의 생활은 앞길이 딱 막히었다. …(중략)… <토끼 이야기>가

11) 김동석, 「예술과 생활-이태준의 문장」, 『예술과 생활』, 박문출판사, 1947. 여기서의 인용은 김동석, 『김동석 평론집』, 서음출판사, 1989, 20쪽.
12) 이남호, 위의 글, 위의 책, 383쪽.

> 상허의 앞날을 약속하는 무엇이 있는 것은 그가 골동품이나 묵화를 바라보듯 하던 창작 태도를 버리고 벌거벗고 생활 속에 뛰어들어 현실을 태클하려 한데 있다. 진정한 의미의 소설가로선 상허는 <토끼 이야기>에서 출발하는 것이다.[13]

김동석의 정치 감각은 이태준의 이전 소설까지를 용납하고 있지는 않지만, <토끼 이야기>의 정치의식까지는 부정하지 않는다. 그의 정치 감각은 뚜렷하게 목적의식적인 것이어서, '모로 가도 서울만 가면 된다'라고 하는 형태로 드러나는 것이지만, 이 작품에서 드러나는 현실의 잔인한 리얼리즘마저 외면할 수는 없었던 것이다. 우리는 이 작품에서 리얼리즘이나 모더니즘의 단일한 규범으로 포섭되지 않는 사실의 견고한 힘을 볼 수 있다. 현은 망설이다가 토끼의 도살을 감행하지 못하고 '이 놈의 토끼이야기나 써보리라'하고 들어앉는다. 그때 현에게 나타나는 것은 두 손을 피투성이로 물들인 아내이다. 다음은 소설의 마지막 대목이다.

> 안해의 표정을 상실한 얼굴은 억지로 찡끼여 우슴을 직는다. 피투성이 두 손은 부들부들 떤다. 현의 아내는 시칼을 가지고 어떻게 잡앗는지, 토끼 가죽을 두마리나 벗겨 놓은 것이다. 현은 머리칼이 쭈뼛 솟았다. "당신더러 누가 지금 지금 이런짓 허래우?" "안험 어떻허우? 태중은 뭐 지냇수? 어서 손 씻게 물 좀 떠놔요"하고 안해는 토끼 털과 선지피가 엉키인 두손을 쩍 벌려 내여 민다. 현의 머리 속은 불현듯, 죽은 닭의 눈을 신문지로 가려놓고야 썰던 안해의 그전 모습이 지내친다. 콧날이 찌르르 하며 눈이 어두어

13) 김동석, 위의 글, 위의 책, 22쪽.

졌다. 피투성이의 찍 버린 열 손가락, 생각하면 그것은 실상 자기에게 물을 요구하는 것이 아니였다.(182~183)

닭의 죽은 눈조차 무서워서 신문지를 덮고서야 닭을 썰 수 있었던 아내가, 이렇게 시퍼러둥둥하니 추운 날에, 두 손은 피투성이로 부들부들 떠면서, 토끼의 가죽을 두 마리나 벗긴 것이다. 그리고 이제 현에게 두 손을 내여, 손 씻을 물을 요구하고 있는 것이다. 우리는 여기에서 가슴속에 비수같이 꽂히는 아픔을 현과 함께 할 도리밖에 없는 것인데, 어느 누구도 그 아픔을 더 이상 감상적인 것이라고 매도할 수는 없을 것이다. 그것은 바로 외면할 수 없는 완강한 사실의 힘에서 나오는 것이기에 그러한 것이고, 그 아픔이 이 작품을 읽는 독자의 신체에 실제로 각인되기 때문이다. 아내의 변화는 실로 충격적인 것으로 그것은 시대의 압력이 그녀에게 강제한 것이다. 현의 아내를 변화시킨 것은 본인의 뜻과 상관없이 그녀의 실존 속에 침투해 들어오는 현실의 힘이다. 그 힘은 생활에 대한 압력이기도 하지만, 본질적으로 폭력적인 식민지 정치권력의 힘이다. 이 작품이 본질적으로 비유적인 의미에서가 아니라 실체적인 의미에서 자유간접화법이라는 것은 바로 이 때문이다. 문장 단위에서 인물의 목소리와 서술자의 목소리가 섞이듯, 이 소설은 작품의 전체적인 단위에서 언어 텍스트와 정치 현실이 섞여 있다. 따라서 이 작품은 <시대에 대한 미학적 간접화법>이 아니라, <식민지 현실에 대한 자유간접화법>이다. 그러므로 이태준의 단편이 사회의식을 결여하고 있다는 지적은 마땅히 부정되어야 한다. 이태준 단편에서 인물들의 조형성이나 이미지, 서정적 특성들을 찾아내려는 시도들은 표면적이고 피상적인 연구에 그치고 만다. 이태준 단편의 진짜 인물들은 실제 작중 인물들이 아니라 그 인물들을 통해서 드러나는 시대이기 때문이다. 진정한 작품은 작품 전체를 통해서 침묵한다. 그 침묵의 소리를 듣는 것은 온전히 독자들의 몫으로 남겨져 있다.

3. 이태준 단편을 보는 시각

이태준의 단편이 본질적으로 식민지 현실에 대한 자유간접화법이라는 점은, <토끼 이야기> 외의 작품에서도 입증될 수 있다. 이태준은 한국 근대소설사에 마땅히 기록되어야 할 명편들을 여럿 남겼는데, <꽃나무는 심어놓고>(1933), <밤길>(1940), <無緣>(1942)과 같은 작품이 그것들이다. 여기에서는 다소 감상적인 어조의 <浿江冷>(1938)까지 포함시켜 논의를 전개하고자 한다.

<꽃나무는 심어 놓고>는 지주인 김의관이 일본 사람에게 토지를 잡혀버려서, 농토를 잃어버린 방서방네 가족의 인생유전을 그린 작품이다. 소설은 먼저 방서방네 가족이 고향을 등지고 서울로 향하는 서글픈 장면으로 시작하고 있다. 사람들이 하나둘씩 떠나고 '전에는 모범촌으로 치던 동리가 폐동이 될 증조를 보이자' 군청에서는 동네에 심을 사구라 나무를 이백여 주 기증한다. 그 사구라 나무들이 '꽃이 구름처럼 피면 무지한 이 동리 사람들이라도 자기동리를 사랑하는 마음이 깊어져서 함부로 타관으로 떠나가지 않으리라'는 관청 당국의 생각 때문이었다. 순박한 동네 사람들은 실제로 '그것들이 가지에 윤이 나고 싹이 트는 것을 볼 때는 자연 속에 묻혀 사는 그들로서는 자연의 신비, 봄의 희열을' 느낀다. 식민지 정치 권력의 의도를 눈치 채지 못하는 순박한 농민들은, 그것이 일본의 국화(國花)이든 간에 상관

없이 그 속에 깃든 고귀한 생명을 소중히 여기는 것이다. 자신들의 피와 땀이 서려 있는 가장 사랑스러운 땅에 제국주의 일본의 국화인 사구라를 심는다는 것 자체가 비극이며, 그것이 자라나는 것을 보고 기쁨에 겨워하는 농민들의 모습은 심각한 아이러니가 아닐 수 없다. 이는 자신들의 몸과 같은 땅에까지 철저하게 식민지 지배질서가 관철되는 폭력적 상황을 상징적으로 보여주는 것이다. 그러나 뿌리뽑힌 자들의 이농은 계속되고 방서방네 가족도 고향을 등지고 서울로 향하는 것이다. 다리 밑에서 연명하던 가족을 위해 먹을 것을 찾아 나섰던 아내는 인신매매를 당해 어디론가 팔려가고, 병든 어린 딸 정순이는 약도 제대로 써보지 못한 채 어느날 밤 죽고 만다. 겨울이 지나고 새 봄이 찾아온 어느 날, 방서방은 짐꾼 일을 끝내고 술집으로 향한다. 그 도중에 '가지가 휘어지게 열린 사구라 꽃송이'로 가득한 일본집뜰안을 쳐다보며, 방서방은 고향 생각, 죽은 딸 생각, 아내 생각에 슬픔에 젖어 든다. 가장 소중한 것들이 가장 불결한 상징을 통해 연상된다는 것에 시대의 아픔과 아이러니가 있다. 방서방은 그 꽃 그늘을 거닐던 일본 여자 하나와 눈이 마주친다. 방서방은 '무슨 죄나 지은듯이 움츨하고 돌아'서서, 그 '꽃결 같이 빛나는 젊은 여자의 얼굴!'이 자신의 아내임을 깨닫는다. 방서방은 '"정칠 놈의 세상 같으니!" 하고 아무대나 주저 앉고 다리를 뻗고 울고' 싶어진다. 방서방에게, 식민지 현실은 그야말로 '정칠 놈의 세상'일 뿐이다. 자신의 의지와 상관없이 육박해 들어오는 현실은 방서방의 삶 속에도, 작품의 텍스트 층위에도 스며들어 있다.

다소 감상적인 톤으로 서술되어 있는 <패강냉>은 '폐허라는 서글픔을 주는' 평양을 배경으로 하고 있다. 작품 곳곳에 배어 있는 현의 '상고주의(尙古主義)'[14]적 태도 때문에, 이 작품은 전통주의, 반근대주의라는 맥락에서 해석되기도 한다.[15] 그러나 이태준의 의고주의(擬古主義)적, 고완(古翫)적 태도는 김현이 지적하듯이 딜레탕티즘[16]이 아니며, 다분히 전략적인 것이고[17] 이태준 단편의 핵심을 이루고 있는 것도 아니다. 이는 《무서록》, 《문장강화》 등 그의 산문들뿐만 아니라 그의 작품들을 통해서도 충분히 입증할 수 있는데, 이는 별도의 논의를 필요로 한다. 현은 수업시간을 반이나 빼앗긴 고등보통학교 교사 박을 위로하러 평양에 간다. 거기에는 그곳 부회회원이요 실업가인 김도 있다. 정거장에 나온 박의 '수염도 깍은 지 오래여 터부룩한대다 버릇처럼 자조 찡그러지는 비웃는 웃음'을 만나 보고, 현은 박이 '그 다니는 학교에서만 찌싯찌싯 붙어 있는 것이 아니라 이 시대 전체에서 긴치않게 여기는, 찌싯찌싯 붙어 있는 존재'같다고 느낀다. 그리고 현은 그 '박의 그런 찌싯찌싯함에서 선뜻 자기를 느끼고 또 자기의 작품들을 느끼고 그만 더 울고 싶게 괴로워'진다. 식민지 지배질서의 제도권에서 탈락한 존재들의 영락감과 자기 모멸감은, '찌싯찌싯'이라는 의태어의 풍부한 뉘앙스로 표현되고 있다. 우리는 시대정신과 인물들의 심리를 단어 하나만으로 감각적으로 표현해 낸 이보다 좋은 예를 동시대에서 찾기 힘들 것이다. 또한 우리는 이 작품에서 시대를 사는 작가의 현실인식과 일상에 침투한 정치 권력의 모습을 발견할 수 있다. 그 예는 다음과 같다.

---

14) 이재선이 『한국현대소설사』(홍성사, 1979), 365쪽에서 이태준의 작품을 평가하는 비평적 용어로 처음 사용했다.

15) 황종연, "조선이라는 폐허를 사는 체념의 심정-이태준", 「한국문학의 근대와 반근대」, 동국대 박사학위논문, 1991.

16) 김현 · 김윤식, 『한국문학사』, 민음사, 1973, 199쪽.

17) 이와 같은 입장의 논자로는 이남호, 서영채, 장영우 등을 들 수 있다.

(1) 오면서 자동차에서 시가도 가끔 내다보았다. 전에 본 기억이 없는 새 빌딩들이 꽤 많이 늘어섰다. 그중에 한가지 인상이 깊은 것은 어느 큰거리 한뿌닥이에 벽돌공장도 아닐테고 감옥도 아닐 터인데 시뻘건 벽돌만으로, 무슨 큰 분묘(墳墓)와 같이 된 건축이 웅크리고 있는 것이다. 현은 운전수에게 물어보니, 경찰서라고 했다. …(중략)… 현은 을밀대(乙密臺)로 올라갈가 하다 비행장을 경계함인듯, 총에 창을 꽂아 든, 병정이 섯는 것을 발견하고는 그냥 강가로 나려오고 말았다. 마침 노릿배 하나가 빈채가 나려오는 것을 불렀다. 주암산까지 올라갔다가 나려오자니까 거기는 비행장이 가까워 못 올라가게 한다고 한다. 그럼 노를 젓지는 말고 흐르는 대로 동일관까지 가기로 하고 배를 탔다.(106)

(2) 강에는 배하나 지나가지 않는다. 바람은 없으나 등곬이 오싹해진다. 강가에 흩어진 나무닢들은 서릿발이 끼쳐 은종이처럼 번뜩 번뜩인다. 번뜩이는 것을 찾아서 하나씩 밟아본다. "이상견빙지(履霜堅氷至)……" 주역(周易)에 있는 말이 생각난다. 서리를 밟거던 그 뒤에 어름이 올 것을 각오하란 말이다. 현은 술이 확 깨여진다. 저고리를 여미나 찬 가운은 품속에 사모친다 담배를 피려하나 성냥이 없다. "이상견빙지……이상견빙지……" 밤 강물은 시체와 같이 차고 고요하다.(116)

인용 (1)에서 드러나듯이 작가는 조선의 현실을 감옥, 분묘로 인식하고 있다. 식민지를 살아가는 조선인들에게 '경찰서'는 '감옥'이요, '무덤'이나 다름없다. 그리고 식민지배의 근간이 되는 군사적 무력을 상징하는 '비행장'은 조금이라도 조선인들에게는 노출되어서는 안 된다. 권력의 실체가 폭로될지도 모르는 '비행장'에 조선인은 접근이 허용되지 않는다. 그러나 역설적이게도 이를 통해 식민지 정치권력의 실체가 여지없이 폭로되고 만다. 인용 (1)의 뒷 부분은 고단한 노동과 대비되는 놀이의 공간인 을밀대나 패강(대동강)마저 지배권력에 의해서 철저하게 장악되고 있음을 보여준다. 식민지 지배권력은 일상적 공간을 빠짐없이 구획하고 있으며, 노동과 유희의 공간 모두를 통해서 자신의 논리를 관철시키고 있음을 알 수 있다. 즉 인용 (1)은 한반도 전체가 거대한 감옥으로 변해 버린 식민지 조선의 현실을 보여주고 있는 것이다. 현재의 상황이 식민지 정치권력에 거슬러 대항하는 것이 불가능하고, 그 의지 또한 무력할 수밖에 없다는 작가의 현실인식은 '노를 젓지는 말고 흐르는 대로'라는 표현 속에서 암시되고 있다.[18] 현은 동일관에서 박, 김과 함께 기생들을 불러 놓고 유흥을 즐긴다. 거기에서 현은 '세월의 자죽'이 깊이 흔적을 남긴 영월이와 재회하고, 식민지 현실에 순응해서 살아가는 김과 설전을 벌인다. 울분을 참지 못해 김에게 사이다 컵을 던져버리고 슬리퍼를 신은 채 강가로 나선 현은, 강가에 흩어진 나뭇잎들을 밟는다. 인용 (2)는 그 장면을 보여준다. 나뭇잎들에 끼친 '서릿발'은 시대의 서릿발이기도 한데, 작가의 현실에 대한 인식은 주역의 한 구절로 상징적으로 표현되고 있다. 또한 '저고리를 ~ 성냥이 없다'라는 구절은 이러한 차거운 현실 앞에서 무기력한 작가의 심리를 우회적으로 드러내고 있다. 우리는 <패강냉>에서 현의 감상적 태도의 이면에 숨겨져 있는 작가의 냉정한 현실 인식에 주목해야 한다.

<밤길>(1940)은 자신의 피붙이를 자신의 손으로 직접 내다 버려

18) 이처럼 우리는 텍스트에 드러나는 일상의 분석을 통해 정치권력의 힘을 해부할 수 있는데, 문학 텍스트의 정치적 분석에서 권력의 미시물리학이 필요한 이유는 바로 여기에 있다. 그리고 이 지점에서 언어의 물질성을 다시 한 번 상기할 수 있는 것이다.

야 하는 처참한 부성(父性)을 다룬 이야기이다. 돈을 모아야겠다는 생각에 집을 떠나 인천 월미도 공사장에서 날품팔이를 하던 황서방은 주인 나리로부터 아내가 자식들을 버리고 도망갔다는 소식을 듣게 된다. 병에 걸린 갓난 아들이 오늘밤을 넘기기 어렵다고 판단한 황서방은, '날 밝으믄 괜히 앙징스런 꼴 자꾸 보게만 되지'라는 권서방의 말에 비 오는 밤길에 삽을 들고 나선다. 가다가 죽으면 땅에 묻기 위해서이다. 이 작품의 분위기는 계속해서 내리는 빗줄기로 묘사되는데, 밤길에 내리는 빗줄기는 시대의 암울과 무관하지 않다. 이혜원은 이에 주목하여 이태준 단편에 나타난 이미지를 '물'과 '빛'으로 나누어 설명하는데, <밤길>에서의 '물'과 '빛'의 혼합된 이미지는 시대의 상황을 부각시키는 데 효과적으로 사용되고 있는 것으로 보았다.[19] 많은 논자들이 <밤길>에서 일치되게 주목하고 있는 곳은 다음과 같다.

> 허턱 주안쪽을 향해 걷는다. 얼마 안 걸어 시가지는 끝나고 길은 차츰 어두워진다. 길만 어두워지는 것이 아니라 바람이 세차진다. 홱 비를 몰아붙이며 우산을 떠받는다. 황서방은 우산을 뒤집히지 않으려 바람을 따라 빙그르 돌아본다. 그러면 비는 아이 얼굴에 흠뻑 쏟아진다. 그래도 아이는 별로 소리가 없다. 권서방더러 성냥을 그어대라고 한다. 그어대면 얼굴은 죽은 것이나 마찬가지다. 빗물 흐르는, 비비틀린 목줄에서는 아직도 발랑거리는 것이 보인다. 바람이 또 친다. 또 빙그르 돌아본다. 바람은 갑자기 반대편에서도 친다. 우산은 그에 뒤집히고 만다. 뒤집힌 지우산은 두번, 세번 만에는 갈기갈기 찢어지고 말았다. 또 성냥을 켜보려 한다. 그러나 성냥

19) 이혜원, 「이태준 소설의 이미지 연구」, 『이태준 문학연구』, 상허문학회편, 깊은샘, 1993, 241~260쪽.

이 녹어 불이 일지 않는다. 하늘은 그저 먹장이다. 한참 숨을 죽이고 들여다 보아야 희끄무레하게 아이 얼굴이 떠오른다.(166~167)

인용문에서 유사성의 원리에 입각한 은유적 독해가 가능하다면, <바람, 비, 밤> 등의 거칠고 차갑고 어두운 이미지는 가혹하고 암울한 시대적 상황의 등가물에 다름없다. 자연물을 통한 은유는 유사성에 의한 유비(類比)적 사유에서 보편적인 것이다. 자연물에 대한 유비적 사유는 자연적 상황과 현실과의 상동성을 뒷받침해 준다. 이와 유사하게 병들어 죽어가는 아이의 갸날픈 목숨은 식민지 조선의 소진한 생명력과 맞먹는다. 비바람으로부터 아이를 보호하는 지우산이 '갈기갈기 찢어'지며 내는 소리는 식민지 조선이 내는 파열음과 다르지 않다. 마지막으로 남은 희망의 불씨인 '성냥을 켜보려' 하나, '성냥이 눅어 더 이상 불이 일지 않는' 상황, 그것이 바로 작가가 파악한 식민지 조선의 현실이었던 것이다. 이와 비슷한 구절이 <패강냉>의 결말부에서도 등장하고 있음은 이미 확인한 바 있다. 말 그대로 풍전등화(風前燈火)의 위태로운 상황이 식민지 조선에 펼쳐지고 있었던 것이다. 이제 남아 있는 조선의 생명력이라는 것도 '한참 숨을 죽이고 들여다보아야' 겨우, '희끄무레하게 떠오르는' 가녀리고 희미한 것에 지나지 않는다. 이 작품의 서사의 핵심을 이루고 있는, 천륜마저 저버려야 하는 처참한 상황의 아이러니도 현실의 압력에서 기인한 것과 다름없다. 생존을 위해 아비가 제 손으로 제 자식의 목숨을 끊어 버려야 하는, 최소한의 인간질서마저 파괴되는 비극적 상황이 식민지 현실이었던 것이다. 그 처참한 상황을 황서방이라는 인물을 통해 작가는 드러내고 있는 것이다.

<無緣>(1942)은 <패강냉>, <夕陽>(1942)과 함께 이태준의 상고주

의적 경향이 짙게 배어 있는 작품이다. 한국 근대소설사에서 이 작품만큼 낚시에 대해서 자세하게 묘사하고 있는 작품은 드물 것이다. 이 작품은 이태준의 전통주의를 언급할 때 반드시 언급되어야 하는 작품이지만, 순우리말의 사용과 그 묘사의 아름다움과 탁월함만으로 그 유래를 찾아볼 수 없을 만큼 빼어난 작품이다. 외조부의 낚싯대 제작 과정을 묘사하고 있는 부분을 보자.

> 외조부님께서 낚시질을 질기셨다. 손수 낙싯대를 다듬으시고 손수 줄을 디리셨다. 지금 우리가 사다 쓰는 도구와는 다르다. 참대가 귀한 데라 서울 인편이 있을때, 대설대보다는 배나 굵고, 한발은 훨신 넘어서 짜르면 끝이 간필 붓뚜껍만한 대와, 기리가 그것과 거이 비등할 왕대를 쪼개인 죽편을 사온다. 통대는 불에 쪼여 굽은 데를 바로 잡고, 대설대 만들듯 마듸를 뚫은다. 자루엔 소뿔을 깍어 아로색여 밖고 끝은 터질 염려가 없도록 명주실로 감은 후에 밀을 먹인다. 죽판으로는 그 끝에 꽂을 휘추리를 다듬는 것이다. 이것도 굽은 데를 잡은 다음 처음에는 칼을 쓰고 다음에는 사금파리로 다듬어, 다시는 트집도 아니 가고 물도 아니 먹게 기름칠을 해가며 끝을 돌을 달어 몇달이고 매달어 두는 것이다. 이것을 가꾸로 꽂으면 통대 속에 잠겨버리고, 바로 꽂으면 전체가 꿩의 장북을 든것처럼 중둥이 처지는 법 없이 쭉 빼어야 쓰는 것이다. 어려서 몇번 들어본 기억이나 요즘 사다 쓰는 낙싯대처럼 중둥이 묵어운 법은 결코 없는 것이다. 실도 명주로 세벌을 드려 가랑나무물을 드리고 그것을 청석돌에 감어 기름에 먹음여 밭솥에 쪄내는 것이다. 낙시도 머슴아이를 시켜 휘이는 것이라 미눌이 커서 여간해선 고기가 떠러지지 않는 것이요 목줄도 흰 말총을 뽑아다 매는것으로 물 속에 드러가면 투명해 고기 눈에 잘 띄일리도 없다. 고기족댕이는 장마때 같은 때 댑싸리로 손수 겨르시었고 받힘대에는 무슨 굴인지 한문인데 잔글씨

로 여러줄 새긴 것을 본 생각이 난다.(197~198)

결 고운 순 우리말의 사용으로 더욱 빛나고 있는 위 묘사문은 그 자체만으로도 문화적 자료로서의 가치를 인정받을 수 있을 듯하다. 이태준은 소설 속의 묘사를 매우 중요하게 여겼는데, 소설은 근본적으로 <보여주기>라는 문학적 신념을 가지고 있었던 것 같다. 그에 의하면, 묘사는 '소설기술의 第一章 第一課'이다. 그리고 그는 '독자들은 귀는 없고 눈만 있거니 해야된다. 들려주는건 이야기책이다. 보여주는 것만이 소설의 표현이다. ……아모리 굉장한 주제라도 묘사를 거치지 못하고는 영원히 소재거나 소재해설에 불과한것이다.'라고 주장한다.[20] 이태준이 사회의식이 결여되었다는 비판은, 묘사를 중시하는 그의 표현기법에서 기인하는 바도 있는 듯하다. 그는 확실히 '보여주는 것만이 소설'이라는 신념을 가지고 있었던 것 같다. 그러나 언어들의 서사에서 존재하고 존재할 수 있는 것의 전부는 <말하기(Diegesis)>의 정도 차이일 뿐이므로, 우리는 보여주기의 의미화 작용을 문제삼아야 한다. 나는 서울 근교 낚시터의 번잡함에 질려서 강원도 동주 땅 산촌, '용못'이라는 곳으로 낚시를 하러 간다. 그 곳은 전에 외갓댁이 있던 곳이다. 서울의 낚시터에는 '시정에서 부리던 얌치와 악지와 투기를 그냥 가지고 오는 사람이 거이 전부'인 것이다. 나의 기대와는 달리 용못은 이미 많이 변해 버려서 예전의 풍취를 찾을 길이 없다. '청유(淸遊)'라는 단어로 상징되는 이전의 풍취는 이제 약간의 흔적만을 간직하고 있을 뿐이다. '쇠치망'의 소(沼)는 없어진지 오래이며, '선비소'의 물도 바닥만 남아 있다. 선비소에서 나는 돌을

20) 이태준, 「作家志望人을 위하야」, 『文章』, 1940년 2월호, 194쪽.

물에 나르는 한 노파를 만난다. 선비소에 빠져 죽은 제 아들의 넋을 건져 주려고 하는 것이었다. 노파는 돌로 물을 메꾸면 거기서 빠져나온 아들의 넋이 천도되리라고 믿고 있는 것이다. 나는 외갓집 초당에서 안노공체의 둔중한 운필을 발견한다. 한퇴지의 '起居無時 惟適之安'이란 글귀였다. 그 글귀에 나는 상념에 잠기며 동구 밖을 나선다. 이 작품에는 시대 현실에 대한 직접적인 표지는 거의 등장하지 않지만, '기거무시의 생활이 이제는 전설일 밖에 없으며', '청복을 시정에서 파는 속취 분분한 물감칠한 낚싯대로 더부러 낚으러 다닌다는 것부터가 한낱 부질없은 꿈'이라는 나의 인식 속에서 세월의 변화와 각박해진 현실을 느낄 수 있다. 또한 시골의 청유(淸遊)의 풍취와 대비되는 서울 낚시터의 '얌치'와 '악지'와 '투기'의 풍경 속에서, 재빠르게 식민지 현실에 순응해 가는 사람들의 사나워진 인심을 읽을 수 있다. 무엇보다 이 작품에서 주의 깊게 살펴야 하는 것은 변해 가는 현실과 사라져 가는 옛 것들에 대한 작가의 태도이다. 이 작품을 이태준의 상고주의와 연결시켜 읽을 가능성은 있지만, 작가는 사라져 가는 것들에 대해서 분명하고도 냉정한 태도를 취하고 있다. 즉 '자연도 주인과 함께 오고 가는 것이며, 모든 게 따로 대세의 운행이 있을 뿐, 처음부터 자갈을 날러 메꾸듯 할 수는 없을 것이다'는 인식이 그것이다. 이태준은 전통에 대한 인식을 통해 전통으로의 회귀나 무조건적인 복원을 꿈꾸는 것이 아니라, 전통을 사라져 버리게 만드는 현실의 부당함과 폭력성을 드러내고자 한다는 것이다. 이는 <패강냉>이나 <불우선생>(1932), <寧越令監>(1939) 같은 작품에서도 확인할 수 있다. 이태준의 상고주의가 '근대와 교섭하는 전통'을 지향했으며, 식민지 근대성과 대비되는 미적 근대성의 근거로 삼고 있는지는 좀더 따져 보아야 할 일이지만, 전통으로의 단순한 회귀가 아닌 것은 분명하다. 이태준의 상고주의의 성격은 그의 산문을 포함한 전 작품을 검토하고 나서야 보다 분명해질 것이다.

이상의 논의에서 드러난 바와 같이 이태준의 단편이 현실의식을 결여하고 있다는 견해는 마땅히 부정되어야 한다. 그리고 앞으로의 이태준 소설에 대한 연구는 다음과 같은 과제를 안게 될 것이다. 먼저, 리얼리즘과 모더니즘의 이분법적 도식에 갇혀 있는 한, 이태준 소설에 대한 연구는 단 한 걸음도 전진하지 못할 것이다. 이태준 소설에 대한 연구는 무엇보다도 작품 속에 드러나고 있는 사실들의 힘을 분석하는 데에서 출발해야 할 것이다. 이태준의 단편들은 원리들의 바깥에서 그 주변을 서성이며 경계를 가로지른다. 문제는 원리 앞에 버티고 있는 사실들의 힘을 분석하는 일이다. 우리는 여기에서 반영으로서의 모상(模像)이 아니라, 현실 구성으로서의 지도(地圖)의 원리가 필요함을 깨닫는다. 문제는 모상의 반복적인 재생산이 아니라 차이의 지도를 생성해 내는 것이다.

또한 문학 텍스트가 언어학임과 동시에 정치학임을 이해하지 못한다면, 이태준 소설에 대한 연구는 역시 단 한 걸음도 전진하지 못할 것이다. 이태준의 단편은 본질적이고 실체적인 의미에서 자유간접화법으로 이루어져 있기 때문이다. 언어를 보편적이고 추상적인 수준에서 분석하는 통사론이나 음운론, 의미론이 아니라 사회적 관계의 집합적 배치 속에서 언어의 구체적인 발화형태를 문제삼는 화용론(話用論)이 문학 텍스트의 정치적 분석에서 요청되는 것은 이와 같은 맥락에서이다. 이태준 소설을 보는 새로운 지평은 바로 이 지점에서 열릴 수 있을 것이다.

허준 소설 연구

-〈속 습작실에서〉를 중심으로-

1. 문제제기와 연구사 검토

계몽적 이성의 해방적 기획은 이성의 자기분열 속에서 좌초되었다. 독일의 비판이론가들은 이를 관리되는 사회 속의 이성의 도구화로 파악하였다. 그러나 이성의 해방적 기획이 가능하지 않으리라는 인식이 현실 속에서 확인된 것은 사회주의 국가의 붕괴와 관련이 깊다.[1] 한국 근대문학사에서 이성의 해방적 기획 속에서 문학의 정치화를 주장하고 나선 최초의 문학 집단은 카프였다. 카프계열의 작가들은 리얼리즘의 방법으로 한국 사회의 전체성을 묘사하고자 했다. 1930년대를 지나면서 이상, 김기림 등의 작가들과 『단층(斷層)』파의 소설가들은 모더니즘의 방법으로 인간의 삶의 미시적 세부들을 포착하고자 하였다. 이후의 한국 작가들은 리얼리즘과 모더니즘이라는 두 가지 문학적 대응방식의 자장 속에서 자신들의 위치를 설정했다. 이와 같

1) 김우창, 『정치와 삶의 세계』, 삼인, 2000, 256쪽.

은 이항적 대립구도는 문학 연구에서 심층적 차원에서의 텍스트가 지니는 복잡성을 충분히 고려하지 못할 가능성이 있다. 이런 의미에서 해방 이전의 문학적 구도 속에서 허준 문학이 차지하고 있는 위치는 매우 낯설어 보인다. 그의 문학은 모더니즘이나 리얼리즘의 어느 하나의 원리로 환원되기를 거부하고 있기 때문이다. 허준은 1935년 먼저 시로 등단한 이후, 1936년 소설 「탁류」를 시작으로 본격적인 작가의 길을 걸었다. 이후 인간 내부의 심리묘사와 근원적 고독을 자신의 문학적 주제로 삼아 모더니즘 성향이 강한 작품들을 창작하였다. 그러나 해방을 기점으로 그의 문학은 역사나 사회의 거시적인 차원으로 확장된다. 1946년 발표된 <잔등>과 1948년의 <속 습작실에서>, 같은 해의 미완성 장편 <역사>와 같은 작품은 그의 문학적 변모를 보여주는 작품들이다. 하지만 그 작품들도 통상적 의미의 리얼리즘의 원리로 환원되지 않는 구조적 복합성을 지니고 있다. 이는 정서적 긴장을 통해 깊은 울림을 주는 그의 문체가 지닌 힘과도 관련이 있다.

허준과 그의 문학은, 허준을 최명익과 더불어 '보다 진정한 의미에서의 근대주의자'[2]라고 평가한 김윤식의 논의를 시작으로 많은 연구자들의 주목을 받아왔다. 그의 소설은 크게 심리소설로서 모더니즘 소설의 측면에서의 논의[3]와 해방공간의 정신사적 측면[4]에서 주로 언급되어 왔다. <속 습작실에서>를 직접적인 논의의 대상으로 삼고 있는 논문으로는 이계열의 「허준의 <속 습작실에서> 연구」[5]와 한성봉

---

2) 김윤식, 『한국현대문학사』, 일지사, 1976, 188쪽.

3) 최혜실, 「1930년대 한국모더니즘 소설연구」, 서울대 박사학위논문, 1991; 김윤식 · 정호웅, 『한국소설사』, 1993.

4) 김윤식 · 정호웅 편, 『한국근대 리얼리즘 작가연구』, 문학과지성사, 1998, 211~233쪽.

5) 이계열, 『현대소설연구』 9호, 1998.

의 「“습작실” 연작을 통해 본 허준 소설의 서사공간」[6] 등이 있다. 이 계열은 작품에 나타난 주인공의 의식변화와 자기성찰의 도정에 주목함으로써 작품의 심층적 의미를 규명하고자 한다. 이를 통해 <속 습작실에서>가 해방 전의 <습작실에서>와 해방 후의 마지막 작품인 <역사>를 조망하는 데 있어 긴요한 역할을 한다는 점을 강조하고 있다. 한성봉은 ‘허준처럼 과작의 작가가 왜 이 작품에 집착했는가 하는 의문’에서 출발하여 두 작품의 연작소설로서의 성격에 주목한다. 그리고 ‘두 연작을 통해 자의식의 변화가 생성될 수 있다는 전제’하에 두 작품의 정신사적 변모 공간과 시학적 공간을 비교·분석하고 있다. 한편 허준 소설의 보다 일반적인 관점에서 <속 습작실에서>를 검토한 채호석[7]과 권성우[8]는 주인공의 자의식에 주목하여 허준이 자기 자신의 존재에 대해 근본적으로 문제제기를 하고 문학하는 방식의 변화를 보이는 것으로서 자리매김하거나, 역사적 균형감각을 확보하고 있는 수작으로 평기한다. 이 외에 김윤식은 <속 습작실에서>를 ‘표현 하나하나에도 힘을 기울인 그러한 작품’[9]이라고 평가하며, 박훈하는 이 작품에 드러난 ‘고독’의 문제에 논의를 집중하였다.[10]

본고는 이상의 문제의식을 기초로 하여 허준 소설이 지니는 복합적 구조과 문체적 특성, 그리고 그것이 한국 근대문학사에서 지니는 의미를 규명하고자 한다. 특히 김윤식의 최초의 논의를 확장하여 한

---

6) 한성봉, 『한국언어문학』 36집, 1996.
7) 채호석, 「허준론」, 『한국학보』 56집, 1989.
8) 권성우, 「허준 소설의 ‘미학적 현대성’ 연구」, 『한국학보』 73집, 1993.
9) 김윤식·정호웅 편, 『한국근대 리얼리즘 작가연구』, 문학과지성사, 1998, 213~215쪽.
10) 박훈하, 「허준 소설의 고독과 현실주의 문학과의 상관성 연구」, 부산대 석사학위논문, 1991. (이상의 연구사 검토는 이계열과 한성봉의 정리를 참고하였다.)

국사회의 경험적 구체성을 소중히 여긴 체화된 근대주의자로서의 허준의 면모에 주목하고자 한다. 본고는 이를 위해서 허준 문학의 교차 지점에 있고 하나의 문학적 절정을 보여주고 있다고 판단되는 1948년 작, <속 습작실에서>를 연구의 텍스트로 삼고, 여기에서 나타나고 있는 '초월적 경험론'의 양상을 면밀히 분석하고자 한다.

2. 두 가지 계열과 내면의 절대성

주인공 '남몽'의 회상으로 시작되는 허준의 <속 습작실에서>는 1인칭 서술로 이루어져 있다. 1인칭 서술에서 서술자는 작중인물로 등장하기 때문에, 작품의 의미구조는 '서술하는 자아'와 '서술되는 자아(체험적 자아)' 사이의 긴장과 거리를 통해 결정된다고 할 수 있다. 1인칭 소설에서 서술하는 자아는 서술되는 자아에게 무슨 일이 일어났던가를 추적하며 시간을 거슬러 올라가게 된다. 한편으로 1인칭 서술은 서술하는 자아와 서술되는 자아가 밀착되어 있기 때문에, (내포) 작가와 작품 사이의 거리는 가깝다고 볼 수 있다. 따라서 서술자의 서술이 '신빙성 있는(reliable)' 서술일 경우 독자와 작품 사이의 정서적 거리는 매우 가까워질 가능성이 높다. 이와는 반대로 신빙성 없는 서술일 경우 1인칭 서술에서의 독자와 작품 사이의 관계는 급격히 이화된다고 할 수 있다. 자전적 성격이 강한 이 작품에서, 서술자의 가치 규범은 (내포) 작가의 그것과 일치하는 것으로 보아도 무방하기 때문에 독자는 우선적으로 그것을 신빙성 있는 서술로 받아들이게 된다. 다음 인용문은 소설의 첫 부분으로 '서술하는 자아'의 목소리가 그대로 드러나고 있다.

> 건드리면 푸슬푸슬 흙이 떨어지는 납작한 대로 퇴락하고 누추한 형지만의 대문을 허리를 굽혀 들어서서 가느다란 호리병 모가지를 깊숙이 중문까지 뚫고 들어와서도 또한 전정판같이 즈분즈분한 안마당을 지나 몇 고분쟁이로 꾸불꾸불하게 돌아든 운두란 한 끝에 납작하니 달라붙은 그 이상히도 축축하고 어둡고 습기로 뜬 객줏집의 한 간 뒷방-집을 닮아 역시 과도히 앞뒤만 두드러져 나간 앞짱구 뒤짱구의 기형아 머리와도 같이 생긴 이 우스꽝스러운 방 속에서 대학 문과를 중도에 그만두고 장차 어떻게 될지를 모르는 앞일이 어지러운 한 개 대학생이던 나는 그때 그 밑에 깔리고 뭉기는 어둑시근한 습기와 냉기와 곰팡이를 들이마시며 민민(悶悶)한 가운데 형편없는 '제멋대로의 청춘'을 저지르고 있었던 것이다.(366)[11]

한편으로 이 작품의 서술방식은 1인칭 자기서술(또는 주인공 시점)이나 타자서술(또는 관찰자 시점)의 어느 하나로 결정되어 있지 않다. 이 작품은 1인칭 서술자의 자기서술('나'-남몽)과 타자서술('나그네'-이병택)이 섞이고 겹쳐지는 방식으로 구성되어 있다. 좀 더 적극적으로 말한다면 이 작품은 1인칭 자기서술과 타자서술이 '어떻게 겹쳐지는가/겹쳐질 수 있는가'에 대한 서술 또는 소설이다. 여기에서 우리는 작품 속의 두 가지 이야기의 계열을 나누어 볼 수 있다. 하나는 서술자인 '나'의 이야기이다.(이를 편의상 ㄱ계열이라고 하자.) 이 계열은 실존적이고 고립적이며 내면적이고 공간적인 계열의 선이다. 다른 하나는 '이병택'의 이야기로, 사회적이고 개방적이며 외면적이고 시간적인 계열의 선이다.(이를 ㄴ계열이라고 하자.) 그러나 여기에서 어느

11) 許俊의 <續 習作室에서>는 1948년 7월, 『文學』에 발표되었다. 여기에서의 텍스트는 최명익·허준 외, 『한국소설문학대계 24-심문/잔등 외』(동아출판사, 1995)로 하였고, 이하 인용문의 쪽수는 이 책의 것이다.

하나의 계열이 다른 하나보다 우월한 지위나 가치를 지니지 않는다. 그렇다면 먼저 ㄱ계열의 의미는 무엇인가. ㄱ계열은 무엇보다도 '방'이라는 공간으로 상징될 수 있을 것이다. 이는 '나'의 내면성의 표지이고 타자와는 절연된 고립된 공간을 의미한다. 그 공간은 과연 어떤 모습을 하고 있는가.

> (1) 그러나 그 나에게도 다만 한 가지 고집과 버리지 못한 사치는 있었다. …(중략)… 어지러울 대로 어지러워도 좋게 곰팡이 필 대로 피어도 좋은 내 방의 혼자만이 느끼는 질서를 나는 사랑하는 사람이었다.(370) (2) 그것을 혹은 생존의 이유로 붙잡아서 확실한 내 것으로 손에 쥐고 나설 것이 없었던 안타까움에서이었다 할는지 그다지도 안팎으로 매사마다에선 트집이 생기기도 하니 혹은 그것을 반평생 동안을 만들어내려오는 몸의 어찌하지 못하는 汚穢 때문이라 할는지 청춘의 끝없는 나태와 무위의 흐름 속에서 그래도 몸을 부여잡고 이에 떠내려 보냄이 없이 참고 견디고 악을 쓰며 그것들을 씻어내지 못해 지긋지긋이 식은땀을 흘려 내려오게 할 뿐만 아니라 그것들 때문에 항상 자기 자신에게 악을 쓰고 반발하여 절망하여 내려온 것-생각하면 앉았다 누웠다 하며 곰불락일락하는 가운데 이것들을 길러주고 흔들어주고 빚어내 준 그 이상한 어둠과 냉랭한 습기와 곰팡이의 한 때(366~367) (3) 누가 문을 열고 들여다보면서 잠깐 그 곰팡이만을 마시고 나가도 이내는 돌아오지 아니할 비밀히 간직하여 두었던 무슨 내 방과 내 자신의 일부 질서조차 허물고 놓고 가는 것같이 싫어서 골살이 찌그러지던 터이었던 것이다. 이방에 그 낯선 사람이 들어온 것이다.(371)

인용문 (1)은 절대화된 내면성의 공간과 질서를 보여준다. 그것은 어떠한 타자의 틈입도 허용하지 않는 자폐적이고 고립적인 공간이다.

'나'의 절대화된 내면성은 '방'이라는 공간성을 통해 표상된다. 삶의 변화의 계기들은 공간에서보다는 시간성 속에서 발견되기 마련이다. 시간의 무한한 흐름 속에서 변하지 않는 것은 없으며, 정태적인 것 역시 시간의 역동성 속에서 개방된다. 그러나 '방'이라는 '나'의 절대적 공간 속에서 시간의 계기들은 배제된다. 거기에서 시간은 어떤 의미의 생산과도 무관하며, 다른 대상들과 마찬가지로 시간 역시 하나의 대상으로서 타자화된다. 이처럼 '나'의 절대적인 내면성의 공간에 여타의 이질성은 개입되지 못한다. 이와 같은 구도 속에서 상호 주관성을 전제로 하는 대화적 지평이 열릴 수는 없다. '나'의 의식을 떠나지 않는 문제는 인간의 근원적이고 실존적인 '고독'이다. 어둠과 습기가 곰팡이를 키워내듯, 어둠과 습기와 곰팡이로 가득 찬 '방'은 나의 '고독'을 키워주었던 것이다. 인간의 근원적 어긋남과 존재론적 결여는 그 무엇으로 충족되거나 어떤 방식으로도 해결되지 않는 것이라는 점을 작가는 미려한 문체를 통해 섬세하게 묘사하고 있다.

인용문 (2)는 인간의 근원적인 결여감과 허무의식에 시달리는 '나'의 자의식을 보여준다. 이처럼 주인공의 내면성의 표지인 '방'은 절대적인 의미를 지니는 초월적인 주관성의 공간이다. 그것은 모든 것을 흡입해버리는 강력한 구심력을 지니고 있으며 모든 것을 무화시키는 주체성의 검은 구멍이다. 그것은 1인칭 자기서술로 구성되며 일체의 타자서술을 용납하지 않는 체계이다. 이것이 ㄱ계열이 내포하고 있는 의미의 윤곽이라고 할 수 있다. 이처럼 ㄱ계열은 개인적이고 실존적이며 고립적인 성격을 띤, 주관적 초월성의 공간이라는 의미를 지닌다. 이처럼 공간적 계열의 선인 ㄱ계열에 시간의 계열인 ㄴ계열의 선이 끼어드는 것이다. ㄱ계열은 초월적이지만, ㄱ계열에서 ㄴ계열로의 변환과정은 초월적(transcendental)이기보다는 초재적(transcendent)인[12)]

성격을 지닌다. (이는 뒤에서 자세히 언급될 것이다.)

인용문 (3)에서 타자의 틈입을 허용하지 않는, 절대적 공간인 '나'의 방에 '낯선 사람'이 들어왔다는 것은 따라서 '나'의 고립된 내면성에 균열이 생긴다는 것을 의미한다. 여기에서 그 균열의 과정을 추적한다는 것은 단순히 줄거리를 따라간다는 소극적인 의미를 넘어선다. 왜냐하면 그 균열의 과정이야말로 이 작품의 진정한 의미를 담고 있기 때문이다. 그 여로야말로 이 작품의 본질을 구성하는 부분이다. 그 균열의 과정은 한 정직한 인간의 내면적 성숙을 보여준다. 이 작품이 그 정확한 의미에서 '교양소설'의 구조를 지니는 것은 이 때문이다. 따라서 이 작품의 서술구조에서 서술하는 자아와 서술되는 자아는 질적으로 다르다고 할 수 있다. 서술하는 자아는 서술되는 자아의 경험을 통해서 성숙한 자아이고, 서술되는 자아는 그 이전의 미성숙한

---

12) 이 작품에서 두 용어의 차이를 구별하는 것은 매우 중요한 의미를 지닌다. "초재적 실행 transcendent exercise은 들뢰즈의 용어로, 능력들이 자신의 고유한 한계를 넘어서 활동함을 일컫는 말이다. 들뢰즈는 칸트의 세 비판서 가운데 『판단력비판』에 독특한 지위를 부여한다. 처음 두 비판서인 『순수이성비판』과 『실천이성비판』은 경험과 독립하여 <미리 생각된 결정>을 통해서 능력들의 합법적 사용의 범위와 한계를 명시했다. 다시 말해 사유자는 참을 추구하려는 의지를 가지고 있고, 또 사유자의 다양한 능력들은 이런 사유자의 의지해 복종해 각각 자신의 합법적 사용의 범위 안에 머무르면서 서로 조화를 이루는 가운데 활동한다는 공리 위에 칸트의 작업은 근거지워져 있다는 것이다. 반면 『판단력비판』의 숭고에 관한 분석은 자연 속의 무형 혹은 기형의 대상으로부터 자극받은 뒤에 비로소 실행되는 상상력과 이성의 활동을 보여준다. 여기서 상상력은 자신의 한계를 넘어서 이성과 싸우면서 활동한다. 이런 식으로 능력들이 임의적으로 <미리> 마련된 초월적 transcendental 규정에 종속된 채 활동하는 것이 아니라 경험으로부터 자극을 받은 <뒤에> 자신의 한계를 넘어서 사용되는 것을 일컬어 들뢰즈는 능력들의 초재적 transcendent 실행이라 일컫는다."(질 들뢰즈, 『프루스트와 기호들』, 서동욱 외 역, 민음사, 1997, 148쪽, 역주 6) 참조)

자아이다. 그런 의미에서 이 작품에 드러나는 서술하는 자아와 서술되는 자아 사이의 긴장과 거리는 교양소설의 일반적 의미구조와 대응한다. ㄴ계열이 지니는 의미가 부각되는 것은 이런 맥락에서이다. '이병택'이라는 인물로 상징되는 ㄴ계열의 의미는 그 균열의 '과정'을 추적하다보면 자연스럽게 해명될 것이다.

3. 사유에 이르는 길과 겹침의 의미

ㄴ계열의 의미는 무엇보다도 '이병택'이라는 인물로 상징될 수 있을 것이다. 그러면 그 인물의 성격을 제시하고 있는 다음 인용문의 서술을 보자.

> 단추를 달아입은 흰 옥양목 두루마기는 풀을 잘 먹인 티도 유난하게 발가닥거리며 진양달량 검정바지에 다듬이 자국 미끈한 것이 그 두루마기 섶자락 사이로 엿보이며 신은 양말까지도 땀내는커녕 발구듬조차 떨어질 나위 없는 산뜻한 것에다 짧게 기른 수염을 가쓴히 깍은 얼굴에는 검붉은 구릿빛 속에 꽉 자리를 잡고 앉은 두 눈이 잡티없이 이글이글 타는 사람-보매 나이도 나의 갑절 연배를 훨씬 지났을 사람이요 수수함으로 일층 단정함이 드러나는 그 차림차림과 매무시 가운데에는 거조와 거조를 이어 나가는 호흡마다에 사람의 마음을 저절로 느긋하게 하고 따르게 하는 자연성(自然性)과 친하력이 흐늘거림을 알았다.(371 · 372)

우리말이 지닌 결의 아름다움과 그 유려함을 보여주기에 충분한 위 인용문은 그 자체만으로도 탁월한 묘사문이다. 인용문의 앞부분은 외부묘사를 통해 인물의 성격을 간접적으로 제시하고 있으며, 뒷부분은 이에 대한 '나'의 서술과 평가로 인물을 직접적으로 제시하고 있다. '보여주기'와 '말하기'를 통한 전형적인 인물제시라 할 수 있는 인용문의 정보만으로 독자는 '나그네'의 성격을 충분히 짐작할 수 있다. '나그네'의 성격은 그의 외모에서 드러나는 것처럼 단정하고 강직하면서도 온유하다. 그의 부드러운 성품에 '나'의 거부감은 사라지고 '나'는 그에게서 '십년 된 친구의 체취'를 맡는다. '나'의 경계심이 그가 사온 능금과 연시에 완전히 사라지게 되는 장면을 살펴보자.

> 비로소 나는 처음으로부터의 미안한 인사를 드리고 권함을 받는 대로 봉지에 담긴 싱싱하고 흐들흐들한 능금들과 꺼풀 채 하늘하늘하여 터질 듯이 무르녹은 단 연시들의 살에 코를 들이박을 대로 들이박아 가면서 그것들의 단물을 빨아먹었다.(373)

'나'의 심리적 거리감이 해소되는 순간을 묘사하고 있는 인용문은, 다양한 감각적 이미지의 사용으로 정서적 이완의 개연성을 높여주고 있다. '나그네'에 대한 이질감이 관념적으로 해소되는 것이 아니라, 풍부한 물질적 상상력의 도움을 받아 해소되고 있는 것이다. 물질적 상상력의 구체성은 관념의 추상성을 능가한다. '나'의 정서적 이완의 개연성을 증가시키는 또 다른 소도구는 작품에 삽입된 한시(漢詩)이다.[13] 인용된 시들은 두보의 것으로 식민지배기의 혼란과 빼앗긴 조

13) 우리는 여기에서 '전통'의 문제를 언급하지 않을 수 없다. 먼저 허준 소설의 문체가 지니는 언어의 연마와 세련성을 상기해보자. 허준의 소설은 평북지방의 방언과 정갈하게 다듬은 우리말의 사용으로 그 문학적 감동을 배가시킨다. 허준은 문학의 언어적 조건을 늘 고민하던 작가였고, 이는 여러 가지 기록들

국에 대한 그리움을, 두보가 겪었던 전란의 고통과 향수에 빗대어 표현하고 있다. 시(詩)는 본질적으로 서정적이고 주관적인 장르이다. 시의 전제 중의 하나는 어떤 대상이든지 시적 자아의 주관 속에서 용해될 수 있다는 것이고, 나와 타인이 구별되지 않고 동화될 수 있다는 것이다. 소설 속에 삽입된 시는 작중 분위기와 감정을 고조시키고, 서사의 그물로는 포착할 수 없는 미시적 리얼리티를 구현한다. '나'와 함께 술을 마시던 '나그네'는 '먼 높은 바람벽'을 올려다보며 어느 한 시의 한 대목을 읊조린다.[14] 이와 같은 소설적 장치들을 통해 '나'와 '나그네'의 마음이 회통(會通)할 수 있는 분위기는 한껏 고조된다. '나그네'의 한시에 화답하듯, '나' 역시 두 편의 자작시를 그에게 내놓는다. '나'와 '나그네'는 이 부분에서 문학에 대한 깊이 있는 사유들을 공유한다. 두 인물이 나누는 대화의 내용은 문학의 본질적 물음에 대한 사유를 담고 있다. 이런 맥락에서 이 작품은 예술가의 고독과 창

과 그가 남긴 작품들로 입증될 수 있을 것이다. 그것은 백석이 초기에 서구의 이미지즘에 경도되었다가 이후 전통적 정서에 기초한 토속적 모더니즘의 경지를 보여주었던 것에 비견될 만하다. 백석과 허준은 실제로 절친한 친구였고 문학적 공감대를 깊이 공유하던 사이였다. 그리고 한시의 삽입만을 근거로 허준이 전통의 문제를 심각하게 고민했다고 확언할 수는 없지만, 최소한 그는 전통의 문제를 의식하고 있었다고 말할 수는 있을 것이다.

14) 삽입된 두 편의 한시는 다음과 같다. 1) 三千不可到/ 歸路晩山稠/ 落雁浮寒水/ 飢鳥集戍樓/ 市朝今日異/ 喪亂幾時休/ 遠愧梁江總/ 還家尙黑頭. (삼천에 이르지도 못하였는데/ 돌아오는 길의 저녁산은 빽빽하기만 하다/ 내려앉은 기러기는 찬 강물 위에 떠 있고/ 굶주린 새들이 변방의 수루에 모여 있네/ 시조가 오늘에 달라졌으니/ 상란은 언제 그치려나/ 멀리 양나라의 강총에게/ 아직도 검은 머리로 돌아감을 부끄러워 하네) 2) 落城一別三千里/ 胡騎長馳四八年. (서울을 떠나와 있기를 자그마치 있기를 자그마치 사천리요/ 오랑캐의 말발굽 길이 달려 날뛰기 오륙년) 두 편 모두 杜甫의 한시로, 1)은 <晩行口號>이고 2)는 <恨別>의 일부이다. 삽입된 시들은 모두 고향에 대한 향수와 귀향에의 소망을 드러내고 있다(이병주, 『杜甫』, 민음사, 1993, 165쪽).

작의 문제를 다루고 있는 '예술가 소설'로도 파악할 수 있을 것이다. 이 작품의 제목이 <속 습작실에서>임을 다시금 상기할 필요가 있다. 이제 두 인물의 대화 속에서 ㄴ계열의 의미가 조금씩 드러나기 시작한다.

(1) 하지만 아무리 놈의 조작성(操作性)에 치심유의(置心留意)하지 않는 체하자 하여도 역시 실제로 부딪쳐 보면 그놈의 요마의 법칙과 규구(規矩)란 그처럼 딱딱하고 강강하고 다만하지 않아서 뚫고 들어가 헤쳐 내팽개치자 하여도 잘 안 되는 또 하나 그렇게 제대로의 불가침 세계인 것만은 몰랐던 것이다.(377) (2) 말의 사기사(詐欺師) 현황 찬란하고 기묘하게만 생각되는 옷을 입고 무대 위에 나서는 그것만으로 사람들의 마음을 이끌려는 광대 이상의 아무것도 아닌 거 아니겠습니까?"/ "그러니깐 시인의 조건을 잃지 않고 시를 만드는 것-시의 조건을 잃지 않고 시인이 되는 것-이 틈새에 끼여서 괴로워하시는 거란 말이겠지요, 그러신 거지."/ "네 그렇습니다, 그 말씀입니다. 그러길래 시작(詩作)의 재간(才幹)이란 말 쓰기를 저는 죽기보담도 싫어하면서 동시에 또한 그 재간의 힘이란 것을 시인하지 아니하면 안 되는 모순에 저는 어찌할 줄 모르는 겁니다. 말은 이렇듯 저에게 엄연한 것인 동시에 냉혹합니다."(378) (3) "……남형은 남형 자신을 너무 가두어 두고 가두어 둔 데서 괴롭히기만 할 것이 아니라 먼저 개방해 놓을 필요가 있지 아니합니까? 이 음습한 뜬 방과 또 그리고 자기 자신으로부터서요? …(중략)… <u>그것을 몸으로서 겪어 나오며 다시 재현시켜 남에게 전하는 사업</u>일 것 같으면 어느 것임을 물론하고 작은 일일 수는 있으며 뼈를 깎는 일이 아닐 수는 있습니까? 그 일을 한평생 감당해 나갈 이는 남보다도 몇 갑절 튼튼한 몸이 밑받침을 하고 있어야 할 것 아니겠어요?"(380~381)

'나'의 작가적 고민은 문학의 언어적, 형식적 조건과 함께 '언어의 물질성'[15]을 아우르는 육화된 몸의 언어를 얻는 것이다. 이 때문에 '나'는 나만의 고립된 공간에 밀폐된 채 자의식의 과잉으로 괴로워했던 것이다. 그러나 그것은 '나'에게 절실한 것이었기에 진정한 것이었다. 그것이 비록 유폐된 자의식이라 할지라도 스스로에게 정직한 것이기에 값진 것이었다. 그 내면적 고투의 진정성은 위악적 포즈로 폄하될 수 있는 것이 아니었다. 인용문 (1), (2)에 드러나듯이 '나'는 언어의 '조작성'과 형식적 조건들을 무시하지 않는다. 그래서 형식적 완벽성을 추구하려는 '나'에게 언어의 세계는 '불가침의 세계'처럼 느껴진다. 그러나 '나'가 보기에 작품의 형식과 기교에만 매달리는 것은 '말의 사기사'에 지나지 않는다. 그래서 '나'는 '시작의 재간'이라는 말을 그렇게 혐오하는 것이다. 그럼에도 불구하고 그 '재간의 힘'을 시인하지 않을 수 없기에, '나'는 말의 '엄연함'과 '냉혹함'을 동시에 느끼는 것이다. 그것은 <시인의 조건을 잃지 않고 시를 만드는 것, 시의 조건을 잃지 않고 시인이 되는 것>이라는 어찌 보면 모순된 명제로 집약된다.

인용문 (3)에서 '나그네'는 '나'에게 이에 대한 해결의 가능성을 암시해준다. '나그네'는 '나'의 고립된 자의식의 불모성과 위험성을 지

15) '언어의 물질성'은 푸코의 용어로, 언어를 둘러싼 '비언어적 토대'를 가리키는 말이다. "언어는 순수하게 언어적 차원에서만 기능할 수 없다. 그것이 사용되기 위해서는 많은 비언어적 토대들이 사용되어야 한다. 예컨대 저작들은 책을 생산해 내는 산업을 통해 형성되며 연극적인 언어는 무대의 장치들을 통해 형성된다. 롤랑 바르트는 언어의 이러한 측면을 표현하기 위해 '언어의 두께'라는 용어를 사용한다. 푸코의 '언어의 물질성'이라는 용어도 바로 바르트적인 의미의 '언어의 두께'를 말한다(푸코, 『담론의 질서』, 이정우 역, 서강대출판부, 1998, 15쪽, 역주 5) 참조).

적한다. 그것이 진정한 것일지라도 자기만의 성에 갇혀서 거기에 함몰되는 것은 몸을 위해서라도 바람직하지 않다는 것이다. '나그네'가 '나'의 건강을 걱정하는 것은 단순히 '나'의 몸의 육체적 건강만을 위함이 아니다. '나'가 진실로 체화된 몸의 언어를 얻으려면 그 언어의 지반인 몸의 건강이 전제되어야 한다는 것이다. 따라서 이것은 소박한 비유 이상의 진실을 담고 있는 것이다. 또한 나의 자의식은 자기 자신으로부터 개방되어야 한다는 것이다. 나의 실존은 고립되어서 존재하는 것이 아니라, 항상 다른 것들과의 관계 속에서 규정되는 것이다. 그것은 내 안에서 타자를 발견하는 것이고, 타자 속에서 나의 실존을 확인하는 일이다. 가시적인 나의 실존은 비가시적인 타자와의 관계의 일부이다. 실존적이고 고립적이고 공간적인 ㄱ계열이 '나그네'로 상징되는 시회적이고 개방적이고 시간적인 ㄴ계열과 조우했다. 여기에서 어느 한쪽 계열이 다른 계열에 대해 가치 우위를 지니는 것은 결코 아니다. ㄱ계열의 선에 주체성의 검은 구멍이 내재해 있는 것처럼, ㄴ계열에도 경직된 집단화와 윤리적 고착화의 위험이 상존해 있다. 계열간의 관념적인 조우는 '나'를 사유에 이르게 하지 못한다. 우정과 상호존중을 바탕으로 한 주체간의 합리적 의사소통으로는 기만적인 화해에밖에 이르지 못한다.[16] 본질로서의 진정한 사유에 이르게 하는 것은 '기호의 폭력과 상처'이다. '나그네'는 '나'에게 몇 가지 부탁을 하고 떠나지만, '나'는 여전히 고립된 자아의 껍질 속에 웅크려 있기를 고집한다.

(1) 시골의 집은 여기와 달라 아무리 넓고 해양한 방이요 밥도 여기보다

16) 질 들뢰즈, 『프루스트와 기호들』, 58~59쪽.

> 는 잘 해먹는 밥이라 하더라도 그런 곳으로 간다는 것은 그때 나에게는 한쪽 음습한 방에서 다른 한쪽 음습한 방으로 이쪽 곰팡에서 저쪽 곰팡으로 옮겨 가는 의미밖엔 더 아무것도 아니었다. 내가 원하는 것은 만일 지금껏 공팜과 음습을 떠난다면 아무도 인척관계의 사람도 아는 사람도 없는 외따른 곳에 들룽 떨어져 들어가거나 도회라면 누구도 내 생활을 간섭하고 엿보지 않는 큰 아파트 같은 데의 자그마한 한 간 방을 빌려 죽이 되든 밥이 되든 들어박혀 헛헛이 살아가는 데에만 있었다.(388) (2) 왜 그런고 하니 뭐니뭐니 해도 나는 고독하였고 고독의 본능은 이것을 알아줄 만한 사람을 더듬어 마지 않았으니까. 하지만 다행히 어머니 편지에 좋은 핑계를 얻어 미처 의식하지 못하였으니 망정이지 이것이 여자를 접근하는 유일한 기회라는 스무남은 살 안팎 사춘기에 든 젊은 아이의 잠재욕망의 발동이 아니면 무엇이냐는 데 제 눈이 뜨이게만 되었던들 지금 생각하면 이것도 또한 자기 자신에게 반발하여 몸은 수행하지 못하고 움츠러 들어가고 말았을 종류의 행동이었을 것이다.(389)[17]

인용문 (1)은 어머니에게서 고향으로 돌아오라는 편지를 받은 '나'의 반응과 심리를 서술하고 있다. '나'는 여전히 곰팡이로 가득 차 있는 음습한 자기만의 방을 고집하고 있어서, '나'에게 고향으로 돌아간다는 것은 '이쪽 곰팡에서 저쪽 곰팡으로' 옮겨가는 것 이상의 의미를 갖지 못한다. '나'가 원하는 것은 아무에게도 간섭받지 않고 '죽이

---

17) 우리가 인용문에서 주의 깊게 살펴봐야 할 것 중의 하나는 서술방식이다. 즉 (1)과 (2)에서 우리는 서술하는 자아와 서술되는 자아의 공존과 긴장을 볼 수 있다. 서술하는 자아는 체험적 자아의 경험을 통해 성숙한 자아이기 때문에, 서술하는 자아가 보기에 서술되는 자아는 미숙한 것으로 보일 수밖에 없다. 그래서 (2)에서 보듯이 서술하는 자아의 목소리에는 부끄러움과 자괴감이 묻어나는 것이다.

되든 밥이 되든 (방에)들어박혀 헛헛이 살아가는'것 뿐이다. '나'는 '나그네'와 약속한 낚시를 고대하며 탁 트인 바다와 그곳의 청신한 개방된 공기를 꿈꾸지만, 이는 현실에서의 구체적 실행이 아니라, 관념 속에서 '꿈'으로만 존재한다. 여전히 '나'는 자기만의 폐쇄된 공간에 머물러 있고자 한다. '나'에게 실존이라는 껍질의 두께는 그만큼 두텁고 견고하다. 이처럼 ㄱ계열은 시간의 의미들을 공간 속에서 무력화시키기 때문에, 여기에 시간의 계열인 ㄴ계열이 끼어들 틈은 없다. (2)에서도 여전히 고독에 침잠해 있기를 바라는 '나'의 심리가 묘사되고 있다. '나'는 '이병택'의 부탁으로 평양에 있는 그의 여조카를 찾아가는데, 이는 '나'의 '고독의 본능'을 알아줄 사람이 필요하기 때문이다. 진정한 타자와의 만남을 통해 나의 고립된 내면성이 개방되는 것이 아니라, 그 타자성도 나의 내면으로 다시금 응결되는 주체의 자기 확인 과정에 불과했던 것이다. '나'의 여로를 계속 추적해보기로 하자.

어느 날 '나'에게 '이병택'의 동지인 '김아무개'라는 사람이 찾아온다. 그는 '나'에게 '이병택'이 맡기고 간 돈을 내놓으라고 협박한다. 그를 통해서 '나'는 '이병택'의 정체를 알게 되고 그가 서대문 감옥에 갇혀있다는 소식을 듣는다. '김아무개'라는 인물은 '나에게' 자신과 같은 운동가를 돕는 일은 '의무이자 당위'라고 역설한다. 그러나 '나'는 그를 회의와 의심의 눈초리로 바라본다.

(1) 하지만 한편 생각할 날이면 이 김 무엇이라 하는 이의 인물 더구나 그 사람의 마지막 말들-해주시오. 의무요. 또 그것이 당연하지 않소? 운운하던 몇 마디의 語音들은 내 가슴 한복판에 걸리어 여간해선 잘 내리어가지 아니하였다./ 하지만 대체 그것이 어떻게 되었단 말이냐? 자기가 마땅히

> 해야 될 일 같은 일이라고 생각하고 덤벼든 일이라면 그 일 때문에 가령 제 한 몸 죽는 것이 어떻게 되었다는 말이며 또 대체 고생을 하고 안하고 죽고 안 죽는 것이 내게 어떻게 되었다는 말인가? …(중략)… 하거늘 동지가 아니면 동지의 일은 아무도 모른다는 그 좁고 독선적인 배타주의. 나는 그때 이래 이 김이란 사람 일이 생각나는 때마다 이렇게 생각하고는 꾸역꾸역 올라오는 쓰거운 침을 힘들여 목 넘어 넘기곤 하였다.(400) (2) 우리 패엔 그런 잡법적인 사람은 없다고 호언장담이 안 나오는 것이나가 다 제 자신에게는 그런 위험성과 가능성이 없다고 자과(自誇)할 자격이 있는 것이랴 하는 스스로의 반문을 안 깨달을 수 없는 까닭이라 아옵시고 용서해 주십시오. 나조차는 또 무엇인데 함을 생각할 때 저 역 등골에 식은땀 흘러내림을 깨단습니다.(404)

(1)에서 '나'가 의심하는 것은 그가 사이비 운동가는 아닌가라는 점이다. 그의 '大義'라는 것이 실은 '私利'가 아닌가, 그리고 그의 말에 숨어있는 논리가 혹시 도덕적 배타의식은 아닌가하는 것이다. '김아무개'의 말에는 진리의 독점을 통한 억압과 배제의 논리가 숨어있다. 그것은 타인이나 자기 외부의 것을 배제하는 경직성과 배타성을 지니고 있다. 아무리 도덕적으로 정당한 것이라도 그것이 당위와 의무로서 강요되는 것이라면 그것은 '나'에게 아무 런 의미를 지니지 못할 수도 있다. 자발적 욕망에 기초하지 않은 도덕은 거짓 윤리일 수 있다. ㄱ계열이 초월적 주관성의 함정에 빠질 위험이 상존하는 것처럼, ㄴ계열 역시 타자를 배제하고 개인의 자유를 억압하는 파시즘의 논리가 엄존하고 있다. 두 가지 계열 중 어느 것도 가치 우위를 주장하지 못하는 것처럼, 두 가지 계열 모두에 경직된 선분화의 위험이 내재한다. 그러나 '나'의 시선과 판단은 냉정한 것이어서 진정한 것과

사이비를 분명하게 구별한다. 또한 ㄴ계열이 지니는 위험성은 '이병택' 자신에 의해서도 반성된다. (2)에서의 '이병택'의 뼈아픈 각성이 의미하는 바는 자기 안에 내재된 파시즘, 도덕적 배타의식에 대한 경계와 자기반성이다. 이상의 논의를 통해서 이제 ㄴ계열의 의미가 해명된 셈이다. ㄴ계열은 역사적이고 개방적인 시간적 계열의 선이다. 이 계열의 개방성은 언제나 배타적인 자기 폐쇄성으로 변환될 위험이 존재한다. 그러한 변질을 막기 위해서는 끊임없는 자기갱신이 필요하다. 이것으로 ㄱ계열과 ㄴ계열의 의미가 모두 밝혀졌다. 이제 남은 것은 ㄱ계열과 ㄴ계열이 겹쳐지는 순간을 지켜보는 것이고, 그것이 의미하는 바가 무엇인지를 해명하는 일이다. 그리고 그 겹침이 어떻게 가능한 것인지를 고찰하는 일이다. 그것은 선험적 논리에 의해 초월적으로 수행될 수 없고, '초월적 경험론'을 통해서만 가능하다고 할 수 있다. 그러면 '나'의 상태를 다시 확인해 보자.

> (1) "그래 너같이 아무것도 모르는 뱃심 없는 것이 면회를 갔다니 그게 될 법이나 한 일이냐? 내가 걸 모르겠니? 그놈들이 국사범이라면 졸연하겠다고! 너 같은 실없는 건 백 개 달러 붙어 성화를 시켜도 이 옷 한 가지 차입 못 한다. 내가 가야지."(401) (2) 한 소시민 청년에 불과한 나는 가까운 척분관계의 사람이 아니면 안 된다는 옥리의 단마디 핀잔에 넘어가 간단히 뚫고 들어갈 아무런 응수조차 해보지 못하고 쫓겨 나오고 난 다음날이었던 것이다. …(중략)… 옥리가 내 얼굴을 잊어버릴 때쯤 되기를 기다려 또 다시 가보더라도 하는 발명궂은 생각을 되뇌며 방에 돌아온 나는 그러나 주저앉은 길로 편지를 썼다.(402)

'나'는 여전히 관념적 자의식에 갇혀 있다. 이는 인용문에서 면회를 둘러싼 '할머니'와 '나'의 대응방식을 살펴보면 보다 분명해진다. (1)에서 보이듯이, 삶의 구체적 현장에서 '나'는 무력한 반면 '할머니'는 현실적 실천력을 발휘한다. 지식인의 관념적 자의식이 얼마나 위선적이고 무기력한 것인가는 (2)에서 여실히 입증된다. '나'는 '옥리가 내 얼굴을 잊어버릴 때'만을 기다리며 소극적인 대응밖에 하지 못한다. 현실적 공간에서 '나'에 대한 '할머니'의 실천력의 우위는, 경험적 구체성의 관념적 추상성에 대한 우위에 다름 아니다. 경험의 구체성은 언제나 정신의 추상성을 능가한다. 이제 '나'가 사유에 이르는 길을 해명해야 할 차례이다. 이 부분은 소설의 결말부분이면서 작품의 가장 중요한 의미를 함축하고 있다. 그것은 물질적 상상력과 깊이 관련되어 있으며, 선수립된 사유에 의해 규정적 진리만을 지니는 대화성의 한계를 넘어서는 사유의 '초재적 실행'과도 연관된다. 이는 진정한 사유를 통해 의미의 본질에 이르는 길이다. 그 과정은 험난한 것이고 정신의 내면적 고투를 겪은 뒤에만이 가능한 고통스러운 경험이다. 다음은 문체와 그 의미 모두에서 가장 빛나고 있는 것으로 보이는 소설의 결말부분이다.

> 그것은 내가 할머니 방에서 구두를 벗고 들어가 들어앉아 중문 쪽을 향하여 밖을 내대보았을 때였다. 중문 쪽으로 훨씬 나가 붙은 콘크리트로 한 우물방틀 가장자리에 푸실푸실 내리고 있는 눈에 쌓여들어가며 낮익은 흰 저고리에 검정 바지 한 벌이 포개어 수채 가까이 빨래로 나와 있었던 것인데 이것을 나는 들어올 때 미처 보지 못하였던 것이다. …(중략)… 생각이 그러해서 그랬던지 여지껏 대단치도 않게 푸실푸실 내리던 눈은 이제 피날레를 향하여 두들기는 안단테 비바체의 템포로 내리 퍼붓기 시작하였다./ 나는 눈이 내 눈에 시거웁게도 자극이 되어 펄떡 일어나서 방을 나왔다. 그

> 리고 인제는 자꾸만 자꾸만 눈 속으로 형지를 감추어 들어가는 그 한 벌 옷을 향하여,/ "당신이야말로 당신이야말로 정말 새롭고 새로운 몸의 상처를 받아 나오기 위해 무수한 허울을 나날이 벗어 나온 분입니다." 하는 언젯날 부르짖음을 인제야 속으로 부르짖으며 이렇게 미칠 듯이 속으로 외치었다./ "이게 다 무어냐 이게 다 무어냐 아아 저는 아무것도 아닙니다. 저는 아무것도 아닙니다. 저야말로 의외로 아무것도 아닌 단순한 말의 사기사를 지향하고 나가던 사람이었는지도 모릅니다."(411~412)

우리에게 사유하도록 강요하는 것은 선험적 선의지가 아니라 '기호의 폭력'이다.[18] 기호는 우연한 마주침의 대상이다. 그 마주침이 우연적이기 때문에 사유를 통해 본질을 인식하는 과정은 필연적이다. 왜냐하면 기호의 폭력이 사유를 '강요하기' 때문이다. '할머니'가 면회를 마치고 돌아오신 어느 날, '나'는 빨래터에 널려있는 '낯익은 흰 저고리와 검정 바지 한 벌'을 '우연히' 발견한다. 눈은 '이제 피날레를 향하여 두들기는 안단테 비바체의 템포로 내리 퍼붓기 시작'하고 그 옷 위로 눈은 쌓여만 간다. 그 옷은 '이병택'의 수의였다. '나'는 '자꾸

18) "되찾은 시간의 라이트모티프는 바로 <강요하다>라는 낱말이다. 지성이 빛으로 가득 찬 세계 속에서 드문드문 직접적으로 파악하는 진리들은, 삶이 어떤 물질적 인상을 통해 건네주는 진리들에 비해 덜 근본적이고 덜 필연적이다. 이 인상은 우리의 감각을 통해서 들어왔기에 물질적이지만 우리는 그 인상으로부터 정신을 이끌어 낼 수 있다(143쪽). 사유하도록 강요하는 것은 바로 기호이다. 기호는 우연적 마주침의 대상이다. 그러나 마주친 것, 즉 사유의 재료의 필연성을 보장하는 것은 분명히 기호와의 그 마주침의 우연성이다. 사유활동은 단지 자연스러운 가능성에서 생겨나는 것이 아니다. 반대로 사유 활동은 단 하나의 창조이다. 창조란, 사유 그 자체 속에서의 사유활동의 발생이다. 사유함이란 언제나 해석함이다. 다시 말해 한 기호를 설명하고 전개하고 해독하고 번역하는 것이다. 번역하고 해독하고 전개 시키는 것이 순수한 창조의 형식이다."(질 들뢰즈, 『프루스트와 기호들』, 145쪽)

만 자꾸만 눈 속으로' 사라지는 그 한 벌 옷을 향하여 속으로 부르짖는다. <당신이야말로 정말로 새로운 몸의 상처를 받아 나오기 위해 무수한 허울을 벗어 나온 분입니다. 저는 아무것도 아닙니다. 저야말로 아무것도 아닌 단순한 말의 사기사에 불과했습니다>.

'나'가 ㄴ계열의 의미를 비로소 깨닫게 되는 것은 감각적 기호인 '흰 저고리와 검정 바지 한 벌'을 통해서이다. 선수립된 합리적 지성이나 대화적 선의지가 아니라, 기호의 폭력과 상처가 사유를 작동시킨 것이다. '나'는 '이병택'이 떠난 이후로도 ㄴ계열의 의미를 제대로 파악할 수 없었다. 물리적 기호의 폭력이 '나중에서야' '나'의 사유를 작동시킨 것이다. 이는 관념적인 대화성보다 물질적인 '기호의 폭력'이 우선함을 증명한다. 주관은 감각적 기호의 폭력을 통해 작동된 사유를 통해 의미의 본질에 이른다. ㄱ계열의 의미가 '초월적 주관성'을 담고 있는 것이라면, ㄱ계열에서 ㄴ계열로의 이와 같은 변환은 사유의 '초재적 실행'을 보여준다. 이는 '초월적 경험론'이라 할 수 있는데, 그것은 주관이 내면적 고투를 겪고 나서 주관의 한계를 뛰어넘어서 사유하는 것이고, 동시에 경험의 구체성과 물질적 기호의 폭력을 통해 사유에 이르는 길이기 때문이다. 그것은 처절한 자기부정과 끊임없는 자기갱신을 통해서만 가능한 일이다. 그와 같이 내면적 각성을 통해 자기의 한계와 싸우며 주관을 뛰어넘는 것은 자신에게 정직한 인간만이 가능한 일일 것이다.

'나'는 그 옷 한 벌을 향하여 자신의 방에서 뛰쳐나온다. ㄴ계열의 의미의 본질을 깨닫는 순간이다. 여기에서 비로소 ㄱ계열과 ㄴ계열은 섞이고 겹치기 시작한다. 개인의 실존 속으로 역사가 스며들고, 폐쇄되었던 공간의 틈에 시간의 균열이 생기기 시작한다. 그 스밈과 균열의 결과가 무엇이 될지는 알 수 없다. 그러나 그것은 비본질적인 물음이다. 그 결과가 중요한 것이 아니라 거기에 이르는 '내면적 고투의 진정성'과 그 균열의 '과정'이 중요한 것이다. 작가로서의 '나'에게 그 겹침의 의미는 언어라는 '불가침의 세계'를 허물고 '언어의 물질성'을 인식하는 순간이라고도 할 수 있다. 그것은 아도르노의 표현을 빌리면, '어떠한 개인적인 작품 속에서도 결코 내가 아니라 <우리 Wir>가 말을 한다'는 것을 깨닫는 일일 것이다.[19]

4. 맺음말

허준의 <속 습작실에서>는 삶의 경험적 구체성에 도달하고자 하는 시도를 보여주는데 그것은 내면적 고투를 겪은 자의 진정성을 담고 있다. 본론의 분석을 통해 살핀 것처럼, 그것은 하나의 초월적 경험론의 양상을 보여준다고 할 수 있을 것이다. 따라서 허준 문학이 차지하고 있는 문학사적 위치는 재고되어야 할 필요가 있지만, 여기에서 그가 과작(寡作)의 작가라는 것이 치명적인 결함이 될 수 있다. 하지만 그 작품들의 문학적 밀도는 어느 다작의 작가에 비해 손색이 없어 보인다. 그러므로 앞으로 필요한 작업은 그의 작품 전체를 통해서 이와 같은 사실들을 규명해 나가고 그의 문학사적 위치를 새롭게 자리매김하는 일일 것이다. 그는 경험적 삶의 구체성 속에서 부단한 자기부정과 갱신의 노력을 통해 20세기 전반기 한국에서 가능했던 근대주의의 한 절정을 육화된 언어로 보여주었다. 그의 문학을 정신적 고투로서의 모더니즘이라고 부르고자 하는 이유는 여기에 있다.

19) 아도르노, 『미학이론』, 홍승용 역, 문학과지성사, 1987, 264쪽.

제2부
정신분석과 문학연구

라캉 정신분석과 문학연구

1. 라캉 정신분석의 이론적 검토

1-1. 이론의 배경과 성립

라캉의 정신분석이론만큼 소문만 무성한 채 제대로 원전 소개가 안 된 경우도 드물 것이다. 라캉의 주저인 《Ecrits》(1966)마저 출판사들의 야심찬 번역 계획에도 불구하고 아직 이 땅에서 빛을 보지 못하고 있다. 그리고 원전의 난해함은 한국어 독자들에게 절망과 함께 '접근불가능한 텍스트'라는 오명을 던져주고 있다. 한국어로 출판된 라캉의 원전은 권택영 교수가 편한 《욕망이론》(문예출판사, 1994)만이 유일한 정도이다. 그러나 이 책도 《Ecrits》의 아주 적은 부분만을 소개하고 있고, 영어번역에 대한 중역이라는 문제를 지니고 있다. 따라서 라캉의 불어 원전에 대한 한국어 번역본은 전무하다고 해도 과언이 아니다. 현재 라캉에 대한 수많은 2차서들이 나와 있지만 무엇보다도 시급한 것은 라캉의 원전에 대한 한국어 번역본의 출간이라고 할 수 있을 것이다. 불어에 능숙하지 않은 독자들은 할 수 없이 영어본에 손을 댈 수밖에 없는데, 이 영문판마저 불문판 《Ecrits》에 대한 편집자의 <selection>이라 일반 연구자들이 라캉 정신분석의 전모를 살펴보기에는 어려운 실정이다. 이와 같이 원전 텍스트를 공유할 수 없는 상황 속에서의 라캉에 대한 논의는 근본적인 결함 내지 한계를 안고 시작하는 것임을 솔직하게 시인할 수밖에 없다.[1)]

라캉은 '프로이트로 되돌아가자'라는 슬로건 아래, 소쉬르 등의 언어학, 헤겔의 욕망이론, 하이데거의 존재론, 레비스트로스 등의 구조인류학적 성과를 흡수하여 독창적인 정신분석이론을 전개하였다. 그리고 크게는 프로이트의 정신분석을 구조주의의 자장 속에서 새롭게 해석해 냈다고 할 수 있다. 프로이트가 무의식의 형성물들이 '압축'과 '전치'라는 의식의 작용과는 다른 기술을 사용하고 있음을 밝혀낸 데에 덧붙여 라캉은 '무의식은 언어처럼 구조화되어 있다'라고 주장하였다. 이는 야콥슨이 실어증 환자의 언어구조에서 은유와 환유의 기제를 밝혀 낸 것에 직, 간접적으로 영향받은 것이다. 그리고 기표와 기의사이의 의미화작용을 나타내는 라캉의 공식과 은유나 환유 등에 대한 설명은 소쉬르의 언어학과 직접적으로 관련된다. (물론 라캉은 그 영향관계를 스스로 고백하지는 않았지만) 소쉬르에게 있어 안정적인 결합관계로 파악되었던 기표와 기의의 의미화작용은 라캉에게는 부정된다. 기표는 기의에 닿지 못하고 그 표면에서 끊임없이 미끄러지며 안정적인 의미는 산출되지 않는다. 기표와 기의는 순간적이고

---

1) 참고로 라캉에 관한 국내, 외 서지가 가장 잘 정리되어 있는 책은 '스튜어트 슈나이더맨, 허경 역, 『쟈크 라캉, 지적 영웅의 죽음』(인간사랑, 1997)'이다. 이 책의 부록에서 역자는 라캉에 관한 거의 모든 서지를 상세하게 소개해 놓고 있다.

불안정한 결합 속에서 의미를 산종(散種)시킬 뿐이다. 라캉에게 있어 기표와 기의 사이의 불안정한 결합관계는 고정점(the anchoring point)을 통해서만 그 의미가 획득된다.

라캉의 정신분석이론을 한 마디로 특징짓는 단어는 '욕망'이다. 그는 프로이트의 성욕이론을 확장시켜 독창적인 욕망이론을 수립했다. 그의 욕망이론 형성에 가장 큰 영향을 미친 것은 프랑스에 뒤늦게 소개된 헤겔철학이었다. 프랑스의 헤겔철학자, 장 이뽈리뜨와 알렉상드르 꼬제브를[2] 통해서 라캉은 헤겔의 욕망이론을 접했다. 헤겔의 《정신현상학》의 주인과 노예의 변증법에 대한 설명은 라캉의 욕망이론 수립에 결정적인 역할을 하였다. 특히 주인과 노예사이의 '인정투쟁'의 문제는 라캉이 상상계와 상징계를 설명하고, '모든 욕망은 타자의 욕망이다'라는 명제를 수립하는 데 유용하게 사용되었다. 라캉에 의하면 '나'의 욕망은 실은 타자의 욕망을 욕망하는 것에 불과하며, 엄마와의 상상적인 동일시에서도 '나'의 욕망은 엄마가 욕망하는 남근이 되고자 하는 욕망에 다름 아니다. 욕망에 의해 소외된 주체는 상징계의 질서 속에서 스스로의 욕망이 아닌 타자에 의해 규정된 삶만을 살아갈 뿐이다. 타자와 욕망에 의해서 소외되는 주체의 상황을 전형적으로 보여주는 모델이 바로 라캉의 유명한 '거울단계(mirror stage)'이다.

---

2) 특히 코제브는 1933년에서 1939년까지 고등 실용학문 학교에서 헤겔의 『정신현상학』에 대한 일련의 세미나를 운영하였으며, 라캉은 그 세미나에 정기적으로 참석했다. 코제브와 라캉은 동갑이었으며, 두 사람 모두 욕망의 이론가가 되었다. 꼬제브의 당시의 세미나를 출간한 책, 『헤겔 독서 입문』(영문판: *Introduction to reading of hegel*)(1947)은 라캉이 욕망이론을 전개할 때 큰 영향을 미친 것으로 보인다(마이클 페인, 『읽기이론/이론읽기』(한신문화사, 1999), 장경렬 외 역, 60~61쪽 참고).

라캉의 독창적인 이론의 배경이 되었던 구조주의 이전의 프랑스를 풍미했던 사상적 조류는 싸르트르, 메를로-뽕띠 등의 실존주의였다. 후설과 하이데거의 현상학은 프랑스에서 실존주의로 소개되었다. 라캉 역시 구조주의의 자장 속에서 자신의 이론을 전개해 나갔지만 앞 세대의 실존주의의 세례를 받으며 성장한 세대에 속한다. 라캉은 특히 하이데거의 존재론에 영향 받은 바 큰데, 정신분석 치료에 있어 <텅빈발화>(empty speech) 와 <꽉찬발화>(full speech)의 구분은 언어학의 성과들과 하이데거의 존재론이 결합한 경우라고 할 수 있다. 라캉의 독특한 조어(造語)인 'empty/full speech'는 하이데거의 용어인 '수다(Gerede)'와 '담론(Rede)'[3)]에서 빌려온 것이다. 라캉은 1953년 처음으로 이 용어를 구분하여 사용하는데, '꽉찬 발화'는 언어의 상징적인 차원을 표시하는 반면에 '텅빈발화'는 언어의 상상적 차원, 즉 자아가 유사자에게 건네는 말을 표현한다. "꽉찬발화는 의미[sens]가 채워진 말이다. 텅빈발화는 단지 의미작용만이 있는 말이다." 피분석자의 이야기를 듣는 분석가의 과제는 꽉찬발화가 나타나는 순간을 식별하는 것이다. 꽉찬발화와 텅빈발화는 연속선의 양 극단에 위치하고 있으며 "이 두 극단 사이에 말의 여러 실현 양식들이 모두 늘어서 있다."(Seminar1, p.50)[4)] 라캉은 정신분석 치료의 목표는 꽉찬발화를 명

---

3) 이기상 · 구연상, 『존재와 시간 용어해설』, 까치, 1998, 71~75쪽 참고.
4) 1953년부터 1979년에 이르는 라캉의 강의록인 『세미나』(Le séminaire)의 권수와 그 책의 페이지수를 가리킴. 총 26권으로 간행될 예정인 『세미나』는 현재 영문판으로 6권만이 번역되어 나왔으며 영문판 제목은 각각 다음과 같다.

Book 1: *Freud's papers on technique*(1953~54)
Book 2: *The ego in freud's theory and in the technique of psychoanalysis*(1954~55)
Book 3: *The psychoses*(1955~56)
Book 7: *The ethics of psychoanalysis*(1959~60)

확히 표출시키는 것이지만 이것은 매우 힘든 작업이며, 꽉찬발화는 명확히 표현되기가 대단히 힘들다고 지적하고 있다.[5)]

라캉의 정신분석이론은 또한 레비스트로스, 모스(Marcel Mauss) 등의 인류학의 성과에 크게 기대고 있다. 특히 라캉의 상징계에 대한 설명은 인류학의 연구성과를 그대로 계승하고 있다. 그리고 라캉의 정신분석 자체가 이미 인류학적 테마를 많이 포함하고 있기도 하다. 레비스트로스는 《친족관계의 기본구조 The elementary structures of kinship》(1949)에서 근친상간의 금지가 모든 사회의 기본구조라고 주장했다. 즉 어떤 상황에서도 친족관계(혈연관계)와 동맹관계(결혼관계)가 일치하는 것만은 반드시 금지된다는 것이다. 가족구조는 동물의 난혼과 같은 자연의 구조와는 다른 상징적 구조이다. 주체는 이름을 통해 가족 내에서의 자신의 위치를 부여받음으로써 한 사회의 일원으로 편입된다. 따라서 금지는 문화나 상징 질서를 확립하는 가장 큰 힘이다. 라캉은 프로이트와 레비스트로스를 따라 오이디푸스 컴플렉스를 인류와 문화의 보편적인 조건으로 파악한다. 라캉에게 오이디푸스화는 상상적인 동일시에서 벗어나서 대타자로서의 아버지의 이름을 신체에 각인시키는 일이다. 엄마와의 이자관계는 아버지와의 삼자관계로 바뀌고 주체는 상상계에서 상징계의 질서 속으로 진입하게 된다.

Book 11: *The four fundamental concepts of psychoanalysis*(1964)
Book 20: *On feminine sexuality, the limits of love and knowledge*[*Encore*](1972~73)

5) 딜런 에반스, 『라깡 정신분석 사전』, 김종주 외 역, 인간사랑, 1998, 117~119쪽 참고.

1-2. 상상계(the Imaginary), 상징계(the Symbolic), 실재계 (the Real)

라캉 정신분석의 가장 큰 공헌이면서 핵심을 이루고 있는 것은 아마도 상상계, 상징계, 실재계의 구분일 것이다. 상상계는 주체 형성 모델로서의 거울단계에서 보여지는 것처럼, 주체가 상징계의 질서 속으로 편입되기 이전의 대상과의 동일시 단계를 말하며, 라캉에게는 주로 엄마와의 아자관계를 가리키는 것으로 사용된다. 라캉의 용어인 '작은 대상 a(objet petit a)'는 상상계에 기입되는 것으로 자아의 반영과 투사로서의 유사자를 의미한다. 라캉의 거울상이 바로 이 '작은 대상 a'라고 할 수 있으며, 유아기 때 다른 아이가 넘어지는 것을 보고 우는 아이의 모습도 이런 상상적인 동일시를 예증하는 것이다. 상상계는 오이디푸스 컴플렉스를 중심으로 보면 전오이디푸스단계에 해당한다. 그러나 한 주체는 상상적인 동일시의 단계에서만 머물러 있어서는 안 된다. 주체는 엄마와의 이자관계를 청산하고 언어를 통해 아버지와 법률로 대표되는 상징계로 진입해야만 한 사회의 구성원으로 살아갈 수 있다. 언어 습득을 통한 상징계로의 편입은 또한 주체의 소외와 사물의 죽음을 의미하기도 한다. 발화의 주체와 발화된 언표 속의 주체는 분리되며, 언표화된 기표는 실제의 사물을 지시하지 못한다. 상징이란 실제 사물이 희생되는 것이며 주체가 이름을 부여받는 순간 실제 주체는 사라지게 된다. 하지만 주체는 오이디푸스화의 길을 따라야만 한다. 주체가 오이디푸스화되지 못하고 상상적인 동일시에 갇혀 버리는 경우를 라캉은 <배제>(foreclosure)[6]라고 부른

6) J. Laplanche & J. B. Pontalis, *The Language of Psychoanalysis*, Horgarth Press, London,

다. 프로이트가 오이디푸스 컴플렉스를 정식화한 것은 실제적인 남근이나 실제적인 아버지와의 관계 속에서였는데 라캉에게는 그것이 이제 상징적인 남근이나 상징적인 아버지의 기능으로 대체된다. 라캉은 실제적인 남근(penis)과 상징적인 남근(phallus)의 사용을 엄격히 구분한다. 라캉에게 있어 주체를 상징계로 진입하게 하는 것은 남근의 의미작용인데, 이 지점에서 남근은 하나의 특권화된 기표(privileged signifier)로 상승한다.7)

라캉에 의하면 실재계는 우리가 '알 수 없는 것'이 아니라, 우리에게 '알려질 수 없는 것'이다. 실재계는 단순히 상상계에 반대되는 것이 아니라 상징계를 넘어서 위치한다. 현존과 부재 사이에서와 같은 대립에 의해 구성되는 상징계와는 달리 "실재계에는 부재가 없다." (Seminar2, p.313) 상징계는 기표라고 부르는 일군의 분화되고 분리된 요소들인데, 실재계 그 자체는 분화되지 않는다. "실재계는 절대적으로 틈이 없다."(Seminar2, p.97) 의미화 과정에서 '실재계에 갈라진 틈'을 끼워넣는 것은 상징계이다. 실재계는 언어 밖에 있고 상징화에 동화되지 않는 것이다. 이는 '상징화에 절대적으로 저항하는 것' (Seminar1, p.66)이고 다시 말해 '상징화 밖에 존재하는 그것이 무엇이든 그의 영역'이다. 실재계에 대한 이런 규정은 라캉으로 하여금 실재계를 불가능성의 개념에 연결시키도록 만든다. 실재계는 '불가능한

1973, pp.166~68.

7) 데리다는 라캉에게 남근이 의미의 이상적 보증의 역할을 하는 선험적 요소로 작용한다고 주장한다. 모든 기표가 다른 기표들과의 차이에 의해 정의된다면 어떻게 '초월적 기표'같은 것이 존재할 수 있느냐고 데리다는 묻는다. 다시 말해 남근은 데리다가 로고스중심주의라고 명명한 현존의 형이상학을 다시 소개하게 되고, 따라서 라캉이 남근중심주의로 말함으로써 남근중심적 사고체계를 만들어냈다고 결론짓는다(딜런 에반스, 위의 책, 93쪽).

것'이다(Seminar 11, p.167). 왜냐하면 그것은 상상할 수 없고, 상징계에 통합될 수 없으며, 어떤 방법으로도 얻을 수 없기 때문이다.[8] 그래서 라깡의 세 가지 계는 프로이트의 자아구조모델과 비교되기도 한다.[9]

라캉의 세 가지 계에 대한 설명은 그 자체로 매우 유용한 것이지만 구조주의의 일반적인 한계인 역사적이고 개별적인 상황들의 편차를 무화시킨다는 단점이 있다. 폴 리쾨르가 구조주의의 맹점을 가리켜서 '선험적 주체가 없는 칸트주의'라고 비판한 것도 이와 같은 맥락이다. 또한 상징계의 질서에 대한 탁월한 설명이면서도 상징계 자체에 대한 질문은 빠져 있는 것으로 보인다. 즉 왜 인간에게 상징계의 질서가 보편적인 조건으로 주어져 있는 것인지, 상징계의 질서에 대한 다른 변화의 가능성은 없는 것인지에 대한 대답 등은 유보되어 있는 것이다.

1-3. 라캉의 욕망이론

라캉의 정신분석은 욕망의 이론으로 집약될 수 있다. 라캉의 욕망에 대한 설명은 그의 상징계(상상계, 실재계)에 대한 논의와 불가분의 관계에 있다. 무엇보다도 라캉에게 '욕망은 결여이다.' 욕망(desire)은 욕구(need)와 요구(demand)와의 상호관계로 정의된다. 욕구는 순수한 생물학적 본능이며, 유기체의 필요에 따라 나타나게 되는 식욕이며

---

8) 딜런 에반스, 위의 책, 217~218쪽 참고.

9) 즉 상상계는 에고를, 상징계는 슈퍼에고를, 실재계는 이드를 연상시킨다 (Catherine clément, *The Lives and Legends of Jacques Lacan*, Columbia Univ. Press, New York, 1983, p.119).

충족되었을 때는 (일시적이긴 하지만) 완전하게 사라진다. 인간은 무력한 존재로 태어나서 그 자신의 욕구를 충족시킬 수가 없으며, 따라서 충족을 이루기 위해서는 대타자에게 의존해야 한다. 대타자의 도움을 받기 위해서 아이는 자신의 욕구를 음성으로 표현해야 한다. 즉 <욕구는 요구로 표명되어야 한다.> 그리고 대타자의 현전은 그 자체로 중요성을 획득하여 욕구의 충족을 넘어서게 되는데, 그것은 이 현전이 대타자의 사랑을 상징화하기 때문이다. 따라서 요구는 곧장 이중의 기능을 취하게 되는데, 욕구를 표명하는 기능과 사랑을 위한 요구로서의 기능이다. 그러나 대타자는 주체가 그 자신의 욕구를 충족시키는 데 필요로 하는 대상을 공급할 수 있는 반면에 대타자는 주체가 갈구하는 무조건적인 사랑을 공급해 줄 수는 없다. 그리하여 요구로 표명된 욕구가 충족된 후에도 요구의 다른 측면인 사랑을 위한 갈구는 충족되지 않은 채로 남게 되고, 이 잔여가 바로 욕망이다. "욕망은 충족을 위한 식욕도 아니고 사랑을 위한 요구도 아니며 요구로부터 욕구를 뺀 차이인 것이다"(Ecrits, p.287)[10] 따라서 욕망은 요구로 욕구를 표명함으로써 산출된 잉여이다. 이를 수학적으로 도식화한다면 <요구-욕구=욕망>으로 표현할 수 있다. 충족될 수 있으며 다른 욕구가 일어날 때까지는 주체에게 동기를 부여하지 않는 그런 욕구와는 달리 욕망은 결코 충족될 수 없다. 욕망의 실현은 '채워지는' 것이 아니라 그 같은 욕망을 재생해내는 데에 있다. 따라서 욕망은 대상에 대한 관계가 아니라 결여에 대한 관계이다.[11] 자기 욕망의 주인이 될 수 없는 주체는 소외된 채로 끝이 없는 '욕망의 환유연쇄'에 사

---

10) Jacques Lacan, *Ecrits: A Selection*, trans. by Alan Sheridan, Tavistock Publications, 1977.
11) 이상 라캉의 욕망이론에 대한 논의는 딜런 에반스, 위의 책, 278~287쪽 참고.

로잡히게 된다. 최초로 주체가 욕망하는 것은 대타자로서의 어머니인데 아버지의 이름이 지배하는 상징계로 편입된 주체는 욕망의 환유연쇄 속에서 최초의 욕망의 대상으로부터 갈수록 멀어지게 된다. 따라서 욕망은 충족될 수 없고 언제나 결여로 남게 된다.

2. 분석의 사례-최명익의 〈心紋〉

정신분석의 통찰들은 손쉬운 낙관이 거짓임을 우리에게 알려준다. 희망을 갖는다는 것이 어려운 일임을 직시하고 희망을 가능하게 하는 조건들을 살펴보는 일은 희망으로의 초월적 비행과는 엄연히 다른 일이다. 그것은 삶의 절망적 조건들과 정직하게 대면함으로써만 가능한 일이다. 1939년 6월, 『文章』에 발표된 최명익의 <心紋>은 제목처럼 인물들의 마음의 무늬를 추적하는 소설이다. 여기에는 김명일, 여옥이, 현일영(현혁)이라는 세 인물이 등장한다. 그들은 소위 삼각관계에 놓인 인물들이다. 기본적으로 이 소설은 사랑에 관한 연애소설로 읽힐 수 있다. 그리고 그들의 마음의 무늬는 다른 두 인물들과의 관계속에서만 읽힐 수 있다. 따라서 이 작품은 나를 구성하는 수많은 타자성에 관한 이야기이기도 하다. 나는 홀로 실존할 수 없고 타자와의 관계 속에서만 존재한다는 것은 이 소설의 기본적인 입장이기도 하다. 동시에 여기에는 30년대 후반 카프조직의 해산이후 轉形期[12]라는 역사적 맥락이 중첩되어 있다. <심문>을 읽는 방법에는

12) 전형기라는 용어는 카프해산 이후의 미묘하고도 복잡한 문학계의 변화를 단순화시킬 위험이 있기 때문에 부적절한 용어이지만, 이를 대신할 만한 용어를 아직 발견하지 못했기 때문에 사용하기로 한다. 그러나 그것은 어디까지나 잠

여러 가지가 있을 수 있으나 여기에서 필자는 이 작품을 라캉의 욕망 이론을 중심으로 살펴보고자 한다.

2-1. 김명일의 心紋

김명일은 삼년 전에 아내 혜숙이를 상처하고 딸 경옥이와 함께 살아가는 홀아비이다. 그는 '일정한 직업과 주소도 없는 지금의 생활이 주체스러워 견딜 수가 없는' 사람이다. 그에게 죽은 아내 혜숙은 절대적인 존재로, 첩 살림이라도 차리면 '십여년 혜숙이의 손때로 길든 옛집에 새 처나 첩이 어색할 것 같고 그 집에서는 내가 무심히 '여보'라고 부르는 것이 자연 혜숙일밖에 없을 것이나 '네'하고 나타나는 것이 딴 여자라면 나의 그 우울은 어찌할 도리가 없을 것이다'라고 생각하는 사람이며, '팔리지 않는 혜숙이의 초상으로 경옥이의 방을 치장하는 것으로 그 애를 위로하는 보람을 삼아 온' 사람이다. 그러던 어느 날 간혹 출입하던 다방의 새 마담인 여옥이를 알게 된다. 그에게 여옥이는 건강한 육체미의 모델이라기보다는, 좀처럼 마스터하지 못하는 여자이다. 그에게 여옥이가 마스터되지 못하는 이유는 분명해 보인다. 그것은 두 사람사이의 관계가 '너무도 散文的'이기 때문이다.

> 아마 뚜렷하게 통일된 인상을 주기에는 나와의 관계가 너무도 산문적이었던 탓일 것이다. 이 산문적이라는 말은 그때 우리 사이의 권태를 의미하는 말은 아니다. …(중략)… 권태라기에는 오히려 그때 여옥이를 보는 내 눈이 때로는 너무도 주관적으로 도취되었고 때로는 객관적으로 여옥이의

정적인 용어일 뿐이다.

> 정열을 관찰하게 되는 것이었으므로 그림이 되기에는 여옥이의 인상이 너무 산란하였다는 말이다.(77)[13]

강렬한 사랑은 본질적으로 詩的일 수밖에 없지만 명일과 여옥의 관계는 '散文的'이다. 그들의 사랑이 산문적인 이유는 무엇일까. '침실의 여옥이는 전신 불덩어리의 정열과 그러면서도 난숙한 기교를 갖춘 창부였고, 낮에는 교양인인 듯 영롱한 그 눈이 차게 빛나고 현숙한 주부인 양 단정한 입술은 늘 침묵하는' 여자이다. 그러는 여옥이를 바라보는 나 역시도 '밤과 낮으로 다른 두 여옥이와 두 '나'로 분열하고 무너져 가는 마음의 풍경을 바라볼밖에는 별도리가' 없다고 생각한다. 그들의 사랑이 산문적일 수밖에 없는 이유는 '이중노출' 때문이다.

> 낮과 밤이 다른 여옥이는 여옥이가 그런 것이 아니라, 맹목적이어야 할 사랑과 순정을 못 가지는 나의 태도에 여옥이도 할 수 없이 그런 것이 아닐까? 여녹이와 나는 열정과 순정이 없다면 피차의 인격과 자존심을 서로 모욕하고 마는 관계가 아닐까? 그런 관계이므로 낮에 냉랭한 여옥이의 태도는 밤의 정열의 육체적 반동이 아니라 여옥이의 열정을 순정으로 받아 주지 않는 나에게 대한 반항일 것이다. 그러므로 나는 그 히스테릭한 여옥이의 열정을 순정으로 존중하여야 할 것이요, <u>낮에 보는 여옥이의 인당(印堂)과 귀에 혜숙이의 그것을 이중노출로 보는 환상을 버리고 여옥이 그대로 사랑해야 할 것이다.</u>(81)

---

13) 인용은 동아출판사판, 『한국소설문학대계 24-최명익 외, <심문> 외』로 하고 이후로 쪽수만 밝히기로 함.

그러나 나의 캔버스위에 나타나는 것은 '여옥이라기보다, 내 머릿속의 혜숙이에 가까워지므로' 나는 화필을 던질 수밖에 없는 것이다. 나는 여옥이에게 단지 사랑을 <욕구>할 뿐이지만, 여옥이는 나에게 사랑을 <요구>한다. <욕구>와 <요구> 사이의 불일치는 그들의 관계를 필연적으로 산문적이게 한다. 여옥이가 손목시계의 소리나 사내의 심장 고동소리에 귀를 기울이는 상징적 행동은 따라서 의미심장한 것이 아닐 수 없다. 밤새도록 사내의 심장소리를 듣는 것은 그 소리의 신비에 취하는 것이 아니라, '사내의 가슴 속이나 머릿 속을 들여다보고 싶은 요망스러운 잔인성'에 기인하는 것이다. 나에게 여옥은 언제나 '이중노출'로서만 존재한다. 여옥은 죽은 아내의 대체물로서 성적 욕구의 대상일 뿐이다. 그러나 여옥에게 나는 상상적 대체물이 아니라 사랑을 요구하려는 대상이다. 사랑에 빠진 주체는 성적인 욕구 충족을 넘어서, 상대방의 모든 것이 되고 싶어하고 상대방의 모든 것을 소유하려 든다.[14] 타자와의 근원적인 이질성(radical heteronomy)을 극복하고 조화로운 인간성을 구축하려는 어떠한 시도도 자신의 부정직함만을 드러낼 뿐이다. 근본적인 어긋남을 엿 본 인간에게는 죽음을 제외하면 두 가지의 선택이 주어질 수 있다. 하나는 어긋남을 외면하고 상상적 동일시의 환상 속에 사는 길이고 다른 하

14) 성적인 관계(sexual relation)는 어떻게 욕망이라는 순환계 속에 자리를 잡게 되는가? …(중략)… 그것은 성적인 욕구충족을 목표로 하는 주체에게 사랑을 요구하게 되고, 욕구를 넘어 요구 속에서 상대방의 사랑의 증거를 구하려 함으로써 애매모호함을 발생시킨다. 상대방으로부터 성적 만족과 사랑을 구하려는 상호관계 속에서 발생하는 균열은 주체나 타자가 욕구 주체나 요구를 불러일으키는 사랑의 대상에 그쳐서는 안된다는 것을 보여준다. 서로에게 인정받고 싶어하는 사랑의 요구는 완전히 채워주기는커녕 오히려 주체를 욕망의 회로 속으로 밀어 넣는다(자끄 라캉, 「남근의 의미작용」, 민승기 역, 문예출판사, 267쪽).

나는 현실 속에서 자신의 욕망을 억압하면서 어긋남과 타협하는 길이다. 또한 여옥의 사랑에 대한 요구는 주체의 욕망이 사실은 타자의 욕망을 욕망하는 것에 불과하다는 것을 여실히 보여준다. 나에게 여옥은 초월적 기표인 완전한 남근이 되기를 욕망하는 것이다. 따라서 명일과 여옥의 관계 속에는 인정투쟁의 논리가 숨어있다. 명일과 여옥의 욕구와 요구의 변증법은 주인과 노예의 변증법과 동일한 구조를 지닌다. 여기에서 명일은 주인의 자리에 여옥은 노예의 자리에 위치한다. 인정투쟁에서 실패한 노예는 자신의 공격성을 드러낸다. 낮에 보이는 여옥의 싸늘함과 저항은 명일에 대한 공격성을 드러내는 것이라고 할 수 있다. 타자와의 인정투쟁에서 실패한 주체는 죽음에의 욕동(death drive)으로 내몰린다. 결말에서의 여옥의 자살은 이러한 인정투쟁의 논리와 무관하지 않다. 여옥은 사랑의 요구를 사랑의 욕구로 환치시키는 김명일을 떠나서 하얼빈에 있는 옛 애인 현혁에게로 간다. 여옥이 떠난 후 명일은 하얼빈에 있는 친구 이군으로부터 여옥의 소식을 듣게 된다. 명일의 하얼빈으로의 여행은 겉으로는 친구를 만나기 위한 것으로 언표되어 있지만 그 속에는 명일의 애욕이 감추어져 있다. 의식적인 차원으로 언표된 진술의 틈새에는 명일의 무의식적인 욕망이 숨겨져 있는 것이다. 명일의 하얼빈행은 신체에 각인된 희열(jouissance)의 주체에 대한 강력한 지배력을 보여준다.15) 그래서 하얼빈으로 향하는 명일의 내면은 의식의 진술과 무의식적

15) 어머니의 부드러운 손길이 아기의 목덜미에 있는 움푹하게 패인 섬세한 무위를 무심하게 만져주면 아이의 얼굴이 미소로 환해지는 것을 상상해 보자. 사랑스런 애무를 통해 손가락으로 이 움푹한 부위에 표시가 각인되고 <희열의 분화구>가 열리며 즉시 빛을 발산하는 문자가 각인된다(Leclaire, *A propos d'un fantasme de Freud: note sur la trangression*, 1967, p.72. 아니카 르메르, 이미선 역, 『자크 라캉』, 문예출판사, 220쪽에서 재인용).

욕망 사이의 분열을 드러내는 것이다. 명일의 진술이 무의식적 진실과 배치된다는 것은 다음 인용의 '결코 ~ 아니다'라는 문장 속에서 명백해진다. 의미론적으로 강한 부정은 긍정을 내포한다. (a), (b)의 진술의 대립은 명일의 내면의 분열을 보여준다.

(a) 그러나 이번 내 여행이 결코 여옥이를 만나러 가는 길은 아니다. 연래로 이군이 편지마다 오라는 것이요 나 역 가고 싶던 하얼빈이라 가는 것이지만, 일부러 여옥이를 만날 욕심도 흥미도 없는 것이다. (b) 그러나 우연히 만나게 된다면 애써 피하지도 않을 것이다. (a) 나는 이렇게 담담히 생각하기는 하면서도, (b) 그러나 담담히 생각하려는 노력같이도 느껴지는 것이었다. 그렇다고 여옥이에 대한 내 생각이 담담하지 못하여 그런 것은 아닐 것이다. 단순히 나를 반겨 맞아줄 이군만이 기다리는 '하얼빈'이 아니라 -애욕 때문이랄까!(82)

2-2. 현혁의 心紋

하얼빈에 도착한 나는 마약중독자가 되어 있는 여옥을 만난다. 그리고 여옥의 옛 애인 현혁과도 조우한다. 현혁은 '한때 좌익이론의 헤게모니를 잡았던 유명한' 인물로 지금은 자포자기에 빠져 마약중독자가 되어 버린 인물이다. 지난 시절 현혁의 주변에는 그를 숭배하는 청년들이 언제나 따라다녔고 문학소녀이던 여옥은 그들 중의 한 사람이었다. 그때 여옥은 현의 애인이었지만, 현은 감옥으로, 출옥 후에는 정처없는 방랑으로 오륙 년간 소식을 몰랐다. 그동안 원래 고아였던 여옥은 여급으로, 티룸 마담으로 전전하다가 평양까지 와서 나를 알게 된 것이다. 여옥은 나를 떠난 후 하얼빈으로 와서 지금은 댄서 생활을 하면서 현혁의 생계를 도맡아 주고 있다.

현혁은 철저히 과거의 시간 속에 사로잡혀 있는 인물이다. 그는 지금 '모르핀 연기와 추억의 꿈을 먹고 사는 사람'이며, 그럴수록 '과거의 기억은 더 찬란해지고 꿈의 양식은 더 풍부해진다고' 믿는 사람이다. 그에게 현재는 아무런 의미도 없으며 오로지 과거만이 의미를 지닌다. 그는 자신의 부재를 통해서 현존을 입증하는 사람이다. 그의 기억은 순수하게 지속되는 것으로 현혁에게 미래적 비전은 거세되어 있다. 그리고 그에게 과거의 투사(鬪士)로서의 기억은 본질적으로 사회적인 기억이 아니라 개인적인 기억이다. 그가 기억을 역사화하는 방식은 사회적인 차원으로 승화시키는 2차적인 역사화의 과정이 아니라 개인적인 차원의 욕망과 결부시키는 1차적인 역사화의 과정이다. 따라서 엄밀하게 말한다면 그것은 기억의 명암과 밀도와 관계되는 것인지 기억의 차원과 관련되는 것이 아니다. 그가 과거에 집착하는 것은 그가 투사(鬪士)였었기 때문이 아니라 자신의 욕망을 수행할 수 있는 능력이 있었기 때문이다. 그는 개인적인 경험을 사회적인 차원으로 승화시키지 못하고 투사(投射)한다. 다음 인용은 이와 같은 현혁의 심리작용을 보여준다.

> 그것은 역사적 결론의 예측이나 이상은 언제나 역사적으로 그 오류가 증명되어 왔고, 진리는 오직 과거로만 입증되는 것이므로, 현재나 더욱이 미래에는 있을 수 없다는 것이다. 그러므로 사람의 생활은 그런 이상을 목표로 한다거나, 그런 진리라는 관념의 율제를 받아야 할 의무도 없을 것이요, 따라서 엄숙하달 것도 없다는 것이다. 그뿐 아니라 사람은 허무한 미래로 사색적 모험을 하기보다는 거짓 없는 과거로 향하는 것이 현명하다는 것이다. 그러기에는 아편 연기 속에서 지난 꿈을 전망하는 것이 얼마나 황

홀하고 행복스러운지 모른다고 하며 현은 여옥이에게도 마약을 권하였다는 것이다.(104)

하지만 위 인용에는 객관적 사실이라고 할 수 있는, 카프해산 이후의 급격하게 변화된 사회적 여건과 문학내부의 복잡한 사정들 역시 투영되어 있다. 통상적으로 전형기라 불리는 30년대 후반의 문학적 변화는 80년대 후반에서 90년대 초에 이르는 우리 세대의 그것과도 맞먹는다. 카프해산 이후 식민지배의 정치적 압력은 심화되고 파시즘의 공동전선은 더욱 공고히 구축된다. 이른바 카프작가들의 전향소설들이 쏟아져 나오게 되는 것도 이 시기이고 문학의 중심은 비정치적인 것으로 옮겨간다. 생활로 복귀하는 과정의 어려움들을 보여주는 전향소설과 <심문>이 다른 이유는, 이 작품은 맑스주의를 어디까지나 관념으로 다루고 있기 때문이다. 카프작가들에게도 맑스주의는 관념이었지만 그들에게는 생활이기도 했다. 관념으로서만 존재했던 작가와 생활이기도 했던 작가가 접근하는 방식은 다를 수밖에 없다. 이는 물론 가치판단을 함축하고 있는 것은 아니다. 카프의 계급투쟁의 논리가 경험적 사실들을 무시한 외재적 초월의 형식이었음을 위 인용은 우회적으로 비판하고 있다. 그리고 개별성을 무시한 경직된 집단화의 논리가 개인의 욕망을 억압하는 가짜 윤리가 될 수도 있음을 경고하고 있다. 현혁의 이와 같은 통찰은 전적으로 타당하다고 할 수 있다. 그러나 그의 '거짓없는 과거로의 항함'은 '허무한 미래로의 사색적 모험'만큼이나 위험한 것이다. 관념 속에 존재하는 과거에의 사로잡힘 역시 역시 현재의 구체적 조건들을 고려하지 않는 외재적 초월의 형식이기 때문이다. 현재의 번뇌를 깨달음의 씨앗으로 삼지 못하고 삶의 절망적 확신 속에서 희망의 조건들을 인식하지 못하는 사람은 손쉽게 낙관하거나 무기력하게 절망한다. 현혁은 '지난 꿈을 전망'하는 '현명'함을 지녔지만, 지난 꿈을 <현재 속에서> 전망할 줄 아는 지혜를 지니지는 못한다. 그는 '호수같은 시간 위에 떠도는' 인물인 것이다.

이와 같은 현혁에게 여옥은 어떤 존재인가? 여옥은 현혁에게 순수한 욕구의 대상도 아니고, 완전한 요구의 대상은 더더욱 아니다. 여옥은 단지 현혁의 욕망의 대상일 뿐이다. 그녀는 그에게 사물화된 영혼일 뿐이다. 현혁의 여옥에 대한 욕망은 지배에의 욕망에 다름 아니다. 타자를 나와는 또다른 주체로서 인정할 때 상호주관성의 지평이 생겨난다. 타자를 또다른 나로 인식하지 않고 하나의 대상으로만 간주할 때 타자는 사라지고 그 자리에는 죽은 사물만이 살아남는다. 그것은 나의 시선으로 남을 살인하는 일이다. 노예를 노예로조차 여기지 않는 주인과 노예사이에는 인정투쟁의 논리가 개입될 여지가 없다. 현혁에게 여옥은 현혁의 욕망의 지평 위에서만 존재한다. 현혁에게 여옥은 정치와 권력의 다른 이름이고 또다른 지배의 대상이다. 현혁은 여옥을 사랑하기 때문에 지배하는 것이 아니라 지배하기 때문에 사랑하는 것이다.

> 여옥이도 그렇게 유명한 현혁이를 숭배하던 학생 중의 하나였답니다. 그때 패기 만만한 현혁이는 연애에도 패자였지요. 연애도 정치입니다. 정치는 투쟁, 극복입니다. 여자란 남자의 투쟁력과 극복력이 강하면 강할수록 숭배하고 열복하는 것입니다.(94)/ 그러는 내게도, 여옥이가 김선생을 버리고 내 품속으로 돌아온 것입니다. 여옥이로서는 제 첫사랑의 추억으로 그랬겠지만, 나는 옛날의 혁혁하고 유명하던 현혁이, 즉 나의 패기와 극복력에 이끌린 것이라고 생각하지요.(96)

현혁은 타자의 욕망을 포획해 버리는 권력의 중심이다. 이는 생성적 능력을 포함하는 역능에의 의지(puissance)가 아니라 사물을 정지된 상태로 붙잡아두려는 열망과도 같은 권력(pouvoir)을 구하려는 의지이다. 타자의 욕망 속에서 자신의 욕망을 되비추어보는 일은 나의 실존에 개입하고 있는 타인의 현존을 바라보는 일이다. 그러나 자신의 욕망을 타자의 욕망 속에 투사시키는 것은 타자의 욕망을 자신의 욕망 속으로 투사시키는 것과 다르다. 그것은 타자의 영혼을 사물화시키는 일이고 여옥의 욕망을 대상화시키는 일이다. 여옥은 현혁에게 사랑을 요구하지만 현혁은 여옥을 죽은 사물로 만들어 버린다. 여옥은 단지 지배의 대상일 뿐이며 자신의 욕망의 지평 속에서만 존재하는 사람이다. 따라서 현혁에게는 '연애도 정치'일 뿐이며 권력게임이며 놀이이다. 여옥은 '첫사랑의 추억'으로 그에게 돌아왔지만, 현혁은 자신의 '패기와 극복력에 이끌려' 온 것이라고 생각한다. 소설의 결말에서 현혁이 나에게서 순순히 물러가는 것도 자신의 자존심과 욕망 때문이지 '여옥이의 행복을 위한다거나, 나의 연애를 축복하자는 것' 때문이 결코 아니다. 나의 모욕을 모욕으로 갚을 수 없는 현혁은 '나 자신을 철저히 모욕하는 것으로 받은 모욕감을 씻어볼' 도리밖에 없는 것이고, 그러자면 나에게 '자진하여 여옥이를 내주는 것'이 자존심의 상처를 줄일 수 있는 방법이 된다. 현혁에게 여옥은 단지 대상에 불과한 것이었기 때문에 현혁은 오랬동안 망설일 필요가 없었고, 그것은 '폐인의 자굴'로서 상처받은 자존심을 회복하고 위로하는 길이 된다. 이미 여옥을 사랑하기를 잊은 현혁은 '기회만 있으면 누구에게나 '열쇠'를 팔' 수 있는 인물인 것이다. 현혁의 사랑의 본질을 간파해버린 여옥에게는 어떤 선택이 있을 수 있을까? 그것은 여옥의 심문을 마저 읽고 나서야 알 수 있는 일이며, 이 작품의 가장 중요한 의미를 내포하고 있는 부분이기도 하다.

2-3. 여옥의 心紋

삼각관계의 중심축에 놓여있는 여옥은 현혁의 태도를 대하고 '파멸의 공포'를 느낀다. 여기에서 여옥은 재생을 꿈꾼다. 나에게 자신을 사랑한다고 현혁에게 말해주고 조선으로 데려다 달라고 여옥은 부탁한다. 내가 현혁에게 아직도 여옥을 사랑한다고 언명하기만 하면 현혁은 여옥을 순순히 놓아주기로 했다는 것이다. 여옥은 자신의 몸값으로 돈을 뜯어내려는 현혁의 의도를 간파하고 의심하지만 현혁은 부인한다. 여옥의 갱생에 대한 열정과 동경을 접하고 나는 그녀를 도와주기로 마음먹는다. 그러나 여전히 나는 '잠시 내밀어 달라는 손을 어떻게, 얼마나 잠시 내밀어야 하는 것인지'를 속으로 따져본다. 나는 여옥과 함께 현혁을 만나고 현혁은 여옥과 함께 쓰는 방의 열쇠를 나에게 내주며 돈을 요구한다. 나는 여옥이가 반지를 판 돈을 현혁에게 여옥의 몸값으로 지불하고 현혁은 도망이나 하듯이 사라진다. 나는 여관으로 돌아와서 여옥과 자신의 미래를 걱정하며 잠이 들었다가 다음날 아침 여옥을 찾아 간다. 그러나 여옥은 이미 죽어 있었고 여옥의 편지만이 나를 기다리고 있다. 나에게 남겨진 편지에는 여옥의 죽음에 대한 단서가 들어 있었다. 그 내용은 다음과 같다.

> 그것이 현의 본심이라기보다 병(고칠 수 없는)인 줄 아옵는 고로, 현에게 버림받은 것이 분해서 죽는 것은 아니외다. <u>그저 외롭습니다.</u> 지금 제가 다시 현을 따라간대도, 이미 저를 사랑하기를 잊은 현은 기회만 있으면 누구에게나 '열쇠'를 팔 것이외다. …(중략)… 요사한 말씀이오나 저는 선생

> 님의 심정을 완전히 붙잡을 수 없음을 슬퍼하면서도 선생님을 잊으려고 노력할 밖에 없습니다.(118)

여옥은 왜 자살을 결심했을까? 한마디로 한다면, 인용에도 있듯이 '그저 외롭기' 때문이다. 단지(그저) 외롭다는 것이 여옥의 죽음을 온전히 설명해 준다는 사실에 여옥의 죽음이 지니는 의미심장함이 있다. 나에게 여옥은 죽은 처 혜숙과의 '이중노출'로서만 존재하며 성적 <욕구>의 대상일 뿐이다. 현혁에게 여옥은 성적 <욕구>의 대상도 아니고 사랑의 <요구>의 대상도 아니다. 그에게 여옥은 단지 자신의 <욕망>의 대상이며 사물화된 대상이며 지배의 대상이다. 그러나 여옥은 나와 현혁에게 모두 사랑을 <요구>한다. 이 분열과 불일치의 긴장이 이 작품의 의미를 결정하고 있는 것이다. 여옥은 나와의 인정투쟁의 논리에서는 실패했으며 현혁은 인정투쟁의 논리에서 여옥을 배제시킨다. 주인과의 인정투쟁에서 실패하고 자존심을 건 인정투쟁의 게임에서 추방된 노예는 자신의 공격성을 드러낸다. 그 공격성의 기저에는 죽음에의 본능이 도사리고 있다. 인정투쟁에서 실패한 노예는 상상적 동일시의 환상 속에서 살거나 상징계 속에서 현실원칙과 타협하면서 살아가야 한다. 그러나 여옥은 항상 사랑을 <요구>하고 삶의 절망적 확신 속에서 타협할 줄 몰랐기 때문에 죽음외에는 다른 선택의 여지가 없는 것이다. 죽음의 본능(death drive)은 주체가 선택하는 '적극적인 결여'이다. 죽음의 본능은 주체가 끌리는 매력적인 '영'(zero)이다.[16] 다음은 탐미적이랄 수밖에 없는 소설의 결말부이다.

---

16) 죽음의 본능은 주체가 즐겁게 혹은 고통스럽게 접하는 황홀한 결여이다. 주체는 오로지 문자에 의해서만 이 황홀한 결여로부터 보호받을 수 있다. 이때 문자는 주체의 신체적, 정신적 총체성을 지지하기 위해 나타난다(아니카 르메르,

> 한 점의 티나 가는 한 줄기 주름살도 없는 여옥이의 인당을 들여다 보면서 죽은 내 처 혜숙이의 그것을 다시 보는 듯이 반갑기도 하였다. 그 영롱한 인당에 그들의 아름다운 심문(心紋)이 비치어 보이는 것이다. 여옥이는 그러한 제 심정을 바칠 곳이 없어 죽었거니! 나는 그러한 여옥이의 심정을 받아들일 수 없었거니! 하는 생각에 자연 복받쳐 오르는 설움을 참을 수 없었다. 나는 그 싸늘한 여옥이의 손을 이불 속에 넣어주면서 갱생을 위하여 따라 나서기보다, 이렇게 죽어 가는 것이 여옥이의 여옥이다운 운명이라고도 생각하였다.(118~119)

나는 여옥의 시신에서도 여전히 혜숙이의 인당을 발견하고 반갑기도 하다. 그 영롱한 인당에서 '그들의 아름다운 심문(心紋)'을 엿보는 것이다. 그렇다면 마지막 문장, <여옥이의 여옥이다운 운명>이란 도대체 무엇인가. 내가 보기에 '갱생을 위하여 따라 나서기보다, 이렇게 죽어가는 것이' 여옥이의 역설적인 운명이다. 그것은 죽음 속에서만이 여옥이의 진실이 발견될 수 있다는 뜻이다. 인간의 근원적인 이질성과 삶의 심연을 보아버린 여옥이는 자신의 죽음을 통해 영원히 사는 방법을 택했다. 조화로운 인간성을 진정으로 구현할 수 있는 장소란 가능하지도 존재하지도 않는다는 것은 여옥이의 죽음이 가져다주는 진실이다.[17] 조화로운 총체성을 사유하는 것보다는 분열된 총체성과 정직하게 대면하라는 것이 정신분석이 우리에게 가르쳐주는 교

위의 책, 245쪽).

17) 모든 위대한 리얼리즘 작품은 환유로 인해 그 가치를 인정받을 수 있다. 다시 말해 진리는 현장부재증명(alibi)의 차원애서 도출되는 효과에 불과하다(자끄 라캉, 「무의식에 있어 문자가 갖는 권위 또는 프로이트 이후의 이성」, 민승기 역, 문예출판사, 80쪽).

훈이다. 따라서 헤겔이 '진리는 전체이다'라고 말한 것에 대해 아도르노가 '전체는 거짓이다'라고 대답한 이유를 우리는 충분히 짐작할 수 있다. 하지만 우리는 이 더러운 땅에서 깨달음의 씨앗을 일구어 낼 도리 밖에는 없는 것이다.

3. 결론

라캉의 욕망이론과 그의 상상계, 상징계, 실재계에 대한 구분은 문학연구에서 유용한 척도로 활용될 수 있을 것이다. 라캉은 실제로 《Ecrits》를 비롯한 그의 저서에서 포우의 <도둑맞은 편지>, 셰익스피어의 <햄릿> 등을 분석하면서 자신의 욕망이론을 확장해 나갔다. 문학연구가 결국은 인간에 대한 물음과 대답의 과정이라는 점에서 라캉의 인간 존재와 욕망에 대한 고찰들은 삶의 미세한 결들을 살펴보는 데 도움을 줄 수 있다. 그러나 정신분석은 어디까지나 문학연구를 위한 보조자료로만 쓰일 수 있다. 중요한 것은 한 작품을 설명하는데 가장 유효한 참조틀이 무엇이냐는 것이지 정신분석이 모든 작품을 효과적으로 해명해낼 수 있는 것은 아니다. 또한 라캉의 이론적인 견해들은 그 타당성에도 불구하고 문학 텍스트에 조심스럽게 적용되어야 한다. 이는 앞서 지적한 구조주의의 일반적인 한계와도 관련되는데, 개별 작품에 나타난 삶의 구체적인 현실간의 미세한 차이들이 무시되어서는 안 된다는 것이다. 보편적인 인간의 선험적 조건들에만 주의를 기울이다 보면 구체적인 역사적인 사실들과 편차들은 간과되기 쉽다. 사실 라캉의 이론은 임상적 실체로서의 실제 환자의 치료를 위한 정신분석이라기보다는 인간의 보편적 조건에 대한 근원적인 물음을 던지고 있는 존재론적 철학에 가깝다. 라캉의 이론이 난해하면서도 비장한 여운을 남기는 것은 그의 텍스트가 상징계의 질서 속에 편입되어 살아갈 수밖에 없는 인간의 숙명에 대한 비관적인 통찰을 담고 있기 때문이다. 결국 문학연구에서 정신분석에 대한 논의는 다시금 인간에 대한 질문으로 되돌아가야 하는 것이다.

송병수의 〈빙하시대〉론

- 한국 전후소설의 양식 문제와 관련하여 -

1. 전후소설[1])과 양식의 문제

1) 일반적으로 한국 문학에서 전후소설이란 6.25전쟁 이후의 삶의 상황과 문제들을 다룬 소설들을 지칭하며, 전쟁 체험과 전후의 시대적 상황을 공통기반으로 한다. 좁은 의미로 전후소설은 1950년대의 한국소설만을 지칭하는 관례적인 용어로 사용된다. 넓은 의미로는 전후소설은 분단소설과 같은 의미로 사용되기도 하지만, 분단소설은 '분단극복의 시점을 전제로 한 그 이전의 소설 전체'라는 의미가 함축되어 있기 때문에 그 외연이 너무 확장되게 된다. 전후소설과 비슷한 의미로 전쟁소설이라는 용어가 있다. 전쟁소설은 전쟁의 상황과 체험을 집중적으로 재현하며 전쟁이 초래한 가혹하고 참담한 삶의 정황-그 비인간적이면서도 야만스런 살상의 현장을 이야기의 주된 배경으로 삼는 소설 일반을 지칭한다. 그러나 전쟁 소설이라는 용어는 전쟁의 상황을 다루는 모든 시대의 서사물을 포괄하기보다는 양차 세계대전 이후의 전쟁의 체험을 재현하고 있는 소설을 제한적으로 지칭하는 것으로 관례화되었다. 전쟁소설이라는 용어는 전쟁을 소재로 한다는 제한 때문에, 전쟁을 직접적으로 소재화하지는 않지만 전쟁으로 파급되는 일련의 '문제적 상황'들을 포괄하지 못한다는 점에서 한계가 있다. 따라서 본고에서 필자는 좁은 의미의 전후소설의 뜻을 조금 확장시키고, 넓은 의미의 전후소설의 뜻을 조금 제한하여, <전후소설>이라는 용어를 사용하고자 한다. 즉 한국전쟁과 직, 간접적으로 관련된 일련의 문제적 상황들을 다루고 있는 소설들을 가리켜 <전후소설>이라는 용어를 사용하고자 한다(이상의 용어의 정의는 한승옥, 「1950년대 소설」, 『한국근현대문

한국전쟁의 체험을 직, 간접적으로 소재로 한 장편소설이 본격적으로 창작되기 시작한 것은 1960년대에 이르러서였다. 1950년대에 전쟁을 소재로 한 소설들은 염상섭의 <취우>(『조선일보』, 1952.7.18~1953.2.20), 황순원의 <인간접목>(『새가정』, 1955.1~12), 오상원의 <백지의 기록>(『사상계』, 1957.5~12) 등을 제외한다면 대부분 단편이 주종을 이루었다. 즉 1950년대의 전후소설은 단편양식이 압도적인 양적 우세를 보였다. 이와 같은 현상은 문학사회학적인 문제와 함께 장르의 문제를 제기한다. 물론 이에 대한 원인으로는 문단을 주도하던 문인들의 월북이라는, 작가 개인의 문제들도 무시할 수 없다. 하지만 이와 동시에 전쟁으로 인한 사회적 전체성의 폭력적인 붕괴라는 역사적 조건의 변화가 이에 대한 결정적 요인으로 작용하고 있음은 부인하기 어렵다.

루카치에 의하면 단편은 총체성의 형상화가 '더 이상 불가능한(No Longer)' 혹은 '아직 불가능한(Not Yet)' 역사적 단계에 부각되는 소설 양식이다.[2] 반면에 장편은 '객체들의 총체성(totality of objects)'에 대

학연구입문』(한길사, 1990); 한점돌, 「전후소설의 현실인식」, 『한국전후문학연구』(삼지원, 1995); 한용환, 『소설학사전』(고려원, 1992) 등을 참고하였음.

2) 루카치는 <이반데니소비치의 하루>를 검토한 그의 솔제니친론에서 소설의 장르의 문제를 제기하였다. 그는 우리의 장편소설과 중, 단편에 해당하는 'Novel'과 'Novella'의 역사적 관계와 상호작용에 대해서 다음과 같이 언급한다. "노벨레의 이러한 특성, 물론 보카치오로부터 체홉에 이르는 무한한 내적 가변성을 허용하는 이러한 특성으로 인해 그것은 역사적으로 대형식(great forms)들의 선행자뿐만 아니라 후위로서도 등장할 수 있게 된다. 즉, 총체성의 형상화가 아직 불가능한 단계(Not-Yet) 혹은 더 이상 불가능한 단계(No-Longer)의 예술적 대표자로 등장할 수 있게 되는 것이다."(8쪽) 이와 대조적인 장편소설의 가장 큰 특징으로, 루카치는 '객체들의 총체성(totality of objects)'을 지적한다. 그리고 장편소설과 극의 총체성은 모두 모사되는 삶의 포괄적인 전체성(comprehensive entirety)을 지향하며, 시대의 중심 문제에 대한 다면적인 인간적

한 형상화가 가능한 시기에 등장하는 소설 양식이다. 장편소설은 '주어진 사회적 세계에 대해 예술적으로 보편적인 처리'가 가능한 시기의 장르이다. 루카치의 견해가 한국 전후소설의 양식 문제에 그대로 적용되기는 어렵지만 어느 정도의 타당성을 지닌 것은 사실이다. 그의 견해는 몇 가지 유보 조항을 달고서 한국문학의 구체성에 적용될 수 있다. 우리는 한국전쟁 이후의 1950년대를 이전 시기의 사회 역사적 전체성이 폭력적으로 붕괴된 시기로 간주할 수 있다. 해방과 함께 식민 지배기의 기형적 전체성은 무너졌으며, 이은 해방정국의 혼란과 한국전쟁은 식민 지배기의 물적 토대와 사회적 전체성을 폭력적으로 붕괴시켰다. 이전 시기의 전체성은 단절되어 더 이상 존재하지 않았으며 동시에 이를 대신할 이념과 새로운 시대의 전체성은 아직 도래하지 않았다. 한편 전쟁을 직접 체험한 1950년대의 작가들은 체험의 직접성으로부터 거리를 유지하기가 어려웠다. 그들은 자기의 경험을 객관화시킬 수 없었고, 전쟁의 의미와 본질에 대한 총체적인 인식에

찬반이 대조를 이루면서 서로 보완하는 가운데 그 시대의 특징적 사건 속에서 적절한 위치를 차지하고 있는 전형들의 총체성(totality of types)을 낳는다고 지적하고 있다(G. Lukacs, *Solzhenitsyn*, trans. by William David Graf, The MIT Press, 1971, pp.7～10). 루카치의 이상과 같은 견해는 소설의 양식 문제에 대해 시사해 주는 바가 있다. 일단 그가 이야기하는 '총체성'의 개념에 대한 가치판단의 문제는 유보한다면, 단편 양식은 장르의 특성상 미시적 진실을 순간적 압축의 방식으로 포착하기에 용이한 반면, 장편소설은 사회 역사적 전체성을 거시적인 차원에서 드러내기에 적합한 장르라는 사실에는 동의할 수 있을 것이다. 따라서 단편 양식은 사회적 전체성이 붕괴된 시기에 주도적으로 부각될 수 있으며, 장편소설의 등장은 사회적 전체성이 안정적으로 구축되었을 때 가능해진다고 볼 수 있다. 그러나 루카치의 이러한 장르론을 한국소설의 양식문제에 그대로 적용하기에는 위험이 따른다. 왜냐하면 루카치는 서구사회를 모델로 한 역사적 발전단계를 가정하고 있지만 한국사회의 역사적 발전단계는 이와는 다르며, 특히 전쟁과 분단을 포함해서 20세기 한국의 역사는 폭력적이고 강제적인 힘에 의해서 굴절되어 왔음을 망각해서는 안 된다.

도달하지 못했다. 1950년대는 이전 시기의 전체성이 붕괴되고 새로운 전체성이 등장할 수 없었던 시기였다. 그리고 이 시기의 작가들은 체험의 주관적 서사화에 매달렸다. 이런 이유 때문에 미시적 진실의 순간적 압축의 방식이며, 장편소설에 비해 상대적으로 주관적 서사화가 용이한 장르인 단편소설이 1950년대의 주도적인 소설양식으로 부각되었다고 할 수 있다.

1960년대 전후 장편소설의 본격적인 등장은 이와 같은 맥락에서 고찰해 볼 수 있다. 우선 시간의 경과로 작가들이 어느 정도 체험의 직접성으로부터 자유로워지고 이에 대한 객관적인 거리를 확보할 수 있게 되었다. 경험의 지각으로부터 경험에 대한 인식으로 나아가게 되었다. 그리고 1960년대에 접어들면서 새롭게 구축되기 시작한 물적 토대들과 제도적 장치들, 그리고 새로운 이념과 정치 체제는 새로운 사회 역사적 전체성을 형성하였다. 작가들은 안정화되어 가는 새로운 전체성 속에서 자신의 경험을 반추할 수 있는 기회를 얻었다. 1960년대의 전후소설의 장편화 경향은 이런 요인들로 설명할 수 있을 것이다. 결론적으로 1950년대에서 1960년대에 이르는 전후소설의 양식의 변이 현상은 이와 같이 사회 역사적 조건의 변화 속에서 파악할 수 있다.

2. 제도적 폭력과 이념적 폭력

장편소설 <빙하시대>[3]의 외형적 구성상의 특징은 남과 북의 군인

---

3) 송병수의 <빙하시대>는 월간 『사상계』에 1967년 1월부터 1968년 10월까지 연

모두로 전쟁에 참여했던 한 인물의 시각을 병렬적으로 보여준다는 데 있다.[4] 주인공 장광도(張光道)는 남한 출신으로 북한의 의용군으로 끌려가 전쟁에 참여하여, 낙동강 전투를 겪으며 나중에는 빨치산으로 활동한다. 그리고 빨치산 부대에서 도주하여 다시 국군에 징집되어 정보대, 수색대 등에서 활약한다. 따라서 남과 북 양쪽 모두의 시각을 보여주기에 유리한 구성을 채택하고 있다. 그것이 구성상의 이점을 충분히 활용하고 있는지, 그 내용의 진위여부는 어떤지에 대한 판단은 좀 유보한 채로 작품의 서술을 그대로 따라가 보기로 하자. 다음은 북한군에 대한 인물의 시각을 보여주는 부분이다.

그러나 훈련은 그것이 전부는 아니었다. 수류탄을 얼마나 멀리 던지느

재되었다. 최종회가 연재된, 1968년 10월호 편집후기에는 다음과 같은 짧막한 논평이 실려 있다. "宋炳洙씨의 長篇小說 <氷河時代>가 그 大尾를 보게 되었다. 그동안 독자 여러분의 아낌없는 박수와 찬사는 作者自身에게는 영광이며 本誌로서는 보람이었다. 本誌는 다시 같은 성질의 새로운 力作을 게재하고저 한다. 宋炳洙선생의 앞날의 健筆과 文運을 빈다."(『사상계』, 1968년 10월호, 324쪽) 인용 부분의 '독자여러분의 아낌없는 박사와 찬사'로 보아, 이 작품에 대한 독자들의 의견이라도 실렸을 법한데, 『사상계』에 이 작품에 대한 평문은 찾아 볼 수 없다.

4) 우리는 여기에서 조금 앞서 발표된 최인훈의 <廣場>을 떠올려 볼 수 있다. <氷河時代>와 <광장> 모두 남과 북의 이데올로기 어느 쪽의 편도 들고 있지 않다는 점에서 외면적 유사성을 지닌다. 그러나 우리는 '構造的 同型性'과 '內面的 同質性'을 철저하게 구별해야 한다. <광장>의 이명준이 남과 북의 이데올로기, 모두와 처절하게 싸워본 자의 진정성을 보여주고 있다면, <빙하시대>는 이데올로기 자체를 부정하고 인식의 대상으로부터 아예 제외시키고 있다. 이명준의 실존은 이데올로기의 문제와 결부되고 있는 반면, 장광도의 실존은 이데올로기를 거부한 채로, 축소되고 폐쇄된 내면의 공간에서 제대로 싸워 본 적도 없는 자의 자존심의 넋두리로 함몰되고 있다. 따라서 <광장>과 <빙하시대>는 외면적인 '구조적 동형성'만을 지녔을 뿐이지, 내면적으로는 엄청난 질적 격차를 보여주고 있다고 하겠다.

> 냐보다도, 사격을 어느만큼 정확히 하느냐보다도 더 중요하다는, 이른바 사상훈련은 정말 질색이었다. 어느 전장에서 어떻게 써먹으라는 것인지, 도시 종잡을 수도 없이 마르크스, 레닌이 인용되고 사회주의의 위대성이 덮어놓고 강조되었다. 연습에 쓸 실탄이라면 어서 전선에 보내야 된다면서 사격훈련 대신 사상훈련이었고, 종일토록의 행군에 지쳐 늘어졌을 때에도 그 주입식(注入式) 사상교육이었다. 공습을 피해 산기슭 나무 그늘에 소대 단위로 몸을 움츠렸을 때에도 폭음이 요란한 하늘에 적의와 조소를 보내면서 미제국의 자본주의 패망론을 펴기 일쑤였다. 사회주의 투쟁의 위대한 승리는 필연적인 것, 지금 괴뢰 최후의 보루를 궤멸하고자 낙동강 전선을 돌파하고 있는 영용무쌍한 인민군의 왕성한 전투력도 투철한 사회주의 사상에서 비롯된 것이라 했다.[5)]

겉으로 보기에 인용에서 우리가 읽어 낼 수 있는 것은 북한의 사회주의 이데올로기에 대한 비판이다. 북한군에 대한 주인공의 비판의 초점은 군 내부 자체의 제도적 폭력에 맞추어져 있다기보다는 북한군의 의식을 지배하는 이념적 폭력에 대한 비판에 맞추어져 있다. 그러나 좀 더 유심히 살펴본다면 인용문을 지배하는 것은 이데올로기에 대한 논리적 비판이라기보다는 이에 대한 감정적 비난과 거부이다. 인용문 속의 <'질색이었다', '종잡을 수도 없이', '덮어놓고' '주입식', '일쑤였다', '필연적인 것', '궤멸하고자', '영용무쌍한'> 등의 어휘와 표현들은 논리적인 언어라기보다는 감정적인 언어들이다. 따라서 장광두의 북한군과 그들의 이념적 폭력에 대한 대응방식은 논리

5) 송병수, 『빙하시대-한국문학전집 56』, 삼성출판사, 1972, 8쪽. 이하 인용은 본문에서 이 책의 페이지 수만 밝히기로 한다.

적 비판이 아니라 감정적 거부라고 할 수 있다. 폭력적인 것에 대해서 폭력적인 방식으로 반응하는 것, 그것이 장광도의 대응방식이다. 장광도는 북한의 사회주의 이념에 대해서 진지하게 회의하지 않는다. 북한에 대해서 성실하게 성찰하지 않는 자에게 전쟁의 의미와 본질에 대한 인식을 기대하는 것은 그러므로 무리일 수밖에 없다. 장광도를 지배하는 것은 진정으로 맞닥뜨리는 것이 아니라, 어떻게 해서든지 자신의 이런 실존적 상황으로부터 벗어나는 것이고 북한군에서 탈주하는 것이다. 벗어나는 것이 목적인 장광도이기에 그의 거짓된 이념적 변신과 적응은 너무나도 손쉬운 것이었다. 장광도는 사회주의 이데올로기에 대한 열렬한 찬양자가 된다. 물론 이것은 생존을 위한 자기기만적인 행위이다. 이후로 북한군과 빨치산부대에 있는 동안의 장광도는 무의식의 진실과 위배되는 의식의 진술만을 반복한다. 다음 인용은 이와 같은 인물의 상황과 심리를 보여준다.

> 복지(福祉)의 지상낙원-부자도 없고 빈자(貧者)도 없는 만인 평등의 사회, 이를테면 근로인민이 압제받지 않고 착취받지 않는 이상적(?)인 사회조직을 꿈꾸어 왔다. 즉, 공산주의 사회를 항상 동경해 왔다. 이 꿈을 실현하기 위해 나는 지금 여기 있다. 광도는 이처럼 당당하게 자신을 천명하기에 서슴지 않았다. 그는 또한 자기시위의 한 수단으로 말끝마다 마르크스, 레닌을 장황하게 인용하기를 잊지 않았다. …(중략)… 하다못해 <질(質)이 양(量)을 압도한다. ……>는 마르크스의 이론이 기억되기에 그것을 들어, 그러기에 우리는 적은 양의 급식에도 능히 견딜 수 있고, 적은 병력으로도 많은 병력의 적군을 무찌를 수가 있으며…… 어느 남자의 것이 비록 적을망정 하기에 따라서는 얼마라도 큰 것을 가진 여자라도 만족시킬 수 있다는 데에까지 적용하여 듣는 쪽의 흥미를 돋아주곤 했다.(76~77, 밑줄 인용자.[6])

인용문에서 장광도의 의식적인 진술과 무의식적인 진실이 서로 엇갈린다. 표면적인 진술과 심층적인 진술이 서로 어긋나고 있는 것이다. 이는 '이상적(?)인'이라는 표현 속에서 드러나고 있으며 그와 같은 허위의식은 '자기시위의 한 수단'에 불과한 것이다. 장광도의 허위의식은 인용의 밑줄 친 부분에서 가장 극명하게 드러난다. 그 문장은 양질전화(量質轉化)의 법칙을 설명하고 있는 부분으로 이데올로기적인 문제를 비속한 것에 비유하고 있다. 이념의 문제를 저속한 것에 비유함으로써 이념의 심각한 성격을 탈색시키고 그 내용의 신뢰성마저 무너뜨리고 있다. 이는 흥미를 돋구는 비유가 아니라 그 이념에 대한 무의식적인 반감과 공격성을 보여주고 있는 것이다. 장광도는 비유를 통해서 사회주의 이념에 대한 야유와 조롱을 하고 있는 셈이다. 이로써 자신의 무의식적 진실을 드러내고 있다. 이처럼 장광도에게 북한군의 이념적 폭력성은 논리적 성찰의 대상이 아니라 감정적 거부의 대상이었기 때문에 아무런 거리낌없이 조롱과 야유를 퍼부으면서 격하시킬 수 있었던 것이다. 장광도는 이후 빨치산부대에서 활동하다가 도주하지만 다시 국군에 징집되어 전선에 투입된다.

남한의 국군에 징집된 장광도는 먼저 논산 훈련소에서 군사훈련을 받게 된다. 거기에서 장광도가 만나는 것은 군대라는 집단이 만들어낸 제도적 폭력의 체계이다. 그 폭력의 체계 속에서 인간들은 자신들의 숨겨진 공격성을 여지없이 드러낸다. 가학취미를 즐기는 조교, '당주명중사'나 신병들을 대상으로 복싱시합을 벌이는 '권태일상사' 등은 이와 같은 인물의 선형들이다. 그들의 공격성은 군대라는 집단적 장치 속에서 조장되는 것이기에 제도적 폭력이 만들어 내는 것이라

---

6) 이하 소설 본문의 인용 속에 나오는 밑줄은 인용자의 것임.

할 수 있다. 장광도는 그 폭력의 체계를 여과없이 보여줌으로써 남한의 국군에 대해서도 비판적인 시각을 견지한다. 그러나 북한군의 이념적 폭력에 대한 비난과 달리 남한의 이념의 문제에 대해서는 전혀 회의하지 않는다. 대신 제도적인 폭력의 체계 속에서 조장되는 인간의 공격성을 문제삼을 뿐이다. 이처럼 인간의 공격성만을 문제삼을 경우 그것은 개인적 차원의 윤리문제로 환원되고 만다. 또한 그 공격성의 원인을 군대라는 폭력의 체계 속에서 찾는다 하더라도 그것은 군대라는 제도의 문제로밖에 귀결되지 않는다. 따라서 제도적 폭력체계 속에서 드러나는 인간의 파괴적인 속성과 공격성은 개인의 윤리의 문제나 군대라는 제도적 차원의 문제로만 시각이 제한될 수밖에 없다. 이는 모두 추상적이고 보편적인 문제 설정에 지나지 않는다. 정작 절실하고도 문제가 되어야 하는 것은 당시 남한의 정치와 이데올로기의 문제, 제국주의의 문제, 다시 말하면 한국전쟁이라는 한국사의 역사적 구체성이라는 것이다. 한국사의 역사적 구체성은 묘사의 표면적 핍진성을 의미하지 않는다. 그럼에도 불구하고 남한의 역사적 구체성과 이데올로기의 문제는 거세한 채로 제도적 폭력과 인간의 공격성만을 문제삼고 있는 송병수의 <빙하시대>는 그만큼 제한되고 편협한 시각만을 보여줄 수밖에 없는 근본적 한계를 지니고 있는 것이다. 따라서 남과 북의 군대를 제도적 폭력과 이념적 폭력의 관점에서 병렬적으로 보여주고 있는 장편 <빙하시대>는, 그 구성상의 이점을 충분히 살리지 못하고, 남과 북 모두에 대해 피상적인 관찰만을 보여주고 있다고 할 수 있다.

3. 생존의 논리와 자기애의 심리구조

장편 <빙하시대>를 시종일관 지배하고 있는 것은 작품 전반에 걸쳐 강박적으로 반복되고 있는 '견뎌내야 한다'는 주문(呪文)이다. '견뎌내야 한다'라는 주문은 '겪어내야 한다'라거나 '적응해야 한다'라고 변주되기도 한다. 남과 북의 군대를 모두 경험한 장광도에게 전쟁이라는 실존적 상황은 언젠가는 벗어나야 하는 것이고, 따라서 '견뎌내야 하는' 것이다. '견뎌내야 한다'라는 주문과 짝을 이루고 있는 것은 '유지애'라는 또 하나의 주문이다. 편의상 전자를 주문 a), 후자를 주문 b)라 부르자. 주문 a)와 주문 b)는 긴밀히 연결되어 있다. 좀 더 구체적으로 말한다면, 인과관계를 이루고 있다. b) 때문에 장광도는 a)라는 주문을 외운다. 즉 주문 a)에 동기를 부여하는 것은 주문 b)이다. 다른 한편으로 b)는 a)의 진짜 동기가 아니기도 하다. a)의 숨은 동기는 자기애 혹은 권력에의 의지이다. 이는 주체의 능동적 힘을 나타내는 '역능에의 의지(puissance)'가 아니라 소극적이고 수동적인 힘의 소유를 나타내는 '권력에의 의지(pouvoir)'이다. 이를 c)라 부르자. 이하의 서술에서 a)와 b)는 어떻게 서로 작용하고 있는지, a)와 b)의 균열의 틈새로 c)가 어떻게 고개를 들고 있는지를 살펴보고자 한다.

군대라는 집단은 지도자를 정점으로 해서 리비도적 구조를 지니고 있다.[7] 군대는 지도자가 병사들에게 평등한 사랑을 베풀어주고 병사들 상호 간에는 평균적인 전우애를 지닌다는 전제를 통해 리비도적 결합으로 묶여 있다. 이러한 전제들과 리비도적 구조가 유지되지 못한다면, 거기에 남는 것은 병사들 각자의 이기적인 '생존의 논리' 뿐

7) 프로이트, 「집단심리학과 자아 분석」, 『문명 속의 불만』, 열린책들, 1997, 109쪽.

이다. '견뎌내야 한다'라는 주문 a)는 생존의 논리이다.[8] 장광도는 북의 인민해방이나 조국해방전쟁이라는 구호를 믿지 않았으며 남의 멸공이나 반공에도 동조하지 않았다. 그는 사회적 이념이나 이데올로기를 거부하고 개인적인 생존의 논리에 충실했다. 작품 도처에서 반복되고 있는 '나를 확보해야겠다'는 다짐은 장광도의 자기 보존 본능과 생존의 논리를 표현하고 있는 것이다. 생존의 논리만이 지배하는 인간에게 절실한 것은 욕망이라기보다는 생물학적 욕구뿐이다. 전장의 병사들과 장광도를 사로잡는 것은 식욕과 성욕의 만족이다.[9] 이처럼 생존의 논리만 남은 장광도에게 생존의 동기를 부여해 주는 것은 '유지애'이다. 그렇다면 유지애는 장광도에게 어떤 대상인가. 유지애는 장광도가 다니던 중학교의 이웃 여학교의 배구 선수였다. 그런데 장광도의 급우인 박상민의 회유로, 여맹의 리더가 되어서 의용군에 징집된 장광도와 만난다. 이후 유지애는 빨치산 부대의 우두머리의 정부로 장광도와 다시 만나고, 함께 탈출을 감행한다. 하지만 장광도의 국군 징집으로 다시 이별을 하게 되고, 유지애는 정보대 '곽소령'의 아내로, 마지막으로 퇴역한 민대령의 정부로 장광도를 만나게 된다.

---

8) 프로이트는 『쾌락원칙을 넘어서』에서 자신의 전기 이론을 크게 수정하여, 인간의 근본적 본능을 생명 본능(life instincts)과 죽음 본능(death instincts)으로 나누었다. 생명 본능은 에로스(eros)라고도 불리는데, 이는 성 본능(sexual instincts) 뿐만 아니라 자기보존 본능(instincts of self-preservation)까지 포함한다(J. Laplanche & J. B. Pontalis, *The language of psycho-analysis*, The Hogarth Press, 1983, p.241).

9) 다음 인용문은 이러한 병사들의 욕구와 심리를 잘 보여준다. '이렇게 들어앉을 자리를 정하고 나면 인근에 대한 일대수색작전이 벌어진다. 적정(敵情)을 살피기 위한 것이 아니다. 집을 두루 뒤진다. 이 수색작전에 화를 입는 것은 소와 여자다. …(중략)… 왕성한 식욕…… 고지에서 밥 오기를 기다릴 때처럼 목이 빠지는 일이 또 있을까. …(중략)… 이 왕성한 식욕 말고도 충족시켜야 할 절실한 욕망이 또 있다. 여자……'(244~245)

소설의 결말에서 장광도는 결국 유지애를 만나게 되고, 장광도의 '가자-'라는 공허한 외침으로 소설은 끝을 맺고 있다. 장광도는 시종일관 '유지애'에 대한 집착을 버리지 못하는데, 사실 장광도가 의용군으로 징집되기 전에 둘은 단 한번, 그것도 아주 짧은 순간동안 우연히 만났던 것으로 처리되어 있다. 즉 장광도의 유지애에 대한 집요한 집착은 개연성이 떨어진다. 장광도의 집착을 설명하기에는 둘 사이의 애정관계의 밀도가 매우 낮은 편이며, 입대 전의 애정관계에 대한 사전 처리나 소설적 장치들이 너무 미약하게 되어 있다는 것이다. 그럼에도 불구하고 장광도는 유지애에 대해 집요하게 매달리는데, 장광도에게 유지애는 어떤 모습으로 각인되어 있는가.

(1) 그녀는 언제까지나 광도의 상념을 지배하는 아름다운 여인상으로 남아 있어야 마땅하다. 그녀는 어느 한적한 숲속의 오솔길을 거니는 천진한 소녀여야 마땅하다. 그녀는 어느 플랫폼에서 광도를 떠나보내면서 두고두고 서 박혀 있는 애상의 여인이어야 마땅하다.(89)

(2) 항상 엷은 미소가 어린 둥그스름한, 참하게 살찐 얼굴. 밉지 않다. 그 차림 탓인지 무척 순진하고 순결해 보인다. 저게 지애라면 얼마나 좋을까……(172)

(3) "지애…… 애당초 우리가 만나지 않았다면 말야, 아니, 그 의용군 수송열차의 환송대 열에만 네가 없었다면 말야. 거기서만 너를 안 만났어도. 그리고 다음 지리산에서만 너를 안 만났다면 말야…… 정말이지 그랬어야만 했어…… 그랬다면 나는 말야, 두고두고 너를 기다렸을거야…… 그 앳되고 발랄하던 제복의 소녀를 두고두고 기리고 있었을 거야. 그랬어야만

했어. 애당초 우리가 해후한 것이, 불운하게 해후한 것이 잘못이었어…… 안 그래? ……" …(중략)… "모든 게 잘못이었지……지애를 해후했을 때 그 앳되고 발랄한 소녀로 환원할 수 있다는 착각을 한 것이 무엇보다도 큰 잘못이었어……" …(중략)… "잃은 것이 있다면 두고두고 기릴 소녀상이 박살난 것이지……"(179~180)

(4) 거대한 선전간판이 눈을 끈다. <애수>라는 제목 밑에 바바리코우트의 사나이가 안개 낀 다리 위를 배회하고 있고, 여주인공의 커다란 눈망울이 사뭇 애절하다. 지애의 눈망울이 저랬으면 좋겠다. 지애, 너의 눈망울이 저렇다면 나는 얼마라도 이 낯설은 거리를 배회하리라.(361)

위 인용들은 장광도에게 각인된 지애의 모습과 관련된 것들만 뽑아 본 것이다. 이를 통해 확연히 드러나는 것은, 장광도가 사랑했던 것은 현실 속의 있는 그대로의 지애의 모습이 아니라, 환상 속에 존재하는 지애의 이미지였다는 사실이다. 사춘기 소년의 감상마저 느껴지는 인용들에서 지애는 '아름다운 여인상', '천진한 소녀', '애상의 여인', '순진하고 순결한 얼굴', '커다란 눈망울의 여주인공' 등으로 규정된다. 사랑은 타자를 있는 그대로 바라 봄이다. 자신의 의지나 바램대로 왜곡시키지 않고 현실 속에 존재하는 타자를 그대로 인정하고 수용하는 것이다. 그러나 인용 (1), (2), (4)의 화자들은 자신이 바라는 상대방의 모습을 미리 당위처럼 규정해 놓고 현실 속의 인물을 이에 꿰어 맞추려 하고 있다. 이는 인간을 사랑하는 것이 아니라 연물증(戀物症, fetishsm)에 가깝다. (1)의 '서 박혀 있는'이나 (3)의 '소녀상' 등의 표현은 장광도가 사랑하는 것이 살아 있는 유지애라는 인간의 역동적인 모습이 아니라, 죽어 있는 유지애라는 사물의 고정된 이미지라는 것을 분명하게 보여준다. (3)에서도 알 수 있듯이 장광도에게 유지애라는 인물은 철저히 과거 속에 정지된 채로 있다. 만물은 시간의 흐름 속에서 변화를 겪는다. 모든 것은 변화한다는 사실만이 변하지 않는 사실이다. 하지만 장광도는 지애도 변화할 수 있다는 평범한 사실을 인정하지 않는다. (4)에서처럼 장광도는 현실 속의 유지애를 있는 그대로 받아들일 줄 모르고, 영화에서나 볼 수 있는 환상 속의 이미지를 유지애에 투사시킨다. 장광도는 현실이 아니라 환상을, 구체적인 삶의 역동성이 아니라 추상적인 사물의 이미지에 매달린다. 따라서 장광도의 유지애에 대한 감정과 생각들은 진정한 의미의 사랑으로 볼 수 없다. 이는 사랑이 아니라 소유욕이며 집착이다. 결론적으로 유지애에 대한 환상은 장광도 자신의 자아 이상을 표상하고 있으며 나르시시즘적 자기애의 한 변형이다. 즉 장광도의 사랑은 진정한 대상애(對象愛)가 아니라 나르시시즘의 자기애(自己愛)적 리비도가 대상에 투사된 것이다. 따라서 장광도의 심리 구조는 리비도의 발전 단계에서 대상선택(Object-choice)의 단계가 아니라 유아기의 자기애에 고착되어 있다. 이는 분명히 심리적인 퇴행(Regression)이며 자기도취적 나르시시즘의 변형이다. 장광도의 사랑이 사실은 진정한 대상애가 아니라 자기애의 한 변형에 불과하다는 점은 유지애에 대한 장광도의 태도와 행동을 분석해 보면 보다 분명해진다. 다음 인용은 정보대 곽소령의 아내가 되어 있는 지애를 겁탈하는 장면이다.

> 목석이래도 좋았다. 송장이나 다름없는 무반응이래도 광도는 좋았다./ 지애…… 너를 가져야겠다./ 너를 즐겨야겠다./ 너를 희롱해야겠다./ 너를 학대해야겠다./ <u>지애…… 너에게 나를 구사해야겠다.</u>/ 나를 즐겨야겠다./ 나를 희롱해야겠다./ 나를 학대해야겠다./ 격렬한…… 그러나 일방적인 포옹

과 애무가 오래 지속되었다./ 거칠은 숨결이 오래 교차되었다./ 지애는 찔끔 찔끔 울고 있었다./ 광도는 히죽히죽 웃고 있었다.(203~204)

지애를 안는 장광도의 행동과 심리는 사랑하는 사람과의 신성한 육체적 교감이 아니라 타자를 지배하려는 일방적인 폭력에 불과하다. 이는 밑줄 친 '너에게 나를 구사해야겠다'라는 표현 속에 여실히 드러나고 있다. 타자를 지배하려는 욕망은 타자와 능동적으로 접촉할 수있는 힘인 '역능에의 의지'가 아니라, 수동적인 힘에 불과한 '권력에의 의지'이다. 이는 타자를 매개로 한 자기애의 표현으로 자기과시의 욕망에 다름 아니다. 즉 타자를 매개로 하고 있지만 사실 그 안에 내재된 숨은 힘은 자기애라는 뜻이다. 이는 리비도의 나르시시즘적 발산이다. 우리는 인용문에서 '너를 즐겨야 겠다/ 희롱(학대)해야겠다'가 바로 뒤에서 '나를 즐겨야겠다/ 희롱(학대)해야겠다'로 변형되고 있는 사실에 주목할 필요가 있다. 여기에서 장광도의 사랑이 진정한 대상애가 아니라 자기애의 한 변형에 불과하다는 사실이 드러나고 마는 것이다. 즉 너(유지애)에 대한 사랑, 희롱, 학대는 사실 나(장광도)에 대한 사랑, 희롱, 학대의 다른 이름에 불과하다는 것이다. 이 지점에서 은폐되었던 장광도의 자기애적 리비도의 심리구조가 여지없이 폭로되고 마는 것이다. 광도의 지애에 대한 사랑은 나르시시즘적 자기애의 은폐된 형식이다. 겉으로 보기에 장광도의 생존의 논리에 동기를 부여하는 것은 유지애에 대한 사랑이지만 진짜 동기는 광도 자신의 자기애이다. 따라서 장광도를 지배하는 중핵적인 심리적 메카니즘은 자기애이다. 장광도의 생존의 논리는 자기 보존 본능(instincts of self-preservation)을 포함하는 생명 본능(life instincts)과 직결되어 있다. 그의 생존의 논리가 자기애의 한 표현이라는 점은 광도의 다음과 같은 진술에서 확인된다.

> . 그러나 광도는 당초부터 따로이 벼르는 바가 있었다. 그것은 반드시 적을 무찔러야 한다는 투철한 사명감이 아니다. 큰 전과를 올려야겠다는 공명심은 더구나 아니다. 막연한 대로나마 무엇인가 크게, 그리고 본때있게 치러야겠다는 끈질긴 집념이었다. 장광도…… 나를 시험하고, 그토록 나를 구사하고, 그토록 나를 시위하려는 집요한 욕망이 어디서 비롯되는 것인지 모른다. 어쨌든 나는 지지리 위축되거나 처참하게 좌절할 수는 없는 것……(306~307)

장광도는 '투철한 사명감'이나 '공명심'에서가 아니라 자기 자신의 힘과 능력을 표현하고 과시하려는 욕망에서 끈질기게 견디고 뭔가 저지른다. 광도를 사로잡고 있는 것은 '막연한 대로나마 무엇인가 크게, 그리고 본때있게 치러야겠다는 끈질긴 집념'이다. 이와 같은 자기애적 리비도는 자기 보존 본능과 함께 생존의 논리를 뒷받침해준다. 이는 작품의 후반부의 돈과 권력에 대한 장광도의 집착으로 나타나기도 한다. 그리고 광도의 자기애는 마침내 편집증적인 자기망상으로까지 확대되어, 급기야 광도는 불사신으로 화한다. 광도는 '마치 자기가 불사신이기나 한 것처럼 여겨지는'(230쪽) 착각에 빠진다. 이와 같은 과대망상은 나르시시즘의 극단적인 한 표현이라고 볼 수 있을 것이다.[10] 결론적으로 장광도의 생존의 논리와 유지에 대한 사랑, 자기

10) 프로이트는 편집증 환자 쉬레버를 분석한 글에서, 피해망상이 과대망상으로 전환되는 과정을 세밀하게 보여 주었다. 프로이트는 쉬레버의 성적 피해망상이 나중에 종교적인 과대망상으로 바뀌었다고 설명한다. <빙하시대>의 장광도는 정신분석적으로, 강박증적 증세와 편집증적 증세를 동반하고 있는 것으

과시의 욕망 등의 기저에는 모두 자기애적 리비도의 심리구조가 놓여 있다고 하겠다.

4. 객관 중립 서술과 작가 의식

<빙하시대>의 주인공, 장광도는 독자가 심리적으로 매우 동화되기 어려운 인물이다. 독서의 과정 중에 독자와 작품과의 거리는 좀처럼 좁혀지지 않는다. 인물의 성격이 매우 부정적일 경우, 서술자는 풍자나 반어 등의 기법을 통해 인물과의 적절한 거리를 설정하기도 한다. 이를 위해서는 3인칭 시점의 선택이 필수적이다. <빙하시대>는 표면적으로 3인칭 시점을 취하고 있다. 서술자는 결코 작품의 전면에 직접 등장하지 않고 객관 중립 서술의 태도를 취하고 있는 것처럼 보인다. 한 편의 소설을 관통하는 하나의 시점이란 결코 존재하지 않으므로, 객관 중립 서술은 인물과의 반성적인 거리를 통해 풍자나 반어의 어조와 섞일 수도 있고 1인칭 자기 서술과 교차될 수도 있다. <빙하시대>의 주인공 장광도는 심각하게 부정적인 인물이기 때문에, 작가가 객관 중립 서술을 통해 환멸의 시대를 사는 인물의 부정적 전망을 보여주려 했다고 볼 수도 있다. 그러나 문제는 그렇지 않다는 것이다. 표면적인 3인칭 시점은 객관 중립 서술을 유지하지 못하고 인물의 시각에 동조하고 함몰되어 버린다. 이는 작품의 구석 구석 3인칭 시점과 장광도의 1인칭 자기 서술이 뒤섞여버리는 것에서 이미 예

로 보인다. 특히 승리와 패배에 대한 집착이나 도박에서 모든 운이 항상 자기에게 돌아온다는 생각 등은, 쉬레버가 신과의 대결에서 '만사의 법칙'은 항상 자기 편이라고 생각하는 과대망상과 비교될 수 있을 것이다.

고되고 있다고 볼 수도 있을 것이다. <빙하시대>의 3인칭 시점이 인물의 자기 시각, 혹은 인물의 1인칭 자기서술로 타락하는 것은 작가가 장광도라는 부정적 인물에 대해 반성적 거리는 커녕, 거기에 전적으로 동조하고 동질화되어 버린다는 것을 의미한다. 따라서 장광도의 시각과 천박한 의식은 곧 작가 자신의 것이 되어 버리고 만다. 당시 35세의 작가 송병수의 작가 의식은 심히 의심스러운 것으로, 19살 장광도의 치기 어리고 유아기적인 발상과 행동으로 퇴행하고 있다고 밖에 말할 수 없다. 송병수는 실제로 19세에 한국전쟁에 참전했는데, 그 나이 때의 유치한 정신상태에 머물고 있는 것은 아닌가 하는 의심이 들 정도이다. 그러면 실제 작품 속에서 객관 중립 서술이 어떻게 인물의 시각으로 변질되고 있는지를 살펴보자.

(1) 광도는 완강하게 도리질했다. 아직은 좀더 두고보자 했다. 공비로 투항할 게 아니라, 원래의 떳떳한 민간인으로 되돌아가자는 것이 광도의 의견이었다. 그러나 재환은 일찌감치 자수하는 쪽이 안전하고 속 편하다고 주장했다. 지애는 잔뜩 겁 질린 채 어느 쪽이라는 말은 하지 않았으나 아무래도 광도 쪽을 좇을 것이 분명했다.(112~113)

(2) 호올 안의 손님들은 거저 준다는 연필을 마다할 수도 없고 거저 가질 수도 없어 대부분 연필값의 몇 곱이나 되는 돈을 스스로 내놓곤 했다. 이 뜻하지 않은 횡재를 거둬들이기에 절로 신이 난 두 발목잡이에게 광도는 버럭버럭 소리쳤다. "야 이 얼간이새끼들아-앞으로 다시는 구걸을 해서 먹지 말아라-이렇게 빼앗아 먹으란 말이다-" 호올 안은 조용했다. 어느누구도 못마땅하다는 기색이 없었다. 광도는 쾌재를 불렀다. 통쾌해서 속웃음을 쳤다.(359~360)

(1)과 (2) 모두 표면적으로는 3인칭 시점의 객관 중립 서술을 취하고 있는 것으로 보인다. 서술자는 작품 속에 맨 얼굴을 드러내고 있지 않다. 하지만 서술자는 인물의 시각과 은밀히 결탁한다. (1)은 빨치산 부대를 탈출한 광도와 지애, 재환이 경찰대와 조우하여 서로 논쟁하고 있는 부분이다. 서술자는 광도의 의견과 재환의 의견을 중립적인 시각으로 서술하고 있는 듯이 보이지만, 밑줄 친 부분에서 갑자기 아무런 논리적 근거도 없이 광도의 시각을 옹호하고 있다. 이는 은폐된 서술자의 시각이 드러나고 있는 지점이다. (2)는 부산의 어느 다방에서 상이용사들의 연필 강매를 광도가 도와주고 있는 부분이다. 서술자는 객관적인 시각에서 묘사에 충실하고 있는 듯이 보인다. 특히 밑줄 친 부분에서, 서술자는 묘사를 통해 외면적 정보만을 독자에게 제공하고 있는 것처럼 보인다. 그러나 사실은 서술의 객관성이 유지되고 있지 않다. 다방 안의 손님들은 광도의 위협과 협박으로 반강제적으로 연필을 강매 당했다. 손님들의 입장에서는 돈을 강탈당한 것이나 다름없기 때문에 불만이 없을 리가 없다. 밑줄 친 부분에서 묘사되고 있는 다방의 분위기는 폭력 앞에 겁에 질린 손님들의 표정들이다. 그러나 서술자는 마치 연필 구매과정에서 부당함은 전혀 없었던 것처럼, 광도의 시각에 은근슬쩍 동조하고 있다. 즉 표면적으로는 3인칭 시점의 객관 중립 서술을 택하고 있는 것처럼 보이지만, 사실은 인물의 시각으로 서술되고 있다는 점이다. 따라서 서술자의 시각은 장광도의 시각과 일치한다. 부정적 인물인 장광도에게 서술자가 반성적 거리를 취하지 않고 인물의 시각으로 타락하고 있는 것이다. 우리는 서술자의 은폐된 시각이 장광도의 시각이며, 이는 작가의 시각과도 일치하는 것이라고 결론내릴 수밖에 없다. 따라서 장광도라는 인물이 보여주고 있는 의식의 수준은 <빙하시대>에서의 작가 송병

수의 의식 수준과도 일치하는 것이다. 그럼에도 불구하고 스스로를 성숙했다고 강변하는 장광도는, 송병수의 작가 의식을 그대로 반영하고 있는 것이다. 한국전쟁으로부터 객관적인 거리 확보가 가능했던 1960년대 후반에 발표된 장편 <빙하시대>에서 송병수는 19세 인물의 시각을 견지함으로써, 1950년대 한국사의 역사적 전체성을 포착하지 못하고 과거로의 정신적인 퇴행만을 보여주고 있다.

5. 맺음말

1960년대 전후소설 중에서 전쟁 체험의 직접성을 다큐멘타리적 차원에서 다룬 것으로는 <빙하시대> 외에 강용준의 <밤으로의 긴 여로>를 들 수 있다. 이들 작품이 전장의 현장을 사실적으로 기록하고 있는 것은 사실이지만 직접적인 체험으로부터 객관적인 거리를 확보하지 못하고 있다는 것 또한 부인할 수 없는 사실로 보인다. 이는 염상섭이 1950년대에 <취우(驟雨)>를 통해서 보여주었던, 한국전쟁에 대한 지나칠 정도로 침착한 태도와는 사뭇 대조적이라 할 수 있다. 염상섭이 전쟁을 한낱 '소나기'(驟雨)에 비유하고 있는 것은 좀 더 따져 볼 문제이지만 사태를 파악하는 냉정한 자세는 긍정적인 것이었다. 염상섭을 제외한 대부분의 1950년대 작가들은 전쟁의 압도적인 체험 속에 함몰되었다. 이런 맥락에서 김 현은 1950년대의 문학을 '테러리즘의 문학'으로 규정하기도 한다.[11] 박경리의 <시장과 전장> 등 몇 몇 작품들은 좀 예외적이라고 할 수 있지만, <빙하시대>와 <밤으

11) 김현, 「테러리즘의 문학」, 『문학과지성』, 1971년 여름호.

로의 긴 여로>를 포함한 여타의 1960년대 전후 장편소설들은 전쟁으로부터의 시간적 거리에도 불구하고, 1950년대 전후소설들이 보여준 시각에서 크게 벗어나지 못한 것으로 보인다. 그러면 이와 같은 문학적 현상을 문학사적으로 어떻게 평가해야 할 것인가.

한국의 전후소설들이 세계사적 수준에서 전후문학의 보편적인 이념에 도달하지 못했다는 것은 부인하기 어려울 듯하다. 한국의 전후소설은 체험의 주관적 서사화에서 벗어나지 못했다. 그것은 분명히 그 시기 작가들의 개인적인 문학적 역량의 한계이다. 하지만 그것은 작가들의 개인적 한계이기도 하지만 또한 분명히 시대적인 한계이기도 하다. 우리는 전후소설의 작가들에 대한 논리적인 비판과 함께 그들이 도달할 수 있는 높이를 미리 제한했던 시대의 폭력적인 힘을 고려해야 한다. 1950년대에 단편양식이 전후소설의 주류를 이루던 것에서 1960년대에 전후 장편소설이 등장할 수 있었던 것은 사회적 전체성의 추구가 가능해진 시대적 조건의 변화 때문이었다. 그러나 이 시기에 등장한 전후 장편소설들이 그 시간적 거리와 장편이라는 장르적 특성을 충분히 활용하지 못했던 것은 그만큼 한국전쟁이 초래한 역사적 질곡과 파장력이 컸던 때문이기도 했다. 1960년대 전후소설의 작가들도 여전히 1950년대의 시대적 자장 속에 놓여 있었던 것이다. 그것은 개인적 한계이기도 하지만 동시에 역사적 한계이기도 하다. 한국의 전후문학이 윤흥길의 <장마>(1973)를 거쳐 조정래의 <태백산맥>(1989)에 이르러 전쟁과 이데올로기에 대한 객관적인 시각을 확보하기까지는 그처럼 긴 장마와 험준한 산맥을 넘어야 했다.

제3부

시론과 문학사

김준오 시론 연구

-『詩論』을 중심으로-

1. 들머리

『老子』 제 일장의 구절, '道可道 非常道'의 해석은 서로 상반되는 두 가지 방법이 있다.

1) 말할 수 있는 도는 (이미) 항상된 도가 아니다.

2) 도라고 할 수 있는 도는 항상된 도가 아니다.

1)의 해석의 경우 공준된 일반적인 해석 방법이다. 이는 언어철학적인 문제를 내포하는데, 언어로 표현될 수 있는 도는 '항상된 도(常道)'가 아니라는 뜻이다. 즉 언어는 사물의 죽음을 토대로 형성된다는 것이다. 진실은 알 수 없는 것이 아니라 알려질 수 없는 것이다. '道'라는 언어적 표현 속에는 道의 실체가 사라져 있다는 것이다. 이는 불변하는 형이상학적인 도의 실체가 존재한다는 의미를 내포한다. 2)의 해석의 경우도 뜻으로도 정확하고 문법적으로도 타당하다. 그러나 위의 해석과는 정반대의 의미를 지닌다. 도라고 할 수 있는 것이 있다면 그것은 고정된 불변의 실체가 아니라는 것이다. 도라는 것은 항

상 역동적인 변화의 흐름 속에서만 파악될 수 있다. 따라서 '道'라는 것의 유일하게 변하지 않는 속성이라고 할 수 있는 것은 항상 변화한다는 원리뿐이다. 1)의 해석은 도라는 것을 형이상학적 실체로서 그 존재를 인정하는 것이 되며, 2)의 해석은 도라는 것의 실체는 질료적 흐름 속에서, 즉 과정 속에서만 파악될 수 있다는 뜻이 된다. 두 가지 입장 중에서 어느 쪽을 택하느냐의 문제는 본질적인 차이를 지니게 된다.

김준오의 『시론』[1]은 '道'라는 것의 실체가 무엇이냐는 물음과 관련된다.[2] 즉 시를 바라보는 인식의 태도나 시의 구성원리, 시적인 것의 본질을 어떤 식으로 규정하는냐의 문제와 연관된다. 그의 저서의 일관된 가장 큰 관심은 '변화'이다. 하지만 그가 자신의 『시론』의 부제를 '동일성의 시론'이라고 달고 있는 데에서 알 수 있듯이 김준오는 '동일성'의 문제에 깊이 천착한다. 同一性(identity)에 대한 물음은 필연적으로 철학적인 질문을 동반할 수밖에 없다. 또한 동일성을 어떤 방식으로 정의하느냐의 문제는 우리의 나날의 삶과 공동체의 역사를 어떤 시각에서 바라보느냐는 문제와 직결된다. 결국 동일성에

1) 김준오, 『詩論』 제4판, 삼지원, 1996. 이하 이 책의 인용은 인용문 속에서 쪽수만 밝히기로 한다.

2) 이와 같은 맥락에서 김준오가 補論인 「현대시와 동일성」에서 『近思錄』의 한 구절을 인용하고 있는 것은 우연으로 볼 수 없다. 그 구절은 다음과 같다. '天下之理終而復始 所以恒而不窮 恒非一定謂也 一定則不能恒矣惟隨時變易乃常道也'(천하의 이치는 끝마치면서 다시 시작되며 항상 있는 것이며 끝남이 없다. 다함이 없는 恒은 일정 상태를 말함이 아니다 고정되어 있는 것은 항이 될 수 없다. 오직 때에 따라 끊임없이 변화하고 바뀌어 가는 상도인 것이다. 『近思錄』, 「導體說」 十三, 『시론』, 403쪽에서 재인용.) 김준오는 이어서 다음과 같이 진술한다. "고정되어 있는 것이 恒이 될 수 없고 오직 때에 따라 끊임없이 변하고 바뀌어 나가는 것이 상도임을 역설하고 있다. 즉 변화는 바로 진리다." (404)

대한 문제는 문학적 퍼스펙티브(perspective)를 어떻게 설정하느냐는 것으로 귀결된다고 할 수 있다. 김준오가 정의하는 동일성은 내재적 갈등과 투쟁을 배제한 닫힌 체계로서의 고정된 실체가 아니라 변화와 역동적 긴장을 포함하는 열린 체계로서의 동일성이다. 동일성이 차이를 배제하는 닫힌 체계로서 기능한다면 그것은 이미 호흡의 반복이 정지된 죽은 체계이다. 반복의 본질적 힘인 차이를 포섭할 때야 그것은 살아서 움직이는 열린 체계로서 기능하는 것이다. 차이와 반복은 열린 체계의 동일성 속에서 역동적 평형을 이룬다. 차이는 반복을 통해 생성되고 반복은 차이의 힘을 토대로 구축된다.

2. 동일성과 비동일성

2-1. 시적 세계관

김준오의 『시론』을 해석하는 문제는 그가 사용하고 있는 '동일성'을 어떻게 풀어내느냐가 가장 큰 관건이 될 수밖에 없다. 그는 제 1판(문장사, 1982)에서 동일성의 시론을 책의 첫머리에 배치하였으나, 2판(이우출판사, 1988)부터는 책의 말미에 부록으로 실었다. 이는 동일성으로 포섭되지 않는 현대시의 제 경향들을 파악하기 위한 것으로 볼 수 있다. 하지만 4판(삼지원, 1996)에 이르러서도 여전히 보론의 형태로 책의 한 부분을 구성하고 있다는 것은 김준오가 시에서의 동일성의 문제를 일관되게 의식하고 있다는 점을 반증하고 있는 것이기도 하다. 그러면 초판부터 줄곧 책머리를 차지하고 있는 저자의 서문에서 동일성은 어떻게 규정되고 있는가.

> 그러나 同一性(identity)이란 용어는 결코 군더더기 말이 아니다. 그것은 철학이나 사회심리학에서처럼 여러 가지 개념으로 사용되듯이 모호성을 지니고 있지만 주로 두 가지 문맥에서 발생한다. 통시적인 면에서 '變化'를 통하여, 공시적인 면에서 '葛藤'을 통하여 동일성은 가치개념으로 충격된다. …(중략)… 그래서 현대인에게 변하지 않는 것과 일체감은 실제의 현실 속에는 존재하지 않는 하나의 이념처럼 커다란 의의를 지니게 마련이다. 필다 개인의 시적 체험으로 말하면, 이 동일성의 감각이 시적 세계관을 비롯하여 언어, 리듬, 비유, 상징, 시제 등 시의 여러 요소들 속에 작용하고 있는 것을 알았다. 동일성은 작품의 구성 원리에서뿐만 아니라 창작과정이나 작품 감상의 과정, 그리고 많은 시학에서도 공통된 원리로 일관하고 있다. 그래서 필자는 "시는 동일성이다"라는 결론을 얻었다.(6)

저자가 사용하고 있는 동일성은 불변의 고정된 실체가 아니라 어디까지나 역동적인 긴장관계의 과정 속에서 구성되는 것이다. 그것은 현실의 구체적인 힘의 배치 속에서 구성되는 동일성이다. 그것은 외부에서 선험적으로 주어지기보다는 경험 속에서 내재적으로 주어지는 동일성이다. 여기에서 우리는 그가 강조하는 동일성의 철학적 문맥을 살펴볼 필요가 있다. 그가 주장하는 동일성은 무엇보다도 현상학적 동일성이다. 저자가 한스 메이어홉의 『Time in Literature』를 번역했으며 이를 토대로 '탈(persona)의 시론'을 전개한 것은 널리 알려진 사실이다. 『시론』의 주된 이론적 근거가 된 것도 현상학이었다. 현상학적 자기동일성은 주체의 경험 속에서 외적 조건들을 괄호로 넣고 주관적인 의식지향을 문제 삼는다. 그것은 인식주체의 선험성을 전제한다는 점에서 서구의 주체철학의 전통과 일맥상통한다.

서양 근대철학에서 주체의 자기동일성을 가장 집요하게 탐구한 철학자는 아마도 헤겔일 것이다. 헤겔은 <자기의식의 변증법>(dialectic of self-consciousness)을 통해 동일성을 종교의 차원에까지 밀고나간다. 헤겔의 『정신현상학』을 구성하는 가장 큰 원리는 동일성의 문제이다.3) 김준오가 이야기하고 있는 동일성은 현상학적 환원주의나 변증법의 모순의 통일로서의 자기동일성으로 변질될 위험이 존재한다. 이는 서정시를 시의 본질적인 것으로 간주하는 태도와 직접적으로 관련된다. 그러나 김준오는 폐쇄된 동일성으로 자신의 시론을 가두어두지 않고 끊임없는 자기 갱신을 통해서 동일성의 범주를 확장시킨다. '동일성의 시론'이 2판부터 책의 마지막에 위치하게 되는 것은 이러한 자기갱신과 무관하지 않다. 그는 시의 역사적 변화와 그 변화를 구성하고 있는 현실의 조건들을 지속적으로 관찰했다.

김준오의 『시론』의 동일성은 두 가지 차원에서 구축된다. 하나는 공시적 차원과 수평적 지평에서이고 또 하나는 통시적 차원과 수직적 지평에서이다. 수평적 지평에서의 동일성은 다시 두 가지 차원을 내포한다. 즉 하나는 자아와 세계, 주체와 객체, 나와 타자 사이의 동일성이고 다른 하나는 주체 내부의 자기동일성이다. 두 가지 물음이 문제적인 것은 세계의 원환적 총체성이 깨어진 근대세계 이후라는

3) "자기의식이 스스로의 대상이 된다는 것은 결코 어떤 하나의 특별한 개별자로서가 아니라 오히려 자기 자신과 그리고 또 하나의 다른 자기의식과의 통일체로서, 더 나아가서는 지양된 개별자이며 동시에 일반자로서만 가능한 것이기 때문이다."(헤겔, 『정신현상학 1』, 임석진 역, 지식산업사, 1988, 450쪽) 인용에서 드러나듯이, 문제는 그 변증법적 동일성이 어떻게 구성되느냐는 것이다. 주체와 객체, 일반자와 개별자간의 변증법은 타자나 개별자의 차이나 특이성을 배제시키며 주체의 자기동일성이나 일반자의 보편성으로 환원된다. 개별자의 특수성도 보다 높은 단계의 일반자의 보편성으로 지양된다. 그것은 부분의 자립성을 인정하지 않고 억압적 집합체인 전체의 통일성으로 종합되는 상승의 변증법이다.

점에서이고, 세부적으로는 철학사의 오래된 물음인 첫 번째 문제와는 달리 두 번째의 것은 외부에서 주어진 총체성을 사유하기가 불가능해진 인간이 스스로 동일성을 구축해야 하는 자기 정체성에 대한 물음이기 때문이다. 두 가지 질문 모두 데카르트적인 코기토와 비데카르트적인 코기토 사이의 분열과 대립이라는 문제를 함축하고 있다. 분열된 주체는 자기 동일적 주체에 대해 타자이다. 자기분열적인 주체는 코기토로부터 직접적으로 기원하는 어떠한 주체에게도 반대될 수밖에 없다.4)

'시의 정의의 역사는 오류의 역사이다'라는 『시론』의 머리말에서처럼, 시의 본질에 대한 정의는 역사와 시대적 조건에 따라 다르게 이루어져 왔다. 역사적 시기마다 다르게 표현되는 인간의 정신구조(mentality)에 따라 그것은 상이하게 정의된다. 그 역사적 시기들 사이에는 동일한 반복과 함께 차이와 굴곡을 포함한다. 시의 본질을 형성하는 하위 장르는 서정시이다. 서정시는 나와 타자가 구분되지 않는다는 것을 함축하고 있으며 세계를 자아화하는 장르이다. 그것은 주체의 자기 동일성 속으로 객체의 타자성이 용해되는 양식이다. 따라서 자아와 세계 사이의 동일성은 문제가 되지 않는다. 또한 서정시 속의 자아는 통합된 주체이기 때문에 주체의 자기 동일성도 의심받지 않는다. 서정시가 주술적 고대제의의 노래에서 기원했다는 점은 이를 뒷받침한다. 주술적 세계관은 인간과 신이 분리되지 않는 마법이 지배하던 시대의 정신구조이다.

4) "정신분석은 우리로 하여금 코기토로부터 직접적으로 기원하는 어떠한 철학에도 반대하도록 하는 경험이다."(p.1)(J. Lacan, *Ecrits*, *A selection*, trans. by alan sheridan, New York: Tavistok Publication, 1977)

> 서정시의 장르적 특징은 무엇보다도 시정신 또는 시적 세계관이나 비전에서 발생한다. 서사나 극과 구분되는 시정신은 단적으로 말해서 자아와 세계의 동일성에 있다. 여기서의 동일성이란 자아와 세계의 일체감이다.(34) 서정시는 극과 서사와 달리 자아와 세계 사이의 거리를 두지 않는다. '거리의 서정적 결핍'(lyric lack of distance)이 서정시의 본질이다. 자아와 세계가 구분되지 않을 만큼 동화되어 있듯이 서정시에 있어서 대상(세계)은 자립적 의의를 갖지 못하고 주관(자아)에 종속된다. '세계의 자아화', '回感', '내면화' 등의 용어들은 모두 이런 시적 비전을 기술한 것들이다.(36)

이러한 서정시의 존재기반이 흔들리기 시작하는 것은 근대세계의 등장과 동시적이라고 할 수 있다. 근대세계의 가장 큰 특징을 세계의 탈마법화로 파악했던 막스 베버의 견해를 참조하지 않더라도 20세기 전반기의 한국은 서양의 압도적인 물질적 힘에 깊이 침윤됐다. 서구의 근대가 종교의 초월적 중심을 해체하는 데서 시작된 것처럼 한국의 근대는 일상과 윤리를 지배하던 유교적 세계관의 급속한 붕괴 속에서 진행되었다. 주자학적 문학관 속에서 조화로운 전체성을 구현하던 지배 계층의 엘리트 문학은 근대의 충격 속에서 해체의 위기에 봉착했다. 서정시의 위기는 이와 같은 통일된 전체성의 균열과 해체와 직, 간접적으로 관련된다.

> 이처럼 문명의 시대에 本然之性으로서의 서정적 자아는 하나의 이상으로서만 존재하지 실존할 수 없다. 여기서 氣質之性의 서정적 자아가 필연적으로 등장한다. 기질지성의 서정적 자아는 그가 지닌, 차이와 분별을 만드는 氣의 작용에 따랄 분별과 대립, 갈등을 일으킨다. 기질지성에서 본 세계는 대립, 갈등의 세계이지만 보편화의 원리인 理에 의하여 이 대립, 갈등

> 을 극복하여 자아와 세계의 합일을 추구하게 된다. 다시 말하면 세계와의 갈등을 인위적으로 극복하여 합일의 경지를 몽상하게 된다.(39)

김준오에게 서정시에서 보여지는 동일성의 세계관이 중요한 것은 그 동일성의 이념이 현재에는 부재하는 것이기 때문이다. 동일성은 상실된 것이기에 그것은 회복해야 하는 가치개념으로 상승된다. 그것은 주어진 것이 아니라 찾아져야 하는 성질의 것이다. 그러나 서정시의 양상도 역사적 시기마다 다르게 드러난다. 김준오가 현대시의 정신주의적 경향에 부여하는 의미가 제한적이며, 전통적인 서정시의 무조건적인 복권에도 유보적인 입장을 취하는 것은 이 때문이다. 그는 「서정, 反서정, 新서정」(1997)라는 글에서도 이에 대한 자신의 견해를 밝히고 있다. 이처럼 김준오 『시론』의 동일성의 문제는 통시적 차원과 수직적 지평 속에서 시간의 개입을 내포한다. 김준오가 항상 주목하는 '변화'의 개념은 시간의 차원을 문제삼지 않을 수 없다. 변화하는 시간 속에서 동일성의 문제는 '차이'와 '반복'이라는 역사철학적 문제를 수반한다. 이는 서정시의 존재기반의 위기와 직접적으로 관련된다. 시에서의 리얼리즘, '서술시(narrative poem)'의 문제는 이 지점에서 가장 부각되는 양식이라고 할 수 있다. 서정소설이 자기모순을 내포하고 있는 것처럼 서술시라는 용어도 모순된 진술이라고 할 수 있다. 김준오는 서술시의 가능성에 대해서 조심스럽게, 하지만 확신에 찬 어조로 접근한다. 이는 장르의 혼합 내지 융합이라는 문제도 관련된다. 김준오에게 시의 본질을 규명하는 일은 그것의 장르적 특성을 밝히는 일과 불가분의 관계에 놓여 있다. 장르의 문제는 김준오가 문학연구의 본질적 부분으로 간주하여 평생을 두고 숙고하던 문제이기도 했다.

서술시의 개념에는 이미 자기 동일적인 주체의 해체와 세계와의 분열이라는 문제가 내포되어 있다. 김준오에 의하면 서술시는 '이야기를 노래한 것, 그러니까 이야기시'(92)이다. 향가나 고려 속요, 시조, 가사 등의 전대의 시문학에도 이야기의 전통은 존재했지만, 이야기시가 문제적인 것은 근대 이후의 현대시에서이다. 왜냐하면 근대이후의 서사양식은 자아와 세계가 분열된 시대의 문제적 개인을 대상으로 삼기 때문이다. 이와 같은 문학적 인식은 '주어진 총체성'과 '찾아야 하는 총체성'이라는 루카치의 『소설의 이론』의 명제에 집약되어 있다. 서사적 요소를 포함하는 서술시 속의 서정적 자아는 바로 이 분열된 세계와 대면해야 하는 자아이다. 서술시에는 '살아 있는 실제의 인간이 포괄된다. 즉, 배제의 원리가 아니라 포괄의 원리가 작용한다.'(92) 김준오는 서술시가 70년대에 와서 다시 크게 주목받게 된 시 형태이며 그 이유는 서술시가 민중시의 불가피한 시 형태이면서 시의 리얼리즘을 획득하는 결정적 조건이 되기 때문이라고 설명한다. 그리고 70년대 서술시의 민중가락은 일제 말기 백석의 시편에서 이미 발견할 수 있다고 주장한다. 그는 서술시의 미학적 장점을 '산문소설에 등가되는 리얼리티를 확보할 수 있는 가능성에 있다'고 보며, 서술시는 '행위나 사건을 묘사함으로써 삶의 장면들을 리얼하게 반영하여 서사적 흥미와 삶 자체의 관심을 융합시킨다'(96)고 평가한다. 김준오는 이와 동시에 서정시의 귀족적 세계관과 대비되는 서술시의 민중성에 대한 이데올로기적 분석을 병행한다.

여기서 서술시의 민중성과 관련하여 서술시를 경시하고 심지어 금기시하는 경향을 또한 검토하지 않을 수 없다. 이것은 서정시만 진정한 시라는, 곧 서정시를 특권화하는 태도의 산물이며 그래서 서술시를 부당하게 서정

> 시와 대립시키거나 비교하려는 태도와 맞물려 있다. 서정시가 서술시나 산문시보다 높은 예술적 가치를 지닌다고 보지 않는다는 평가 그 자체는 매우 역설적이지만 암묵적으로 서술시의 경시경향을 내비치고 있다. 서술시의 이런 경시 배경은 그리 단순하지 않지만 무엇보다 주목되는 배경은 엘리트주의, 그러니까 대중적 형식을 혐오하는 계급적 편견이다. 잘 알다시피 구비문학은 민중장르이며 특히 서사민요와 같은 구비 서술시에서 볼 수 있듯이 대중성은 서술시의 전통이다. 신화, 전설, 민담 등 구비설화가 대중시의 실체이며 서술이 가장 대중적이며 그만큼 영향력 있는 문체임에 틀림없다. 서술시의 폄하는 구비설화에 대한 폄하에 기인한다. 심지어 이런 태도는 설화들이 야만적이고 원시적인, 덜 발달되고 변두리적인 것이어서 여자나 어린이에게 적합하다는 인식으로까지 심화되기도 한다. 서술시의 문체는 전통적으로 수사적 비유보다 일상인의 평이하고 단순한 회화체가 우세하다. 언어의 투명성이 서사장르에 관련되는 것과는 대조적으로 언어의 불투명성, 모호성은 서정장르에 관련된다는 사고 역시 서술시를 폄하시키는 한 요인으로 작용한다.(98)

여기에서 우리는 시적 동일성에 내재되어 있는 이데올로기를 문제삼지 않을 수 없다. 이분법적으로 도식화할 수는 없지만, 20세기 이전의 전대의 문학에서 서정시의 주된 담당계층은 지배계층 내지 엘리트층이었고 서사민요 등의 구비문학을 담당하던 계층은 주로 피지배층인 민중들이었다고 할 수 있다. 서정시의 시적 세계관인 자아와 세계의 동일성은 지배계층의 이데올로기였다는 점이 망각되어서는 안된다. 지배적 질서 속에서 세계의 원환적 총체성은 아무런 갈등이나 모순 없이 구현될 수 있다. 그러나 피지배층에게 자아와 세계의 동일성 혹은 세계의 원환적 총체성은 감각될 수 없다. 그들에게 세계는 모순되고 분열되어 있으며 그 질서 속에서 조화로운 안정감은 향유될 수 없다. 따라서 자아와 세계의 통합과 분열의 문제는 단순히 근대세계의 경험과만 관련되지 않고 계층적인 이데올로기에 대한 담론분석을 포함해야 한다. 서술시의 민중적 세계관이 보여주는 자아와 세계의 대결양상은 근대의 경험이라는 문제와 함께 피지배계층의 세계인식을 복합적으로 고려하도록 한다. 민중시의 전통을 계승한 70년대 서술시의 전형이라 할 수 있는 정희성의 「저문 강에 삽을 씻고」라는 작품은 근대 세계 속에서 소외되고 산업 사회 속에서 계층적으로 소외된, 즉 이중적으로 소외된 민중적 자아의 모습을 핍진하게 드러낸다. 이와 같이 서정시의 동일적 비전과 서술시의 비동일적 비전은 역사철학적인 사유와 이데올로기에 대한 계급적 분석을 동시에 수행하게 한다. 김준오는 서정시의 시적 세계관과 동일성의 이데올로기가 결코 특권화될 수 없음을 지적한다. 김준오에게 특권화되는 것은 오직 '변화'뿐이다.5)

근대성의 경험은 자아의 자기동일성의 위기를 불러 온다. 그리고 더욱 근본적으로 주체의 자기동일성이 선험적으로 주어지는 것이 아니라 타자들에 의해 구성되어지는 것에 불과하다면, 즉 주체의 자기동일성은 신기루에 지나지 않는다는 주장들을 고려한다면 문제는 더욱 심각해질 수밖에 없다. 20세기 전반기 한국문학의 근대성에는 근대성, 전근대성, 탈근대성이 혼재되어 있기 때문에, 내면의 자기반성(reflection)을 통한 이성적 주체의 확립과 욕망의 환유연쇄 속에서 부유하는 무의식적이고 자기분열적인 주체의 발견은 동시적이고 중층

5) 구모룡, 「시학의 확장: 본질시학에서 해체시학으로」, 『시와 시학』, 1997년 겨울호, 168쪽.

적이다. 우리 현대시사 속에서 분열적 주체가 전면으로 부상하게 되는 것은 이상(李箱)의 시에서이다. 김준오는 이상의 시에서 유사성의 부정이라는 아이러니의 정신을 발견한다.

(1) 그러나 아이러니는 유사성이 관습적으로 지속되고 있는 상황들 속에서 그 유사성의 부정으로부터 출발한다. 유사성의 부정은 자아와 세계의 차이성에 대한 관심의 집중현상이다. 아이러니는 '거리'의 정신이며 개관적 정신이다. 여기서 '거리'는 자아와 세계 사이의 외적 거리인 동시에 분열된 자아들 사이의 내적 거리도 포함한다. 이런 점에서 아이러니는 비서정적 성격을 본질로 한다. 차이성을 발견하는 아이러니 정신은 분석적 정신이며, 분석적 정신은 지적 사고의 본질이다. 30년대 이상의 지성은 자신마저 분석하는 철저한 아이러니 정신에 입각해 있으며, 그리하여 자의식이 넘쳐흐르는 자아분열을 전형적으로 보이고 있다. '거울 속의 나'와 '거울 밖의 나'로 자신을 분리시키는 이상의 정신은 아이러니 정신의 한 극점이다.(305~306)

(2) 과거파괴 내지 과거부정은 모더니즘의 한 특징이다. 이상 시의 화자는 자신이 문벌 중의 한 구성원임을 거부하고 있다. …(중략)… 여기서 인간은 이 세상의 어떤 인간, 어떤 사물과도 무관한 완전한 이방인이며 과거도 없고 따라서 미래도 없는 인간이 된다. 객관세계를 상실하고 자기의 진정한 자아도 상실해 버린 완전한 소외에서 인간의 생활이란 결국 경험의 무의미한 파편의 연속이요, 자아의 파편의 집힙일 뿐이다. 이른바 근대적 자아상은 이상의 시에서 볼 수 있는 것처럼 자아분열의 비극적 모습이 된다. 여기서 이런 무의미한 파편들을 의미심장한 형태로 재구성하여 자아회복의 길을 터놓는 것이 기억이다.(385)

인용 (1)은 이상 시에서의 주체의 분열과 공시적인 자기동일성을 문제 삼고 있고 (2)는 『시론』의 보론으로 삽입된 「기억의 현상학」의 일부로, 이상 시에서의 통시적인 자기동일성을 문제 삼고 있다. 김준오는 이상 시의 시적 세계관을 서정적 성격과는 거리가 먼 것으로 보고 비동일성의 원리로 해명한다. 이상 시의 의식적인 주체와 무의식적인 주체의 분열상은 유사성을 발견하려는 정신이라기보다는 차이를 지각하려는 정신이다. 그것은 비유의 동일적 비전이라기보다는 아이러니의 거리와 비동일적 비전이다. 이상 시에서 자아의 비동일성은 통시적인 차원에서도 드러난다. 서정시에서 과거, 현재 , 미래의 시간은 시적 자아의 자기동일성을 토대로 유기적으로 통합된다. 김준오에 의하면, '시인은 과거, 현재, 미래를 동화시킨다. 시간의 이런 동일화는 시정신의 또 하나의 본질이다'(127) 그리고 이런 시정신은 언어적 시제의 모호성(ambiguity of verbal tense)을 드러내는데, 시제의 이런 모호성에서 역사적 현재라는 이름의 서정적 시간이 발생하는 것으로 본다. 김준오는 이와 같은 맥락에서 서정적 시간이 어떤 의미에서는 허구가 아니라 시에서의 '본질적인' 시간으로 간주할 수 있다고 본다. 그러나 이상 시가 보여주는 시간의식은 단절되고 불연속적인 굴곡의 단면만을 보여준다. 이상 시의 시적 자아는 기억을 통해서 과거를 현재 속에서 재구축하지 못하고 영원한 현재 속에서 과거와의 단절감만을 느낀다. 김준오는 '과거를 단절시킨 데서 새로운 생성만을 추구한 이상은 소월이 변화를 배제하고 동일한 것(과거)의 지속만을 보여준 데 반하여 시간의 '지속적'인 양상을 그의 시간의식에서 완전히 배제했다'(128)고 본다. 그리고 '시간은 변화와 지속의 양면으로 체험되는데도 불구하고 변화만을 강조한 그의 왜곡된 시간의식에 그의 이성까지 가세하여 시간의 공간화를 가져왔다'(128)고 판단한다. 시적 자아의 공시적 동일성과 함께 통시적인 동일성마저 분열되고 해체되는 양상을 보여주는 이상의 시는 서정시의 동일적 비전과는 또 다른 우리 현대시의 비동일적 비전을 보여주는 것이다.

서정시의 동일적 비전은 서정시 내부의 자기분열 속에서 역사적 변화를 드러내기도 한다. 김준오는 현대 서정시의 미학적 변전을 도시시나 일상시 속의 신서정 속에서 찾기도 하고 <고백시>라는 범주로 유형화하기도 한다. 그는 이러한 현대 서정시의 변모양상을 「서정, 反서정, 신서정」(1997)에서 따로 고찰하기도 했다. 김준오에게 서정시의 미학적 변화는 의미심장한 것이 아닐 수 없다.

> 도시와 자본주의 소비사회는 신서정의 중요한 진원지이다. 80년대 후반부터 두드러지게 부각되기 시작한 도시시는 일상적 삶 속에서 새로운 서정을 찾았다. 이 신서정은 요절한 기형도의 경우 허무주의적 미로감각이었고 장정일의 경우 소비문화의 이미지를 매개로 한 물화된 욕망의 문제였다. …(중략)… 무엇보다 정신주의시를 비롯한 현대시들에서 자기탐구의 개성회복이 서정성의 회복에 등가되는 현상이 유난히 눈에 띈다. 여기서 주목할 만한 것은 현대시가 모순된 이중성의 서정을 지향하고 있는 점이다. 이것은 서정적 자아가 과거와는 달리 탈중심화되는 징후, 좀 더 낯익은 용어로 말하면 인격분열의 징후다. 이기철, 최승자, 김혜순, 김신용 등의 고백시들에서 두드러지듯이 선, 악, 미, 추, 이성과 충동 등이 공존하는 인간성의 양면성에서 신서정을 발견하고 있는 것이다. 자학과 자기연민의 서정이 융합되어 있고 우리 시대의 문제성의 책임을 자신과 세계 쪽에 공평하게 분할하는 고백시의 모순된 서정은 여간 의미심장하지 않다. 해체주의적 세계관과 연관된 이 모순의 이중적 서정은 확실히 현대시의 정직성이면서 또한 문제적 인간학이다. 고백시는 앞에서 언급했듯이 시인의 목소리로 말해지

> 는 개성론의 현대적 부활이다. …(중략)… 거듭 말하지만 세계파악의 색인인 서정은 새로운 서정으로 전개되는 동적 개념이다. 그리고 이것은 인간학의 문제이기도 하다.6)

개성론의 현대적 부활인 신서정시나 고백시의 서정적 자아는 자기동일적인 주체라기보다는 자기모순과 분열의 복합적 정념으로 추동되는 자아이다. 그리고 그 자아탐구가 조화와 통일이라는 서정적 비전으로 환원되는 것이 아니라 구체적 현실의 역동성 속으로 몸을 내던지는 자기동일성의 실험이다. 그것은 대립과 갈등 속에 자신의 내면을 열어 두려는 시도이고, 정직한 인간의 자기윤리 정립을 위한 목숨을 건 싸움이다. 그것은 '고통스러운 자기노출'이다. 여기에서 선과 악의 외부적 도덕률이나 미와 추의 관습적 구별은 시적 자아에게 아무런 의미를 지니지 못한다. 그것은 도덕과 선에 내재된 추악함을 통찰하려는 시도이며, 추방된 미적 범주인 추(醜) 속에서 미를 발견하려는 태도이다. 고백시의 서정적 자아는 자기의식의 분열 과정 속에서 의식의 통합 가능성을 발견하려는 자아이다. 다시 말하면 그것은 비동일성 속에서 순간적으로 현현하고 있는 동일성을 포착하려는 시도이다. 김준오에게 서정시와 동일성은 평생의 화두였고 <세계파악의 색인>이었지만 그것은 언제나 새로운 서정으로 갱신되는 동적 개념이었다. 그리고 그것은 더욱 근원적으로는 항상 '인간학의 문제'였다. 김준오는 현대시의 서정성 논의들이 정신주의 시로 집약되고 있음을 본다. 그리고 정신주의 시들이 '서정의 정신화로 시적 깊이를 획득하

---

6) 김준오, 「서정, 反서정, 신서정」, 『현대시의 환유성과 메타성』, 살림, 1997. 여기서는 『시와 사상』(1999년 여름호)에 재수록된 것을 텍스트로 사용했다. 인용문은 『시와 사상』, 236~239쪽.

고 조화, 긍정의 태도로 부드러운 서정성을 회복한 것은 지나친 지성화와 요설체, 그리고 언어폭력의 현대시를 반성한 몫을 지닌다'고 평가한다. 하지만 정신주의 시는 '신서정이기라기보다 전통시의 서정주의로 복귀한 것이며 전통시의 재발견'이며, '원론적으로 말하면 서정시를 제자리로 되돌린 것이다'라고 보면서 그 의미부여를 제한한다. 전통과 교섭하지 하는 근대가 맹목인 것처럼 근대 속에서 갱신되지 않는 전통도 생명력을 상실한다. 전통의 무조건적인 복원은 이에 부여된 소극적인 의미를 넘어서서 적극적인 새로운 의미를 창출하지 못한다. 김준오가 정신주의시가 우리 시대에 가지는 존재 의의를 인정하면서도 도시시나 일상시가 창출한 새로운 서정에 주목하는 이유는 여기에 있다. 우리 시대의 서정은 산 속에서 찾아지는 것이 아니라 우리의 일상을 지배하는 도시의 나날의 삶 속에서 찾아져야 한다는 주장은 음미해 볼 필요가 있는 것이다.

2-2. 시의 구성원리

시의 구성원리로서 동일성(비동일성)이 가장 선명하게 드러나는 것은 은유와 환유를 비롯한 비유에서이다. 김준오는 비유를 '반드시 이질적 두 사물의 결합양식'이라고 설명하면서, 동양시학의 '比, 興'에서도 비유의 기교를 발견한다. 그는 '比가 직유라면 興은 은유 내지는 상징에 해당한다고 볼 수 있다'라고 설명하면서 동·서의 시론을 비교, 검토한다. 그는 비유를 다음과 같이 이질적으로 정의한다.

(1) 이런 비유의 근거는 유추, 즉 두 사물 사이의 유사성 또는 연속성에 있다. 두 사물의 동일성에 의하여 비유는 성립된다. 이 동일성의 발견을 심

리학 용어로 전이라 한다. 따라서 비유는 동일성의 원리에 근거하고 있으며 동일성의 서술이다.(175)

(2) 그러나 비유는 이 동일성의 개념만으로만 완전히 기술될 수 없다. 우리가 결코 간과 할 수 없는 사실은 비유에서 동일성 못지 않게 차이성도 중요하다. 비유적 언어는 연합적 언어다. 그러나 이 연합은 서로 같으면서도 서로 다른 두 사물의 결합이다. 비유는 차이성 속의 유사성(similarity of difference)을 필요충분의 조건으로 삼고 있다.(176)

김준오는 '시적 세계관의 본질은 자아와 세계의 동일성에 있으므로 비유적 언어야말로 가장 시적인 언어이며 시의 대표적 장치가 된다'(176)고 하면서, 비유가 시정신의 본질을 구성하는 것으로 파악한다. 동일성의 원리가 시적 세계관으로는 세계의 자아화로 드러난다면 시의 구성원리로는 비유에서 가장 선명하게 드러나는 셈이다. 비유는 유추에 의한 이질적인 것의 통합이다. 비유의 상상력은 '추상적인 것과 구체적인 것, 보편적인 것과 특수한 것, 자아와 세계, 사상과 감정'의 차이를 넘어서서 '이 모든 대립되는 짝들을 포괄하고 융합하는 종합의 능력이다.'(177) 하지만 이 동일성의 원리만으로 비유는 설명되지 않는다. 즉 연합적 언어에 내재하는 차이성 내지 비동일성의 원리가 비유의 다른 한 축을 형성하고 있는 것이다. 따라서 비유는 어디까지나 '차이성 속의 유사성'을 그 작동원리로서 함축하고 있는 것이다. 그렇기 때문에 비유에 있어 원관념과 보조관념의 구분보다 실제로 중요한 것은, 두 사물의 결합에서 일어나는 '의미론적 변용'이다. '은유(metaphor)란 어원상 meta(초월해서/ over, beyond)와 phora(옮김/ carrying)의 합성어로 '의미론적 전이'란 뜻을 지닌다.'(181) 이런 맥락에서 김준오는 수사적이고 문법적인 차원을 벗어나 비유의 의미론적 변용작용을 밝힌 휠라이트의 작업[7]에 주목한다. 김준오는 휠라이트의 논의를 따라 은유를 크게 '치환은유(epiphor)'와 '병치은유(diaphor)'로 나누어 설명한다. 김준오는 어원상 양자의 공통된 요소를 의미론적 '운동(phora)'이라고 지적하면서 은유를 역동적인 개념으로 설정한다. 아리스토텔레스의 은유의 개념은 휠라이트의 치환은유에 해당한다.

> 일찍이 아리스토텔레스는 未知의 것을 이해하기 위하여 이것을 旣知의 것으로 바꾸어 부르는 명명의 '전이양식'으로 은유를 파악했다. 우리가 새로운 사물을 경험했을 때 이것을 기술할 새로운 언어가 없어서 이와 '유사한' 그리고 우리가 잘 알고 있는 다른 사물의 이름을 여기에 부여하는 것이 은유다. 아리스토텔레스에게 은유는 '전이'이고 전이는 유추, 곧 유사성이다. 시적인 것의 본질을 '옮겨놓기', 곧 전이양식으로 파악한 것은 여간 의미심장하지 않다.(179)

아리스토텔레스의 시적 전이는 야콥슨의 등가성의 원리와도 일맥상통한다. 야콥슨의 '시적 기능은 등가의 원리를 선택의 축에서 결합의 축으로 투사한다'는 명제는 시적 전이, '옮겨놓기'를 다른 말로 풀어놓은 것이라고 할 수 있다. 따라서 아리스토텔레스의 은유개념은 '원관념으로부터 보조관념으로 옮겨지는 의미론적 이동을 특징으로 한다.'(181) 'A는 B이나'는 식의 아리스노텔레스의 은유나 휠라이트의 치환은유는 '유사성'에 근거한 의미론적 이동을 보여준다는 점에

7) Philip Wheelwright, *Metaphor and Reality*, Indiana University Press, 1973.

서, 비동일성보다는 동일성의 원리에 의해서 생겨나는 비유의 형태이다. 그러나 '현대시의 은유에서 이런 아리스토텔레스적인 조건이 준수되지 않은 것은(또한 반드시 준수될 필요도 없다) 물론이다.'(181) 은유에서 중요한 것은 서로 이질적인 것들이 비교됨으로써, 자동화된 우리의 지각을 낯선 인식의 경험으로 이끄는 것이다. 이런 인식의 충격은 병치은유에서 더욱 두드러지고 예각화된다. 병치은유는 동일성보다는 비동일성의 원리에 의해 생성되는 비유의 형태이다.

김준오는 휠라이트를 따라 에즈라 파운드의 "군중 속에서 유령처럼 나타나는 이 얼굴들/ 까맣게 젖은 나뭇가지 위의 꽃잎들"8)이라는 시구를 병치은유의 예로 든다. 휠라이트는 이 은유형태에 '조합(combining)'이라는 용어를 사용한다. '조합이란 치환은유처럼 사물들 사이에 유사, 등식 같은 상호 모방적 인자가 있는 것과는 달리 서로 다른 사물들이 당돌하게 병치됨으로써 빚어지는 '새로운 결합'의 형태이다.'(183) 김준오는 우리 현대시에서 김춘수의 무의미시, 이승훈의 비대상시, 절대시 등이 병치은유를 그 구성 원리로 채택하고 있다고 본다. 그리고 병치은유에서 예술을 독자적이게 하는 일반적인 원리를 발견한다. 예술은 본질적으로 현실에 존재하지 않는 잉여가치를 덧붙임으로써만 예술로서 존재하게 된다. 예술은 있는 그대로의 모사가 아니라 새로운 의미를 창출해내는 생성적인 힘이다. 역설적으로 표현한다면 예술은 비모방적이 됨으로써만 현실을 모방할 수 있는 것이다. 예술의 짜임관계(konstellation)는 현실과는 다른 배치를 보여줌으로써 현실의 짜임관계에 자동화된 우리의 지각에 미학적 충격을

8) Ezra Pound, '*In a Station of the Metro*', "The apparitions of these faces in the crowd; Petals on a wet, black bough."(에즈라 파운드, '지하철 정거장에서', 정규웅 역, 민음사, 1995, 26~27쪽)

가하게 된다. 그것은 낯선 경험이며 그 미학적 충격을 통해 우리는 현실을 새롭게 인식하게 된다. 병치은유의 비동일성의 원리는 '낯설게 하기'라는 예술의 미학적 기능에 대한 고전적 정의를 다시금 검토하게 한다. 그리고 이는 현대시의 은유를 이해하는 데 매우 유용한 관점을 제공해주는데, 왜냐하면 '많은 현대시들의 은유는 동일성이 아니라 '비동일성의 원리'에 근거하고 있기 때문이다.'(187) 김준오는 이어서 현대시의 비동일성의 원리를 본격적으로 검토하는데, 오르테가 이 가세트의 『예술의 비인간화』를 주된 논거로 삼아 논의를 전개한다. 오르테가의 은유론은 치환은유와 정면으로 배치되는 것인데, '동일성이 아니라 비동일성, 곧 차이가 은유의 원리가 되고'(190) 있기 때문이다. 오르테가는 '현대시의 은유를 비인간화를 위한 가장 기본적인 수단'으로 보며, 이 '비인간화란 인간적 시점의 배제요, 현실의 배제이다.'(190) 김준오는 현대시의 은유를 성립시키는 것을 '비동일성의 원리'로 보고 휠라이트의 용어를 빌어, 결국 현대시의 언어가 살아있는 언어가 되기 위해서는 '긴장적 언어(tensive language)'가 되어야 한다고 결론을 내린다.

김준오는 현대시를 구성하는 두 축인 동일성의 원리와 비동일성의 원리가 비유에서뿐만 아니라, 상징, 인유, 패러디, 아이러니와 역설 등 모든 시의 구성 원리를 관통하는 일관된 원리임을 보여준다. 그중에서도 패러디는 이 두 가지 원리가 가장 확연하게 드러나는 시적 장치이다. 이는 이미 패러디가 어원적으로 '반대'와 '모방' 또는 '적대감'과 '친밀감'이라는 상호모순의 양면성을 띠는 데서 드러난다. 패러디는 일반적으로 '원전의 풍자적 모방 또는 원전의 희극적 개작'(236)으로 정의된다. 김준오는 '포스트모더니즘의 핵심시학을 패러디로 규정한 린다 허천은 패러디를 과거에 대한 비평적 거리를 가진 반복이라고 정의한다.'(246)고 하면서 패러디에서 동일성과 비동일성의 원리를 읽어내고 있다. 따라서 김준오가 패러디의 중요한 원리의 하나로 상호텍스트성을 지적하는 것은 당연한 일이다. 김준오는 패러디의 상호텍스트성을 바흐찐의 대화주의를 통해 설명하기도 한다. 바흐찐의 담론분석은 김준오의 시론에 많은 부분 수용되어 있어서 그의 시론을 더욱 풍요롭고 다채롭게 한다. 김준오는 '바흐찐이 모든 작품의 언어에서 반쯤은 작자의 언어이고 나머지 반은 타인의 언어라고 했을 때 이 어정쩡한 기술은 그러나 명백한 진리다'(238)라고 하면서 패러디의 상호텍스트성이 참여의 원리에 의해 구축되고 있음을 지적한다. 그는 패러디의 원리를 동양의 전통적인 시학에서 발견하기도 한다. 즉 중성모방을 뜻하는 패스티쉬의 표절에 대한 우려는 우리의 고전시학의, '고인의 시에 나타난 뜻을 자신의 말로 묘사하는 환골(換骨)과 고인의 뜻을 본보기로 고인의 시구를 개작하는 탈태(奪胎) 그리고 고인의 뜻이나 말을 그대로 따르는 도습(蹈襲) 등의 모방 기교들'(251)에 나타나고 있다는 것이다. 김준오는 패러디의 또 하나의 중요한 원리로서 '자기반영성(self-reflexivity)'을 지적하면서 메타시의 가능성에 대해서 언급한다. 패러디는 '삶의 반영이 아니라 삶의 반영인 원전을 반영한 것, 곧 '반영의 반영'인 셈'(252)이기 때문에 패러디는 자기반영성을 특징으로 한다. 즉 '시에 대한 시쓰기, 소설에 대한 소설쓰기, 희곡에 대한 희곡쓰기'가 패러디의 자기반영성을 보여주고 있는 것이다. 따라서 패러디는 일종의 메타언어가 된다. 김준오는 패러디의 상호텍스트성과 자기반영성에서 개별 작품을 중립적으로 고립시키지 않고 상호관련 속에서 문학을 관찰해야 한다는 문학사의 기본 전제를 확인한다. 그리고 더욱 근원적으로는 패러디를 통해 우리시대의 글쓰기의 조건과 기반에 대해서 본질적인 물음을 던진다.

김준오가 메타시의 새로운 가능성에 대해서 주목하는 이유는 여기에 있는 것이다. 이처럼 메타시의 가능성과 한계, 패러디의 상호텍스트성과 자기반영성은 현대시의 동일성과 비동일성에 대한 질문과 불가분의 관계에 놓여 있다.

2-3. 시의 문체와 형태

동일성과 비동일성의 원리로서 시적 세계관과 시의 구성 원리는, 한 편의 시 내부에서 일어나는 시적 생산에 관련된 문제들이다. 역사적 시기마다 부침하는 시의 하위 장르들의 비교 속에서 동일성과 비동일성의 원리는 시의 문체와 형태를 문제 삼게 된다. 전범이 되는 어떤 시적 규준을 설정할 때 새롭게 등장하는 역사적 장르들의 위상은 규준들로부터의 거리와 편차에 의해서 측정될 수 있다. 즉 전범과의 '차이'와 전범의 '반복'의 정도에 따라서 새로운 시의 형태들은 규정될 수 있는 것이다. 물론 전범이 되는 시적 규준들은 어디까지나 유동적인 것이어서 항상 새롭게 갱신될 수 있는 것이다. 반복은 보편과는 구별되며 반복이 언제나 보편성을 담보해 주는 것은 아니다.[9] 하지만 우리는 연구의 편의를 위하여 잠정적 형태의 시적 규준들을 마련해 볼 수는 있다.

김준오는 시적 긴장과 압축, 비지시적인 시어의 특성들을 고려하여 서정적인 정형시를 하나의 시적 규준으로 설정한다. 그리고 이로부터의 거리와 편차를 통해 현대시의 새로운 경향들을 검토한다. 물론 김

9) G. Deleuze, *Difference and Repitition*, trans. by Paul Patton, New York: Columbia Univ Press, 1994, p.1.

준오가 주목하는 것은 전통적인 서정시의 '반복'보다는 새로운 '차이'를 만들어 내는 기존의 시적 규준들로부터 일탈한 경향들이다. 김준오는 식민지배기 새로운 시 문법을 창조해낸 이상의 실험에 주목하며, 해방 이후의 시적 작업들 중에서는 김수영 시의 성과에 주목한다.

> 그러나 가장 주목할 만한 시문체의 변화는 고도의 조직성과 김밀성과 암시성을 생명으로 하는 전통 시문체의 폐쇄형식을 파괴하고 일상 언어를 그대로 재현하는 개방형식의 시문체로 변화된 것이다. 이것은 조선시대 후기의 사설시조가 전기의 양반시조의 문체를 파괴한 몫에 등가된다. 현대시사에서 김수영은 시문체의 이런 개방형식을 표방한 기수가 된다. …(중략)… 온갖 비속어, 악담, 비시적 일상언어, 선언적 어조를 서슴없이 자유롭게 구사한 김수영은 자기 시를 전통시와의 투쟁을 일으키는 긴장관계에 정위시킴으로써 그의 말대로 그의 일련의 작품들은 전통시에 대한 철저한 '反詩'가 되었다. 이러한 그의 개방체는 후배 시인들에게 많은 영향을 끼친 시문체의 커다란 변혁이었다.(110~111)

김준오는 시인의 언어선택은 '구문과 이미저리와 소리와 함께 문체소(style-maker)'가 된다고 지적하면서, 이 선택은 '문맥과 제재에 좌우되며 다분히 무의식적이지만 시인의 개성에 좌우된다'고 본다. 그에 의하면 시인의 개성이 가장 잘 드러나는 것은 시인의 언어선택과 이에 따른 문체의 효과에서이다. 김수영은 개방형식의 시문체의 실험을 통해 전통적인 시적 규준들로부터 '차이'를 생성해 냄으로써, 또 하나의 새로운 시적 규준을 마련해 놓았다. 이와 같은 개방적인 시문체를 김춘수는 해사체(解辭體)라고 부르는데 이는 통사체와 대비되는 개념이며, 그가 말하는 해사체란 '특히 30년대 이상 시에서 볼 수 있는 일종의 '형식적 자포자기'의 현상을 가리키는'(112) 것이다. 그리고 이는 현대에 있어 예술의 위기 또는 언어위기의 징후를 드러내는 것이다. 언어예술에 대한 위기감은 현대시에서 '형태시'의 형식으로 표출되었다. 그것은 표현매체로서 더 이상 언어에 의존하지 않겠다는 태도이다. 형태시는 20세기 초 미래파나 입체파의 등장과 같은 미술사의 변화와 밀접하게 관련된다. 그것은 '언어의 의미와는 관계없이 시각적이거나 청각적인 효과를 노린 것이었다.'(113) 김준오는 황지우의 '한국생명보험회사 송일환씨의 어느 날'을 예로 들면서 이 작품을 구성하고 있는 해체원리들을 분석한다.

> 첫째로, 만화를 비롯하여 시각적 효과를 겨냥한 형태시의 요소를 들 수 있다. 둘째로, 보다 중요한 사실로 짜깁기 또는 편집이 시의 주된 구성원리가 되고 있다는 점이다. 곧 이 작품은 신문기사를 임의로 가위질하여 재배열하고 있다. 따라서 이 작품은 '소재=작품'(그러니까 삶과 예술을 구분하지 않는)이라는 '미적 자유이론'의 시학에 근거하고 있다. 이것은 시가 더 이상 '창조'가 아니라 '재생'이라는 명제를 표명한다. 셋째로, 편집의 기능이 극대화된 대신 화자의 기능이 극소화된 만큼 시인은 제재를 '전시'만 하지 제재에 대하여 판단하지 않는다. 시인의 개입이 억제되어 있다. 이것은 인식적 측면에서 매우 주목되는 점이다.(115)

언어예술인 시가 언어의 재현적 가능성을 불신하고 시각과 청각 같은 다른 감각을 표현수단으로 채택하는 것은 형태시가 제기한 새로운 문제이다. 이와 같은 언어의 위기도 문제적이지만 형태시에서의 화자의 기능의 축소는 더욱 문제적이다. 왜냐하면 이는 '행을 통한 개별 발화'라는 시적인 것의 최소한의 정의마저 무색하게 만들고 있기 때문이다. 형태시에서 시는 더 이상 시인의 개성적인 표현이 아니며 예술적 천재(天才)에 의한 창조 작업도 아니다. 그것은 새로운 것의 독창적인 창조가 아니라 기존의 것의 단순한 재생에 불과하다. 이는 삶과 예술의 분리라는 현대예술의 경향에 대한 강력한 도전이기도 하다. 가령 미술사의 이단아, 마르셀 뒤샹이 양변기를 단지 진열해 놓고 '샘(Fountain)'이라는 작품명을 붙인 것은 분리된 삶과 예술을 다시 통합하려는 시도였다. 패러디시 등의 현대시의 새로운 경향들은 이와 같은 형태시 등의 실험에서 자극받은 바가 많다. 형태시에서 '시란 더 이상 발화가 아니며 그러므로 시에 대한 새로운 기대의 지평선을 요청'(115)하고 있는 것이다. 형태시에서의 새로운 시문체와 형태는 기존의 시적 규준들로부터의 '차이'에서 생성되는 것이다. 현대시는 전통적인 시형식의 '반복'으로부터도 생명력을 부여받지만, 새로운 형식의 '차이'로부터도 이를 부여받는다. 공준된 전범을 중심으로 한 '반복'과 '차이'는 현대시를 지속적으로 추동하는 두 축이다. 우리는 이를 통해서 시적 규준이란 전통적인 시 형식을 토대로 동일성과 비동일성의 원리에 의해서 구축됨을 알 수 있다.

3. 『시론』과 일관성의 구도

『시론』을 온전히 파악하는 데 가장 큰 걸림돌이 되는 것은 동일성과 비동일성을 불가공약적인 개념으로 간주하는 태도이다. 『시론』을 평가하는 논자들의 혼선은 바로 여기에 기인한다. 동일성과 비동일성을 배타택일적인 개념으로 파악할 경우 『시론』은 자기모순과 한계를 내포하고 있는 듯이 보인다. 그러나 그것은 피상적이고 표피적인 관찰에 가깝다. 그것은 논자의 혼란을 텍스트의 분열로 투사시키는 태도이다. 비동일성의 그림자가 던지고 있는 동일성의 빛을 바라보지 못할 때 그 관점은 편파적인 것이 될 수밖에 없다. 우리는 비동일성 속에서 동일성을, 분열과 모순에서 새로운 통합의 가능성을 발견할 수 있다. '비동일성의 동일성'이라는 모순된 명제는 우리에게 『시론』을 바라보는 보다 온당한 관점을 제공해 준다. 그 가능성은 동일성이라는 문제틀(problematic)을 어떻게 설정하고 어떤 방식으로 규정하느냐에 달려 있다. 이는 본고의 서론의 문제의식과 직결된다. 동일성을 모순의 지양으로써, 차이의 배제로써, 상승의 변증법으로써 정의한다면 『시론』은 내적 균열을 드러내게 된다. 그러나 동일성을 모순의 지향으로써, 차이의 공존으로써, 확산의 변증법으로써 정의한다면 『시론』은 아무런 자기분열도 보여주지 않을 것이다. 현대 음악에서 불협화음의 총괄이 화음이 되고 긴장의 총괄이 평형이 되는 것은 이런 맥락과 상통한다. 우리는 대립되는 힘의 역학적 균형 상태와 조화를 역동적 평형으로 정의할 수 있다. 하지만 '비동일성의 동일성'이라는 용어는 여전히 동일성의 압력 하에 있으며 전체성의 유혹에 노출되어 있음을 알 수 있다. 필자는 여기에서 '일관성의 구도'[10]라는 새로운

10) "일관성의 구도(plan de consitance)는 아마도 가장 번역하기 곤란한 개념일 것인데, plan은 구도, 도면, 평면, 계획 등을 뜻하며, consistance는 일관성, 정합성, 견고성, 확실성 등을 뜻한다. 이는 다양하고 이질적인 요소들을 하나의 집합으로 묶을 수 있게 해주는 것으로, 일관성이란 말이 가장 적절할 것 같아서 그렇게 번역한다. 예를 들어 물감이나 나무, 실, 신문지 등의 이질적인 재료들을 '하나로 묶어서'(tenir ensemble) 일관성을 갖게 했을 때 그것은 하나의 작품이 된다. 같은 입체파의 작품이어도, 피카소의 작품과 브라크의 작품을 구별해주는 것은 이러한 일관성이다. 따라서 이는 스타일의 문제와 김밀히 결부되어 있다. 음악의 경우 바하나 베토벤의 스타일은 나름의 일관성을 갖는데, 이는 추상기계라는 개념과 결부되어 있다. 저자들은 이를 예술은 물론 과학이나 철

용어를 제안한다. 일관성의 구도는 그 자체로 초월이며 비약이다. 그러나 그것은 한편으로는 고통스러운 자기노출이기도 하다. 일관성의 구도라는 개념을 통해 우리는 『시론』의 온전한 모습과 만날 수 있다.

『시론』의 논자들은 크게 동일성에 주목하는 경우[11]와 비동일성에 주목하는 경우[12]로 나누어 볼 수 있다. 김경복은 김준오의 마지막 시론이라고 할 수 있는 「전이의 시론」(1997)과 「서정, 反서정, 신서정」

학에 대해서도 마찬가지로 사용한다. 하지만 각 요소들이 갖는 이질성을 제거하지 않고 하나로 묶는 것을 강조함으로써 기존의 통일성과는 다른 차원의 '통일성'을 확보하려는 셈이다. 이런 점에서 일관성은 일종의 모호(퍼지) 집합으로 정의된다."(질 들뢰즈・펠릭스 가타리, 『천의 고원』, 이진경 외 역, 연구공간 '너머' 자료실, 2000, 244쪽, 역자 주) '일관성의 구도'는 이질적인 것들을 하나로 묶어주는, 일종의 느슨한 통일성 같은 것이다. 관현악 연주에서 악보, 지휘자, 연주자, 악기 등은 서로 이질적이지만 연주에 참여하는 그 각각은 연주를 통해 각각의 차이의 공존 속에서 어떤 통일성을 형성한다. 이와 같은 것이 '일관성의 구도'이다. 역자에 따라서 이를 '고른판'으로 옮기기도 한다. 이에 대해서는 질 들뢰즈・펠릭스 가타리, 『천개의 고원』, 김재인 역, 새물결, 2001, 13쪽 참고.

11) 이에 해당하는 논자들로 김경복, 이광호를 들 수 있다.

12) 이에 해당하는 논자들로 고현철, 구모룡을 들 수 있다. 김준오의 『시론』과 관련된 논의들을 정리하면 다음과 같다.

구모룡, 「비판시학의 열린 체계: 해석에서 해체로-김준오론」, 『한국문학과 열린 체계의 비평담론』 열음사, 1992.

______, 「시학의 확장: 본질시학에서 해체시학으로」, 『시와 시학』, 1997년 겨울호.

______, 「궁극적 화(和)」, 『다층』, 1999년 여름호.

______, 「왜 쓰는가-비평적 글쓰기의 윤리학과 심리학」, 『문화. 비평. 사회 2』, 현대미학사, 2000.

______, 「비평적 글쓰기와 이타성의 지평」, 『문예중앙』, 2000년 가을호.

고현철, 「이론과 실천이 직조하는 체계적 기술시학」, 『현대시학』, 1999년 5월호.

______, 「체계적 기술시학-김준오의 시론과 장르론」, 『문학과 사회』, 2000년 여름호.

김경복, 「인간을 찾아, 근원을 찾아」, 『시와 사상』, 1999년 여름호.

이광호, 「동일성의 시학과 균열의 시학」, 『포에지』, 2000년 여름호.

(1997)를 근거로 해서 김준오의 시론이 결국은 동일성의 원리를 기반으로 하고 있다고 주장한다. 그는 '그러한 변화와 해체의 의미표출은 동일성의 상실과 동일성의 회복이라는 의미망 속에 수렴되어 해석되고 있다는 점 또한 지적되어야 겠다. 선생은 시대의 변화에 따른 시적 변화를 수용하면서도 그 변화를 관통하는 원리를 여전히 포기하지 않았다'[13]고 주장한다. 변화를 관통하는 원리를 포기하지 않았다는 지적은 타당한 것이겠으나 그 동일성의 실체가 무엇인지에 대한 고민의 흔적은 보이지 않는다.

이광호의 글은 다소 문제점을 지니고 있어 보인다. 앞서 지적한 바와 같이 심리적 투사의 메커니즘을 보여준다는 점에서도 그렇고 『시론』을 잘못 이해하고 있는 부분도 적지 않기 때문이다. 그 원인은 역시 비동일성을 동일성과 배치되는 개념으로 파악하고 있기 때문이다. 그래서 그의 글의 제목이 「동일성의 시학과 균열의 시학」으로 되어 있는 것이다. 그러나 분명히 말하지만, 이 '균열'은 『시학』의 균열이 아니라 이광호 자신의 의식의 균열이다. 이광호는 우선 『시론』을 서정시 중심주의의 동일성의 시론으로 규정하고 이와 대치되는 부분은 모두 균열의 시학이라는 이름으로 배제시킨다. 문제로 보이는 진술들은 구절들은 다음과 같다. '저자는 서정시의 전통적인 정서들과 현대시의 새로운 미학적 경향들 사이의 날카로운 단절을 적극적으로 이론화하지 않는 것처럼 보인다'.[14] '이렇게 보면 저자는 동일성의 원리와 비동일성의 원리라는 이원적 시학을 동시에 피력하고 있는 셈이다. 이런 관점에서 보면 김준오의 『시론』은 간과할 수 없는 이론적

---

13) 김경복, 위의 글, 223쪽.

14) 이광호, 위의 글, 182쪽. 이하 같은 글의 인용은 쪽수만 밝히기로 함.

균열을 안고 있다.'(184) '그런데 그 이론의 수정과 보완이 이렇게 한 권의 시론 속에서 소용돌이치고 있을 때, 이 책의 이론적 모순은 심화되었다고 볼 수도 있다.'(187) 그러나 김준오는 전통적인 서정시와 현대시 사이의 날카로운 단절을 적극적으로 이론화 했으며, 동일성의 원리와 비동일성의 원리는 일원적 시학으로 수렴될 수 있으며, 따라서 『시론』은 이론적 균열을 보이지도 그 모순이 심화되지도 않았다. 이광호가 자신의 인식론적 균열을 가장 극명하게 보여주는 대목은 다음과 같은 곳에서이다. 이광호가 인용하고 있는 『시론』의 대목과 이광호의 글을 함께 인용해보자.

> (1) (서로 다른 사물들 사이에서 동일성을 찾아내는 것은 성숙한 마음, 즉 현실의 복잡성을 관조할 수 있는 마음의 전형적 직분이라고 한다. 이것은 문학이 단순한 즐거움이나 유희 이상의 의의를 지니고 있는 점을 시사한 말이지만-* 이 부분은 이광호의 인용에서 빠져 있음.) 상이점 내에서의 동일성의 발견이 '성숙한 마음'의 직분이 되는 이유는 이것이 모순, 충돌을 피하거나 배제하지 않고 수용해서, 오히려 하나의 새로운 통일체로 '조화' 시키는 마음에서만 가능하기 때문이다. 성숙한 마음은 복잡하고 모순 투성이의 현대사회를 살아가는 시인의 자세이다. 이런 점에서 차이성 속의 동일성이란 비유의 본질은 단순한 문학적 차원 이상의 의의를 지니고 있는 것이다.(『시론』, 177.)

> (2) 그런데 저자가 그런 미학원리를 다음과 같은 인간적 가치의 차원과 연관시킬 때, 그것은 보다 복잡한 문제들로 우리를 이끌어 간다. (중략-*위 인용문 (1).) 이러한 진술은 동일성의 원리를 미학적 원리 이상의 윤리의 문제로 확대시킨다. 모순과 충동을 수용하여 새롭게 조화를 이루는 '성숙

한 마음'이라는 가치는 낯익은 인문학적 테제라고 할 수 있다.(이광호의 글, 184.)

여기에서 이광호는 시인이 자아와 세계의 동일성을 추구하는 두 가지 방식인 '동화'와 '투사'의 문제를 끌어들인다. 그리고 서구 근대의 주체철학이 가지고 있는 문제점을 『시론』에 투사시킨다. 그 비판의 요지는 김준오의 동일성의 개념이 '대상에 대한 주체의 전일적 지배로 귀결될 수 있다'는 것이고, '인간중심주의적 감상적 오류에 노출되어 있다'(186)는 것이다. 그리고 동일성의 원리를 미적 근대성과 대립되는 '사회적 근대성과 상동관계를 이루는 미학 이데올로기라고'(186) 규정한다. 김준오의 '비동일성의 동일성'이라는 개념을 이광호는 동일성의 환원주의로 평가하며, 김준오가 차이의 공존을 강조하는 대목에서 그는 '모순의 해소'(184)를 언급한다. 이는 이광호가 동일성과 비동일성을 배타 택일적이고 이율배반적인 개념으로 이해하고 있는 데서 빚어지는 혼란이다. 김준오는 이질적인 것들에 느슨한 통일성을 부여하는 일관성의 구도를 이야기하고 있는 것이고, 이는 문학의 차원을 넘어서 윤리의 차원으로 확대되는 것으로 '성숙한 마음'의 징표라 할 수 있다.[15)]

15) 이와 관련하여 김준오가 J. Keats의 '소극적 수용력(negative capability)'을 언급하고 있는 것은 주목을 요한다(John Keats, '*From the Letters*', edited by D. J. Enright, English Critical Texts: Oxford Univ Press, 1962). 김준오는 키츠의 소극적 수용력에 대해서 다음과 같이 평가한다. 첫째, 이것은 사물과 이치를 끝까지 추구하지 않고 불명확, 불가사의, 의혹 속에 안주할 수 있는 능력이다. 이 소극적 능력에 의해서 시인은 오히려 상상력을 개방하고 감수성을 높여서 사물을 다양하게 노래할 수 있게 된다. 이런 소극적 능력이 불확실성과 불확정성을 인식소로 하는 해체주의 세계관과 연결되는 것은 의미심장하다. 둘째로, 이 소극적 능력은 무성격과 연결된다. 개성 때문에 외부의 사물을 있는 그대로 다 수용

고현철의 '체계적 기술시학'이라는 명제가 『시론』에 대해서 설명해 주고 있는 것은 별로 없어 보인다. 왜냐하면 구모룡이 정확하게 지적하고 있듯이 '기술시학은 방법의 문제이지 이론의 문제가 아니'[16]며, '체계적 기술시학은 김준오 시론의 이론적 성격을 말하기보다 그 이론이 작동하는 방식을 의미하고 있을 따름'(50)이기 때문이다. 문제의 핵심은 그 기술시학의 토대가 되는 체계의 내용이 무엇이냐는 점으로 보인다. 또한 김준오의 시론은 '역사시학의 극단인 무정부주의적 기술방식에 유혹받고 있지 않다.'[17] 김준오의 『시론』의 문제의식은 철학적인 사유와 불가분의 관계에 있으며, 기술의 토대가 되는 이론적 중심이 늘 존재했다.

『시론』의 온전한 전체상을 보여주는 데 접근하고 있는 것은 구모룡의 일련의 글들로 판단된다. 구모룡은 『시론』이 동일성의 원리와 비동일성의 원리, 양자에 의해서 구축되고 있음을 적절하게 지적하면서 이를 시학의 확장으로 평가한다. 그는 그 확장의 중심에 근대성의 경험이 놓여있음을 놓치지 않는데, 마샬 버만의 『현대성의 경험』(1982)의 유명한 구절인 'All that is solid melts into air(모든 견고한 것은 대기 속으로 사라진다)'로 이를 해명해 낸다. 구모룡의 『시론』에 대한 최종적인 보고서라 할 수 있는 「궁궁적 화(和)」(1999)는 『시론』에 대한 가장 탁월한 평문이다. 여기에서는 김준오의 마지막 시론, 「전

하지 못하고 개성에 맞지 않는 것을 배척하게 되면 결국 시정신은 빈곤해지기 마련이다. 개성 시적이라면 무개성은 비시적이다. 이런 근거에서 "시인은 이 세상에서 가장 비시적 존재다. 정체가 없기 때문이다."라는 키츠의 몰개성론이 탄생된 것이다. 자기중심적 의식을 버리고 현실과 사물을 통찰하고 직관할 때 사물의 본질이 뚜렷이 나타난다는 것이 키츠의 믿음이었다(김준오, 『시론』, 27쪽과 200쪽 참조).

16) 구모룡, 「왜 쓰는가-비평적 글쓰기의 윤리학과 심리학」, 57쪽.

17) 구모룡, 「비판시학의 열린 체계」, 183쪽.

이의 시론」(1997)까지 논의에 포함시키고 있어서 구모룡 자신의 연구를 확장시키고 있는 셈이다. 따라서 이 지점에서 우리는 「전이의 시론」를 검토하지 않을 수 없다. 「전이의 시론」은 사실 새로운 시론은 아니다. 그 핵심적인 관점들은 이미 『시론』에서 제공되었기 때문이다. 이 글은 여전히 시의 구성 원리를 동일성의 원리와 비동일성의 원리로 설명한다. 새롭게 주목을 요하는 부분은 다음과 같은 대목이다.

> (1) 이런 몽따주에서 전이는 사물을 원래의 장소로부터 '추방하는' 것, 또는 시간적, 공간적으로 다른 자리에 놓인 사물들을 같은 시공 속에 몰아버리는 강제적 공존성이라고 정의할 수 있다. …(중략)… 비동일성을 갈망하는 현대적 은유나 몽따주는 현대시의 전유물은 아니다. 고전시학과 한시, 특히 선시에서 이미 찾아볼 수 있다. 고전시학은 묘사의 구체성과 회화성에 의한 표현의 사실성을 강조하는 시론과 대조적으로 시적 표현의 무한한 자유를 강조하기도 한다. 이런 표현의 자유는 대상(현실)에 구속되지 않고 대상을 지배하고 변용시키려는 예술적 욕구의 산물이다.
>
> 그러므로 현상을 표출함에 있어서 '눈 속의 파초'와 같은 표현도 가능하고, 경계를 나타나는 데 있어서도 '겨자 속의 수미산'과 같은 표현이 가능해지는 것이다. 어찌 있는 그대로 만족하거나 막힐 수 있단 말인가? (金昌翕, 『三淵集』 23권 「何山集序」, '故象有所轉 雲中芭蕉可也 境有所奪 芥裏須彌可也 是豈可以安排拘滯爲哉')18)
>
> (2) 전이는 인간 사고의 원형이다. 단지 시인의 상상력과 예민한 감수성

18) 김준오, 「轉移의 시론」, 『시와 시학』, 1997년 겨울호, 155쪽.

> 인 공감각에 의해 시적인 것으로 정립되었을 뿐이다. 이런 전이를 새삼스럽게 강조한 것은 이 글의 모두에서 지적했듯이 현대시가 현저하게 은유원리에서 환유원리로, 곧 언어선택의 강조로부터 언어배열의 강조로 시쓰기의 방법론이 변화하고 있는 데서 촉발된 것이다. 이런 현대시의 변화는 문학의 위기, 혼돈, 암중모색, 변혁을 체감하는 90년대적 상황과 무관하지 않다. 크게 은유와 병치로 가시화되는 전이의 시문법은 문학사의 각 시기마다 다양한 변형들을 낳으면서 전개되는 역사적 국면을 갖는다. 따라서 시인의 방법론적 채용은 시쓰기의 기반의 변화와 시인 개개인의 독특한 시론의 산물로서 필연성을 갖는 것이다.[19]

『시론』에서 '전이'는 치환은유에 한정되어서 설명되었다. 그러나 「전이의 시론」에서는 치환은유와 병치은유, 더 넓게는 은유와 환유를 관통하는 시의 구성 원리로 규정되고 있다. 이런 의미에서 「전이의 시론」은 일단 시론의 확장을 보여주는 것이라고 할 수 있다. 그러나 여전히 '전이'의 개념은 차이성 혹은 비동일성의 원리를 배제하지 않는다. 오히려 전이의 개념은 현대시의 은유원리에서 환유원리로, 언어선택에서 언어배열의 강조로의 변화를 설명하는 데 더욱 바쳐지고 있다. 따라서 이를 단순히 해석하여 동일성의 회귀로 보는 김경복의 논의는 한 쪽만을 고찰하고 있는 것이라고 할 수 있다. 김준오가 강조하고 있는 것은 '의미론적 변용'의 역동적인 측면이다. 이 지점에서 전이의 개념은 정태적인 것이 아니라 그 자체로 운동하고 있는 동적인 개념이라는 것이 다시 한 번 강조되어야 한다. 몽따주나 병치은유에서 전이는 <이질적인 것의 강제적 공존>으로 정의되고 있다. 그리

19) 김준오, 같은 글, 158쪽.

고 병치은유의 비동일성의 원리는 우리의 고전시학에서도 찾아진다. 그것은 현실에 대한 예술적 변용의 욕구로 파악된다. (1)에서 인용된 김창흡의 시관은 바로 병치은유 내지 차이의 공존현상을 지적하고 있는 것이다. 그것은 비동일적인 것에서 동일성을 구하려는 열망이다. 인용에서 주목되는 부분은 '눈 속의 파초', '겨자 속의 수미산'과 같은 표현이다. 눈과 파초는 시간적으로는 매우 이질적인 존재들이다. 눈 내리는 겨울에 파초가 피어날 수 없기 때문이다. 그러나 시적 표현 속에서는 함께 공존할 수 있다. '눈 속의 파초'라는 물리적으로는 불가능한 이질적인 요소들의 결합으로 전혀 새로운 의미가 생성된다. 이질적인 것의 차이를 제거하지 않고 공존함으로써 새롭게 창출되는 의미의 통일성, 그것이 바로 일관성의 구도이다. 김준오는 전통시학을 통해 그 일관성의 구도를 말하고 있는 것이다. '겨자 속의 수미산'이라는 표현도 논리적으로는 불가능한 표현이다. 그러나 과학의 논리를 뛰어넘어 새로운 시적 논리를 창출해내는 것, 그것이 바로 일관성의 구도이다. 그렇기 때문에 이 표현은 일상의 논리를 뛰어넘는 시적 인식을 보여주고 있는 것이다. 이처럼 일관성의 구도는 이질적인 것들 사이에서 새로운 통합의 가능성을 모색하는 태도와 밀접하다 할 수 있다. 구모룡의 글에서 언급되고 있는 '궁극적 화(和)'라는 명제 역시 이 일관성의 구도와 무관하지 않다.[20] 김준오의 시론은 근대성의 경험 속에서 근대성을 넘어서고자 했다. 그것은 비동일성 속

---

20) 구모룡은 김준오의 시론을 다음과 같이 평가한다. "선생은 시학을 통하여 변함없이 조화를 추구하였다. 동일성-탈-해체-전이의 경로에서도 드러나듯이 선생은 근대를 경험하면서 그것을 비판하고 마침내 그것을 넘어설 시론을 모색하였다고 보아진다. 그것은 선생의 시학이 궁극의 화(和)를 추구하고 있다는 사실에서 찾아질 것이다."(구모룡, 「궁극적 和」, 53쪽)

에서 동일성을 발견하려는 노력이었다. 그리고 그 가능성을 근대와 교섭하는 전통 속에서 찾으려고 했다. 그러나 새로운 시론을 정립하려는 그의 시도는 아쉽게도 미완으로 끝을 맺었다.

김기림의 근대성 인식

- 「詩論」을 중심으로 -

1. 「詩論」의 역사적 위치

문학사 서술은 언제나 과거 문학작품에 대한 현재적 평가를 전제로 한다. 특정한 시기의 문학적 사건은 당대적 의미를 넘어서서 늘 현재의 관점으로 새롭게 해석되어야 하기 때문이다. 과거의 문학작품의 당대적 한계와 문제점은 현재적 관점에서 지적되고 비판되어야 하며 재해석되어야 한다. 그렇지 않다면 문학사서술은 새로운 서술을 통한 문학사의 갱신이 아니라, 과거의 집적물에 대한 기계적 나열에 불과한 것이 되고 말 것이다. 따라서 문학사는 언제나 다시 씌어져야 하고 늘 새롭게 갱신되어야 한다. 이처럼 문학사는 과거의 문학작품을 현재적 관점에서 재해석해야 한다는 요청에 항상 직면하게 된다. 한편으로 특정한 시기의 문학작품은 작가의 주관적 의도와 당대의 시대정신이 결합된 역사적 산물이다. 따라서 과거의 문학작품은 특정한 시기가 지니는 역사성과 특수성을 내포하고 있다고 할 수 있다. 여기에서 우리는 문학사 서술에 있어 당대적 관점과 현재적 관점의 조화와 균형의 필요성을 상기하게 된다. 현재의 관점만이 보편성을 담보할 수 있다는 믿음은 과거의 문학작품에 대한 편협한 이해를 가져온다. 문학사 서술은 언제나 현재의 관점을 전제로 하는 것이지만, 이는 과거의 특정한 시기의 문학작품에 대한 일방적이고 폭력적인 진술을 의미하지 않는다. 문학사 서술에 있어서 현재적 관점과 당대적 관점은 상호침투와 '지평의 융합'(fusion of horizons)을 통해 지속적으로 보완되어야 한다.[1]

김기림 문학에 대한 연구는 주로 그의 시와 시론을 중심으로 전개되어 왔다.[2] 그의 문학적 전모를 파악하기 위해서는 그의 문학 전반에 대한 전체적인 접근이 필요하지만 그가 남긴 시와 시론이 그의 문

---

1) 예를 들어 80년대 문학을 평가할 때, 당시의 문학이 지니는 경직성과 도식성은 현재의 관점에서 비판되어야 하지만 동시에 그 시기의 문학이 지니는 역사적 특수성 또한 간과되어서는 안 된다. 즉 80년대 문학에 대한 비판적 반성과 함께 당시의 문학을 경직된 도식화의 논리에 갇히게 했던 사회적 역학관계 역시 충분히 고려되어야 한다.

2) 김기림에 대한 지금까지의 주목할 만한 연구 성과들은 다음과 같다.
김인환, 「김기림의 비평」, 『문학과 문학사상』, 열화당, 1978.
이남호, 「현실과 문학과 모더니즘」, 『세계의 문학』, 1988년 가을호.
정순진, 『김기림문학연구』, 국학자료원, 1991.
문혜원, 「김기림의 시론 연구」, 『한국현대시론사』, 모음사, 1992.
김인환, 「과학과 시」, 『상상력과 원근법』, 문학과지성사, 1993.
신범순, 「김기림의 근대성 추구에 있어서 '작은 자아', '군중' 그리고 '가슴'의 의미」, 『모더니즘연구』, 자유세계사, 1993.
김우창, 「모더니즘과 근대세계」, 『현대 한국문학 100년』, 민음사, 1999.
황종연, 「리얼리즘과 모더니즘의 재고를 위한 물음」, 『현대 한국문학 100년』, 민음사, 1999.
오형엽, 『한국근대시와 시론의 구조적 연구』, 태학사, 1999.
정순진 편, 『김기림』, 새미, 1999.
윤여탁, 『김기림 문학비평』, 푸른사상, 2002.
김윤정, 『김기림과 그의 세계』, 푸른사상사, 2005.

학의 중심을 이룬다는 점은 부정할 수 없는 사실이다. 그리고 김기림 문학이 지니는 문학사적 의미를 찾는다면 그것은 그의 시론에 있다고 판단된다. 김기림의 문학에 대한 최초의 의미 있는 평가는 송욱에 의해서 이루어졌는데, 결론적으로 그는 외국문학에 대한 단편적 지식, 역사의식과 전통의식의 결여, 내면성의 결핍 등을 들어 김기림의 문학을 전체적으로 부정적으로 평가하였다.3) 송욱과 비슷한 맥락에서 김기림의 문학을 부정적으로 평가한 논자는 문덕수이다. 그는 비교문학적 접근을 통해 김기림의 문학적 원천이 영, 미 모더니즘과 함께 일본의 모더니즘에도 있음을 지적하였다. 이들 논자들의 업적은 선구적이지만 한국적 모더니즘의 특이성을 고려하지 않고 있다는 문제점과 함께 후대 연구자의 지적 우월감에서 오는 현재적 관점의 폐해를 보여준다.

(1) 그는 <우리 신시에 결정적인 가치전환을 가져온 모더니즘의 역사적 성격과 위치를 규명>하려고 하는 만큼, 우리나라의 모더니즘에 관심을 두었으며 그 자신 모더니즘의 시 이론가 겸 시인이라고 생각하였을 것이다. 그러나 그는 영미 모더니즘의 조상인 T. S. 엘리어트의 걸작 <황무지>에 관하여 다음과 같은 그릇된 의견을 드러냄으로써 그가 영미 모더니즘의 절정의 하나를 이룬 이 작품조차 별로 이해하지 못하였음을 알려준다.4)

(2) 주지주의의 발생은 현대문명의 불안, 위기와 깊은 관련이 있다. 곧, 그러한 불안과 위기를 극복하고 안정과 질서를 찾으려는 데에 주지주의의 역사적, 현실적 의의가 있다. 春山行夫가 현대 주지주의 문학을 제창하는

3) 송욱, 「한국 모더니즘 비판」, 『시학평전』, 일조각, 1963.
4) 송욱, 위의 책, 184쪽.

> 이유로서 든 5개항에는 '사상적으로는 새로운 합리성, 질서를 구한다'는 항목이 들어 있다. 안정과 질서의 추구는 영국 및 유럽의 합리주의 전설, Irving Babbitt의 네오 휴머니즘, 카톨리시즘 등과 관련된다. 김기림의 주지주의는 이 중의 어느 것과도 관련이 없다. 그가 만약 배비트의 저서 《루소와 낭만주의》(1912)를 읽었더라면, 전통을 동양문명의 맥락 속에 놓고 생각해 볼 수도 있었을 것이다.[5)]

위 인용문들에서 우리는 현재의 관점으로 과거의 문학을 재단하려는 후대 연구자들의 지적 우월감을 엿볼 수 있다. 김기림이 엘리어트의 「황무지」를 제대로 이해했는지는 별도의 문제이지만 그가 설령 엘리어트를 정확하게 이해했더라도 그것이 김기림이 추구했던 모더니즘의 성패와 직접적으로 관련되는 일은 아닐 것이다. 이는 사실판단의 영역이지 가치판단의 영역이 아니다. 인용문 (2)에서 논자는 주지주의 이론에 대한 폭넓은 이해를 지니고 있는 듯하지만, 그가 알고 있는 주지주의 이론과 김기림의 그것이 일치하지 않는다는 점이 김기림의 시론을 폄하할 수 있는 정당한 근거가 될 수는 없다. 무엇보다 이들 논자들의 가장 큰 논리적 맹점은 표면적으로는 한국문학의 특수성을 강조하는 듯이 보이지만, 그들 역시 여전히 서구의 근대문학이라는 보편주의의 압력에 놓여 있다는 점일 것이다. 보편성과 대비되는 특수성(particularity)을 강조하게 되는 경우, 그것은 고유한 특이점(point of singularity)들을 구성하는 것이 아니라 어디까지나 보편성으로 지양(止揚)되어야 하는 결여태로서만 존재하게 된다.

한국근대문학사에서 외국의 문학이론을 본격적으로 검토하기 시작

5) 문덕수, 『한국모더니즘시연구』, 시문학사, 1981, 241~242쪽.

한 시기는 1930년대였다. 1920년대의 감상적 낭만주의와 카프의 편내용주의를 거쳐 시의 언어적 조건들을 진지하게 고민하기 시작했던 것은 1930년대 모더니즘의 등장과 불가분의 관계를 갖는다. 그리고 그 중심에 김기림의 시와 시론이 자리잡고 있다. 김기림은 그의 문학 활동 기간 동안 일관되게 한 편의 문학텍스트가 언어를 매개로 존재하면서 동시에 사회적 집단들의 집합적 발화행위로서 구성된다는 사실을 진지하게 고려했다. 김기림이 남긴 시론은 한국근대시사의 뚜렷한 성취로 남아 있어서 여전히 연구자들의 주목에 값한다. 본고는 김기림의 시론을 중심으로 그가 식민지배기의 문학 활동을 통해서 인식했던 근대성에 주목하고자 한다. 김기림 자신의 감상이 짙게 배어 있는 「詩論」의 '序'에서, 그는 1930년대의 문학을 '강요된 둔신술', '메타포어의 문학', '의장된 예술주의' 등의 용어로 규정한다. 이와 같은 진술에서 김기림은 문학의 자장으로 육박해 들어오는 정치적 압력을 늘 의식했음을 알 수 있는데, 「詩論」[6]을 중심으로 20세기 전반기의 한국과 한국문학에 대한 그의 인식을 살펴보기로 하자.

2. 전체성의 시론으로서 모더니즘

김기림은 자신의 시론을 전대의 시적 경향들을 비판하는 과정 속에서 전개했다. 그가 공들여 비판하고 있는 것은 1920년대의 감상적 낭만주의이다. 그것은 <午後의 禮儀>와 <午前의 生理>라는 대비되

6) 김기림, 『詩論』, 白楊堂, 1947. 본고에서는 『김기림전집 2-詩論』(심설당, 1988)을 텍스트로 하고, 이하 인용문의 면수는 이 책의 것임.

는 용어로 상징된다. 그가 보기에 1920년대의 낭만주의는 <감정의 본능적 배설>에 불과한 것이다. 1930년대 전반기에 주로 발표된 김기림의 모더니즘 시론은 <감상에의 반역>이라는 말로 요약된다. 다음 인용은 그의 시론이 의도하는 바가 무엇인지 정확하게 알려준다.

> 로맨티시즘의 시론은 어떠한 사고나 감정의 자연적 노출을 그대로 시의 극치라고 생각했다. 영감이라는 말이 매우 존중됐으며 그것은 시의 원천이며 동시에 시인의 특권을 지키기 위한 신비로운 주문인 것처럼 생각되었다. 오늘까지도 오히려 이 영감이라는 말이 시인의 태만에 대한 자위의 구실로서 남아 있다.(95)// 소박한 로맨티스트들은 물론 시가 제작된다는 말에 불쾌를 느낀다. 봄들에 꽃이 피는 것처럼 그렇게 시도 사람의 심령 속에서 피어나는 것이라고 그들은 본다. 그러니까 시는 <천재의 참여>에 의하여 탄생하는 것이지, 제작되는 것은 아니라고 해석한다. 즉 어디까든지 시는 자연발생적인 것으로 생각하고 그것에서 목적의식을 인정 않는다.(179)// 따라서 모든 예술은 두 가지의 상반하는 부류에 나누인다. 1. 의식적, 계획적, 지적 예술. 2. 무의식적, 자연발생적, 사실적 예술(여기서 사실적이라 함은 대상의 소박한 모방을 의미한다). 전자는 작품의 이름에 해당하지만 후자는 사실은 인간의 지성이 참여하지 아니한 무책임한 전연(본능적) 배설에 지나지 않는다.(186)

김기림은 1920년대 시단을 풍미했던 낭만주의 시들을 감정의 '본능적 배설'에 불과했던 것으로 보고 있으며, 이후 문단의 주도권을 행사했던 카프의 정치 지향적 시편들 역시 내용에 편중한 채 언어의 세부적인 결을 사상했다고 평가한다. 한편으로 그가 제기했던 낭만주의 비판은 시에서의 격식적이고 기계적인 <운율>을 몰아내고 새 시대의 호흡과 일치하는 새로운 <내재적 리듬>을 발견해내는 것이었고, 시에서의 회화성을 추구하는 것이었다. 현대시사의 전개과정 속에서 그의 비판은 정당한 것이었고, 이상의 모더니즘 시론은 이후의 전체성의 시론으로 연결된다. 그의 지적은 단선적인 도식화의 위험을 안고 있지만, 그것이 그 비판의 정당성을 훼손시키지는 않는다. 요컨대 김기림이 의도했던 시는 지성의 제어에 의해 엄격히 <제작되는 시>, 뚜렷한 목적의식을 가지고 일종의 건축학적으로 설계되는 시였다. 그리고 예술 일반론이라는 보다 넓은 의미에서 그것은, 주관적 감정을 중시한 낭만주의적 예술관과는 뚜렷이 대비되는 것으로, 이성에 의한 주관의 엄격한 통제를 추구했던 신고전주의의 예술관이었다. 따라서 김기림은 낭만주의적인 천재론이나 영감론을 부정한다.7) 예술은 반

---

7) 이와 같은 관점에서, 김기림의 시론에서 보여지는 '藝術的 天才'와 '靈感說'에 대한 견해는 칸트나 아도르노의 미학체계에서 보여지는 '天才論'과도 비교될 수 있을 것이다. 칸트의 견해를 참조한다면, 기계적 기술과 미적 예술을 구분해주는 것은 예술적 영감과 천재이지만 기계적이고 격식적인 규칙의 요소가 예술의 본질적인 요건이 되는 것도 부정할 수 없다고 본다. "기계적 기술과 미적 예술과는, 전자는 한갓된 근면과 습득의 기술로서, 또 후자는 천재의 기술로서, 서로 아주 다르지만, 그러나 어떠한 미적 예술에 있어서도 규칙들에 따라 파악될 수 있고 준수될 수 있는 어떤 기계적인 요소가, 따라서 어떤 격식적인 요소가 그 예술의 본질적인 요건이 되어 있고, 그렇지 않은 미적 예술이란 없다. 왜냐하면 예술에 있어서는 반드시 무엇인가가 목적으로 고려되어야만 하기 때문이다. 그렇지 않다면 우리는 그 산물을 어떠한 예술에도 귀속시킬 수가 없으며, 그것은 단지 <우연의 산물>에 지나지 않을 것이다. 그러나 하나의 목적을 실현하기 위해서는 일정한 규칙들이 필요한데, 우리는 그 규칙에서 벗어나서는 안된다."(I. Kant, 이석유 역, 『판단력비판』, 박영사, 1974, 190쪽) 아도르노 역시 비슷한 관점에서 예술적 천재의 개념을 부정하고 있다. "천재는 개체이며, 그의 자발성은 절대 주체의 행위와 일치해야 한다고 한다. 이 경우 자발성에 의해 매개되는 예술작품의 개별화가 바로 작품의 객관화를 가능케 해 주는 것이기도 하는 한에 있어서는 그것도 참이다. 그러나 작품은 결코 피조물이 아니며 인간은 창조자가 아니다. 따라서 천재의 개념은 허위이다. 이

드시 목적의식을 동반하고 있고 그렇지 않은 경우 그것은 한낱 우연의 산물에 불과하다는 것이다. 예술에 있어서 작품의 제작은 물론 주관의 창조적 직관에 의존하는 부분이 많지만 그것은 어디까지나 예술가의 의식적, 무의식적 제작 동기에 의해 지배되고 이성의 구성적 작용에 의해 완성되는 것이다. 김기림이 강조하고 있는 것은 다시 말해 '예술의 구성적 성격'이라 할 수 있다. 그러면 그가 제기했던 모더니즘은 어떤 시대적 의미를 지니는 것인가. 1930년대 모더니즘의 시사(詩史)적 의의와 그 한계를 밝히고 있는 「모더니즘의 역사적 위치」(『인문평론』, 1939.10)에서 김기림은 특정 시기에 등장하는 문학사의 요청이 지니는 의미를 다음과 같이 서술한다.

> 어느 시기에 특히 문학을 하는 사람들 사이에 문학사를 요망하는 기운이 움직인다고 하면 그것은 그 시기의 문학이 자신의 계보를 정돈함으로써 거기 연결한 전통을 찾아서 그 앞길의 방향을 바로 잡으려는 요구를 가지기 시작한 증거일 것이다. 이러한 조건이 어느 사이에 엄정하게 객관적이래야 할 문학사에 <시대의 주관적 요구>를 침투시킨다. 문화과학의 시대성이란 이런 데서 오는 것 같다.(53)

김기림은 문학사 서술의 움직임을 개별적인 연구자의 우연적 사건으로 보지 않고 한 시기의 문학인들의 시대적이고 의식적인 요청으로 파악하고 있으며, 이것이 객관적인 문학사 서술에 한 시대의 주관

로써 천재미학도 허위로 된다. 천재 미학은 작품의 절대적 근원성이나 작품의 사이비 자연성을 위해 유한한 <제작의 계기> 혹은 작품의 기술을 억누르며 그 결과 예술 작품을 유기적이고 무의식적인 것으로 보는 이데올로기를 퍼뜨린다."(T. W. Adorno, 홍승용 역, 『美學理論』, 문학과지성사, 1984, 269~270쪽)

적 요구가 침투되는 과정으로 본다. 이는 문학을 언제나 사회성과의 역동적인 역학관계 속에서 파악하려는 김기림의 문학관을 잘 보여주고 있다. 동시에 문학사가 '객관적 실체(Substance)'로서 존재하는 것이 아니라 어디까지나 특정 시기 동시대인들의 주관적 욕구의 상호침투를 통해서만이 가능하다는 점을 김기림은 강조한다.[8] 김기림은 신시사(新詩史)에서 모더니즘의 등장을 역사의 합법칙성 속에서 필연적인 것으로 파악해야 한다고 주장한다. 그에 의하면, 우리 신시의 역사는 '단순한 계기, 병존처럼 보이는 현상의 잡답 속에서도 분명히 발전의 모양을 갖추었던 것'이고, '긍정과 부정과 그 종합에서 다시 새로운 부정으로, 그것은 내용이 다른 가치의 끊임없는 투쟁의 역사'였던 것이다. 모더니즘의 역사적 성격과 이해를 강조하고 있는 다음 인용문은 이와 같은 그의 입장을 잘 보여준다.

> 새삼스럽게 필자가 이 제목을 가린 것은 30년대 말기 수년 동안의 시단의 혼미란 사실은 시인들이 모더니즘을 창황하게도 잊어버린 데 주로 起한 것 같으며 또 자칫하면 모더니즘을 그 역사적 필연성과 발전에서 보지 못하고 단순한 한 때의 사건으로 취급할 위험이 보이는 때문이다. 영구한 모더니즘이란 듣기만 해도 몸서리치는 말이다. 다만 그것은 어떠한 역사적 계기에 피치 못할 필연으로 등장했으며 또한 그 뒤의 시는 그것에 대한 일정한 관련 아래서 발전한 것이 아니면 안 된다는 결론을 가짐이 없이는 신

8) 문학사 서술에 대한 김기림의 이와 같은 인식은 임화의 문학사 서술 작업에서 그 예를 찾을 수 있을 것이다. 임화는 1930년대 후반 카프 해산 이후 문학사 서술 작업에 몰두한다. 이를 통해 임화는 카프문학의 역사적 정당성을 확인하고자 했다. 카프해산 이후 존재론적 위기감을 느끼지 않을 수 없었던 임화의 의식 속에는 '자신의 계보를 정돈함으로써 거기 연결한 전통을 찾아서 그 앞길의 방향을 바로잡으려는 요구'가 있었다고 볼 수 있다.

시사를 바로 이해했다고 할 수는 없다. 또 모더니즘의 역사성에 대한 파악이 없이는 그 뒤의 시는 참말로 정당한 역사적 <코스>를 찾았다고는 할 수 없다.(54)

김기림이 보기에 모더니즘은 한 때의 유행적 사조나 우연적인 사건이 아니라 역사의 합법칙성 속에서 필연적으로 등장한 어디까지나 역사적인 산물이라는 것이다. 1930년대에 등장한 모더니즘은 '두개의 부정을 준비'했는데, 하나는 로맨티시즘과 세기말 문학의 말류인 센티멘탈 로맨티시즘을 위해서였고, 다른 하나는 당시의 편내용주의의 경향을 위해서였다. 모더니즘은 '시가 우선 언어의 예술이라는 자각과 시는 문명에 대한 일정한 감수를 기초로 한 다음 일정한 가치를 의식하고 씌어져야 된다는 주장'(55) 위에 섰던 것이다. 이와 같은 자각을 바탕으로 하여 1930년대의 모더니즘은 전개되었는데 그 구체적 양상은 다음과 같은 것이었다.

(1) 모더니즘은 우선 오늘의 문명 속에서 나서 신선한 감각으로써 문명이 던지는 인상을 붙잡았다. 그것은 현대의 문명을 도피하려고 하는 모든 태도와는 달리 문명 그것 속에서 자라난 문명의 아들이었다. 그 일은 바꾸어 말하면 신시상에 비로소 <도회의 아들>이 탄생했던 것이다. 제재부터 우선 도회에서 구했고 문명의 뭇면이 풍월 대신에 등장했다. 문명 속에서 형성되어가는 새로운 감각, 정서, 사고가 나타났다.(56)

(2) 말의 음으로서의 가치, 시각적 영상, 의미의 가치, 또 이 여러 가지 가치의 상호작용에 의한 전체적 효과를 의식하고 일종의 <건축학적 설계> 아래서 시를 썼다. 시에 있어서 말은 단순한 수단 이상의 것이다. 모더니즘

> 은 이러하여 전대의 운문을 주로 한 작시법에 대항해서 그 자신의 어법을 지어냈다. 말의 함축이 달라졌고 문명의 속도에 해당하는 새 <리듬>을 물결과 범선의 행진과 기껏해야 기마행렬을 묘사할 정도를 넘지 못하던 전대의 리듬과는 딴판으로 기차와 비행기와 공장의 소음과 군중의 규환을 반사시킨 會話의 <내재적 리듬> 속에 발견하고 창조하려고 했다.(56)

(1)에서 김기림은 근대화와 함께 형성된 도시문명이 모더니즘의 물적 토대를 이루며 동시에 그 시적 대상이 됨을 지적하고 있다. 그와 같은 사정은 <도회의 아들>이라는 말로 압축되고 있다. 여기에서 우리는 김기림이 인식하고 있는 근대성이 매우 추상적이었다는 점과 1930년대 모더니즘의 말초화 경향의 단초를 읽어낼 수 있다. 김기림이 인식하고 있는 근대성은 추상적인 '도시문명'이라는 말로 요약될 수 있는데, 그것이 삶의 구체성 속에서 육화된 언어를 획득하지 못할 때 그것은 도시의 풍물들의 나열에 그칠 수밖에 없다. 즉 모더니즘이 도시 문명의 심층적 의미에까지 육박해 가지 못하고, 단순히 그것을 시적 제재의 차원에서 다루는 데서 멈추고 말 때 모더니즘은 감각의 말초화에 갇힐 위험이 있다. 그러나 (2)에서 우리는 애초에 김기림이 염두에 두었던 모더니즘은 단순히 언어의 기교에만 관심을 두거나 시의 회화성만을 추구했던 것이 결코 아님을 알 수 있다. 그가 제창한 '전체시로서의 모더니즘'은 말의 음, 영상, 의미를 함께 추구하는 것이었다. 그리고 그것의 유기적 통일을 위해 지성의 제어에 의한 <건축학적 설계>를 주장했던 것이다. 그가 결코 시에서의 음악성을 배제하려고 했던 것이 아니라는 점은 인용문 후반부의 서술과 '리듬'이라는 단어를 통해서 알 수 있다. 다만 그는 전대의 기계적이고 격식적인 '운율'에 대하여 일상 언어의 탐구를 통한

시의 내재적 '리듬'을 발견하고 창조하고자 했던 것이다. 여기에서 우리는 김기림이 추구했던 전체시의 윤곽을 짐작할 수 있다. 모더니즘이 '언어의 말초화'로 타락되어갔던 1930년대 후반 시단의 새 진로를 김기림은 다음과 같이 서술한다. 그것은 그가 주창한 전체시의 길에 다름 아니다.

> 이에 시를 기교주의적 말초화에서 다시 끌어내고 또 문명에 대한 시적 감수에서 비판에로 태도를 바로잡아야 했다. 그래서 사회성과 역사성을 <이미 발견된 말의 가치>를 통해서 형상화하는 일이다. 이에 말은 사회성과 역사성에 의하여 더욱 함축이 깊어지고 넓어지고 다양해져서 정서의 진동은 더욱 강해야 했다.// 전시단적으로 보면 그것은 그 전대의 경향파와 모더니즘의 종합이었다. 사실로 모더니즘의 말경에 와서는 경향파 계통의 시인 사이에도 말의 가치의 발견에 의한 자기반성이 모더니즘의 자기비판과 거의 때를 같이하여 일어났다고 보인다. 그것은 물론 모더니즘의 자극에 의한 것이라고 보여질 근거가 많다. 그래서 시단의 새 진로는 <모더니즘과 사회성의 종합>이라는 뚜렷한 방향을 찾았다. 그것은 나아가야 할 오직 하나인 바른 길이었다.(57~58)

인용에서 드러나듯이 김기림이 전개한 시론의 핵심은 자신이 명명하고 있는 바, <全體性의 詩論>으로 설명될 수 있을 것이다.[9] 그것

9) 김기림의 시론은 시기적으로 도식화한다면 전기와 후기 시론으로 나누어 살펴볼 수 있다. 그 구분이 명확한 것은 아니지만 대략 30년대 중반 이전을 전기로, 그 이후를 후기로 파악할 수 있을 것이다. 전기 시론에서 김기림이 역설한 것은 '모더니즘 시론'이고, 후기의 시론은 이를 지양하고 종합한 이른 바, <全體性의 詩論>으로 불리어질 수 있다. 그러나 본고는 그의 시론을 시기상 도식적으로 구분하기보다는 김기림의 시론이 일관되게 시에서의 언어적 조건과 사회성을 종합하려고 했던 것으로 파악하고자 한다.

은 시에서의 음, 형태, 의미를 유기적으로 파악하는 것이고, 사상과 기교, 내용과 형식, 문학의 사회·역사적 지반과 언어적 조건을 동시에 고려하는 것으로 이해할 수 있다. 이는 시사적으로 1920년대의 감상적 낭만주의와 카프의 편내용주의를 지양·종합하는 길이며, 김기림의 주장대로 모더니즘에 사회성을 통합하는 것이었다. 모더니즘은 김기림에게 문학적 신념이었다. 그러나 그에게 모더니즘은 언제나, '기교주의적 말초화'가 아니라 구체적인 역사적 시기의 시대정신을 구현해 낼 수 있는 것이어야 했다. 문학의 언어적 조건과 사회적 조건을 동시에 고려하는 일관된 그의 문학관은 전체시론으로 집약된다. 그것은 내용과 형식을 종합하는 것이고, 사상과 기술을 전체로서 통일하는 것이다. 그리고 그것은 시에서 말의 음으로서의 가치, 시각적 영상, 의미의 가치를 함께 아우르는 일이다. 따라서 그의 전체시론의 관점에서 볼 때, 30년대 후반 시단의 새 진로가 <모더니즘과 사회성의 종합>을 통해 모색되는 것은 자연스러운 귀결이다. 김기림에게 그것은 나아가야 할 '오직 하나인 바른 길'이었던 것이다.

김기림의 전체시론은 그의 장르에 대한 인식과도 밀접한 관련을 맺고 있다. 김기림의 뚜렷한 장르의식은 문학을 사회, 역사적인 맥락과의 관계 속에서 파악하려는 일관된 그의 태도에서 비롯되는 것이다. 즉 문학의 장르를 단지 표면적인 작품의 스타일이나 형식 구조로만 파악하는 것이 아니라 어디까지나 역사적인 산물로서, 특정한 역사적 시기의 시대정신을 작품 내적으로 구현하고 있는 것으로 파악하는 것이다. 김기림은 이처럼 문학의 장르를 개개인들의 우연적 산물이 아니라 특정한 시기의 시대적 요망이 창조해 낸 집단적 의식의 필연적 산물이라고 보았다. 다음의 인용들은 이와 같은 김기림의 장르의식을 뚜렷이 보여주고 있다.

(1) 한 시대의 시대정신 즉 그 시대의 <이데>는 그것에 가장 적응한 구상작용으로서의 양식을 요구한다. 정신적, 혁명적 앙양기는 적극적인 로맨티시즘의 양식을 요구하였다. 과학적, 물질적 정신이 횡일한 시대에는 실험적인 과학적인 리얼리즘의 양식을 요구했다. 인류가 높은 이상을 잃어버리고 회색의 박모에서 방황하던 세기말적 퇴폐시대에는 심볼리즘 또는 소극적인 로맨티시즘의 양식을 요구하였다.// 그러므로 시인은 그가 위치한 시대-즉 과거로부터 미래로 향하는 특정한 시간성-는 어떠한 특수한 <이데>에 의하여 추진되고 있는가를 항상 이해하지 아니하면 아니 된다. 따라서 그것의 특수한 구상작용으로서의 <양식의 발견>에 열중하지 아니하면 아니 된다. 그러므로 시의 혁명은 양식의 혁명인 동시에 아니 그 이전에 <이데>의 혁명이라야 한다. 그렇다고 이데의 혁명에 그침으로써 시의 혁명이 완성된다고 볼 수는 없다. 한 개의 이데가 필연적으로 발전 형성한 특수한 양식을 획득하였을 때 비로소 시의 혁명은 완성되는 것이다.(73)

(2) 새로운 시대의 사고는 새로운 표현양식을 요망한다. 그런데 한 시대는 그것의 예술 속에서 그 정신의 집중적, 상징적인 표현을 가진다. 그러니까 뛰어난 예술은 항상 그 <시대의 양식>(스타일)을 나타냈다. 예술은 또한 그 시대양식에까지 앙양되려는 노력에 살아야 할 것이다.(158)

김기림이 보기에 하나의 양식은 언제나 한 시기의 시대정신을 구현하고 있는 시대적 요청의 산물이다. 이와 같은 입장에서 김기림은 신문학사에서, 개화사상을 담고자 했던 신문학이 구사상을 담고 있는 전대의 문학과 결별하기 위해서는 문어체에서 구어체로의 전환이라는 문체의 혁명을 필연적으로 동반할 수밖에 없었다고 본다. 또한 8.15를 맞은 이 땅의 시인들이 <朗讀詩>를 발견해낸 것은 이제껏 경험

할 수 없었던 해방의 감격과 희열을 표현하기 위한 것이었다고 본다. 거기에서 김기림은 임화의 시, '발자욱'이 거둔 뛰어난 수확의 비밀을 엿본다. 김기림이 보여준 뚜렷한 장르의식 속에서 그의 전체시론은 조명될 수 있다.

> (1) 이미 그 <역사적 의의>를 잃어버린 편향화한 기교주의는 한 <전체로서의 시>에 종합되어야 할 것이다. 그것은 한 조화 있고 충실한 새 시적 질서에의 지향이다. 전체로서의 시는 우선 기술의 각 부면을 그 속에 종합 통일해 가지고 있어야 할 것이다. 그러한 전체로서의 시는 그 근저에 늘 높은 시대정신이 연소하고 있어야 할 것이다.(99)

> (2) 그러나 이러한 의견은 곧 기교주의에 대신하여 편 내용주의를 가져오려는 것이라고 이해되어서는 아니 된다. 내용의 편중은 벌써 1930년 이전에 청산한 오류였다. 차라리 내용과 기교의 통일을 통한 <전체성적 시론>이 요망되었다.// 1930년 직전의 경향시는 암만해도 내용편중에 빠졌던 것 같고 그것이 기교를 의식하고 내용과 기교를 통일한 한 전체로서의 시에 도달하는 것은 오히려 그 뒤의 과제가 아니었던가 생각한다. 나는 물론 右로부터 기울어지는 전체성의 선을 그려 보았다. 경향시가 만약에 금후 전체성의 선을 좇아서 발전을 꽈한다고 하면 그것은 물론 左로부터의 선일 것이다. 이 두 선이 어떠한 지점에서 서로 만날까, 또는 반발할까는 그 뒤의 과제다.(102)

요컨대, 김기림이 파악한 한국 근대시사는 1920년대 중반까지의 감상적 낭만주의, 1920년대 후반의 편내용주의(경향시), 1930년대 전반기의 기교주의(모더니즘)의 시기로 나누어 볼 수 있고 1930년대 후반의 상황에서는 전대의 이 모든 경향들을 지양·종합한 <전체로서의 시>가 요망된다. 그리고 그 방법은 모더니즘과 사회성의 종합이라는 도식으로 요약된다. 김기림이 각 시기의 시적 경향들로 언급하고 있는 장르는 엄밀한 의미의 문학적 양식(樣式)이기보다는 역사적 의미의 사조(思潮)에 가까운 것이지만, 중요한 것은 김기림이 장르를 표면적인 스타일이 아니라 각 시기의 시대정신을 내적으로 구현하고 있는 것으로 보고 있다는 점이다. 따라서 하나의 양식은 특정한 시기에서 역사적 의의를 지니는 것이고 그 역사적 소명을 다했을 때 그것은 새로운 시대정신을 담아낼 수 있는 새로운 양식에 의해 부정되는 것이다. 즉 한 시기를 담당했던 경향시가 모더니즘에 의해 극복되고 또한 양자는 상호부정과 지양 속에서 새로운 양식인 <전체로서의 시>로 종합된다는 것이다. 시의 언어적 조건과 사회성을 항상 염두에 두었던 김기림의 일관된 태도는, 'I. A. 리차즈를 중심하여'라는 부제가 붙어 있는 『시의 이해』에서도 지속된다. 『시의 이해』에서 김기림이 시도했던 것은 시의 제작과 감상과정에서의 심리학의 주관주의와 사회시학으로서의 객관주의의 종합이었다. 다음 인용에서 김기림의 이러한 태도는 분명히 드러난다.

> 시를 한 개의 사실이거나 형식이거나 존재(存在)로만 보지 않고, 한 능동적(能動的)인 기능(機能)의 면에서 본다고 하면, 그것은 그 자체의 기능을 발휘하는 저의 역학적(力學的) 영역으로서 두 개의 장소(場所, Field)를 가지고 있어 보인다. 그 두 개는 기실은 한 통일된 장소의, 전체와 거기 연달은 유기적(有機的) 부분과의 관계에 서 있는 것이다. 그 장소의 하나는 개인의 심리(心理)요 다른 하나는 사회인 것이다. 그리하여 새로운 과학적(科學的) 시학(詩學)은 주로 시의 경험으로서의 면을 밝히는 시의 심리학의

그 사회적 관련과 및 기능을 캐내는 시의 사회학이라는 두 기둥 위에, 아니 차라리 그 두 분야의 종합 위에 서게 되리라는 것은 저자의 연래의 소견이다.[10)]

김기림 시론의 궁극적인 지향점은 심리학의 미시적 관점과 사회시학의 거시적 관점을 종합하는 것이었는데, 그 구체적인 방법론은 근대의 과학주의였다. 『시의 이해』의 이론적 토대가 되었던 리차즈의 시론은 '시의 심리학' 또는 '시의 경험의 과학적 분석'(202)에 해당하는 것으로서, 가령 '사람의 마음을 육체와 대립하는 의미의 영혼이라든지 정신으로 여기지 않고 생리상 신경계통의 기능'(210)으로 규정되고 '육체를 떠난 다른 원리에 의해서 움직이는 아주 다른 세계로서 상정하려는 일체의 신비주의-접신사상, 영감설, 이원론을 부정'(210)한다. 이는 일체의 형이상학을 부정하고 유물론에 근거한 경험론적 과학주의라고 할 수 있다. 이처럼 통일적 원리가 사라진 근대세계에서, 과학주의의 원리 하에 예술과 과학을 통합하고자 했던 김기림의 꿈은 '과학적 시학'이라는 명제로 요약될 수 있을 것이다.

3. 김기림의 근대성 인식

김기림은 예술과 과학의 분열을 과학주의의 원리로 통합하려고 하였다. 그러나 그것은 과학의 예술에 대한 우위를 주장하는 것이 아니

10) 김기림, '머리말', 『詩의 理解』, 을유문화사, 1950. 여기에서의 인용은 『김기림 전집 2-詩論』, 심설당, 1988, 195쪽.

라 각각의 올바른 위치를 찾아주어서 예술과 과학의 불필요한 대립과 분열을 극복하고자 한 것이었다. 김기림은 어디까지나 구체적 경험을 중시하는 과학주의자였는데, 그가 인식했던 식민지배기 한국의 근대성은 어떤 모습이었는지 살펴보자. 김기림에게 모더니즘은 문학적 신념이었기 때문에 그가 보여준 시론과 문학적 태도는 결국 '근대성(modernity)'의 문제로 귀결된다. 대부분의 식민지 문학인들이 그러했듯이 김기림에게도 서구의 근대라는 모델은 한국인이 따라잡아야 하는 것이고 그 낙후의 원인은 <동양적 정체성>에서 찾아진다. 다음 인용문은 김기림이 인식한 근대성의 단초를 보여준다.

> 이러한 혼돈과 <아나르시>는 대체 어디서 오는 것일까. 첫째, 남은 실로 여러 세기를 거쳐 필연한 발전의 결과로 얻은 열매를 우리는 극히 짧은 동안에 모방 혹은 수입의 형식을 거쳐 속성해야 하는 <東洋的 後進性> 때문인가 한다. 둘째, 보다 근본적인 원인으로 문화 전반의 지반을 이루는 조선사회 그것이 근대화의 과정이 지지할 뿐 아니라 정상적이 아니었다는 것을 들어야 하리라고 생각한다. 그것은 우선 <생산조직>을 근대적 규모와 양식에까지 끝끝내 발전시키지 못하고 있다. 고도로 발달한 생산의 근대적 기술은 오직 전설이나 일화로 밖에는 우리에게 알려지지 못하였다. 그와 반대로 <소비의 면>에서는 모든 근대적 자극이 거의 남김없이 일상생활의 전면에 뻗어 들어온다. 말하자면 <근대>라고 하는 것은 실은 우리에게 있어서 소비도시와 소비생활면에 <쇼윈도>처럼 단편적으로 진열되었을 뿐이다.(47~48)

김기림에게 동양이라는 것은 늘 열등한 것이어서 동양인은 '사물을 전체적으로 통솔하는 지성이 결여'되어 있고, <단조로움>은 '동양인들이 가장 빠지기 쉬운 예술적 함정'이다. '서양인의 피아노는 키가 수십 개나 되는데 동양인의 피리는 구멍이 다섯 개 밖에 아니 된다'[11]는 식의 단순논리는 그의 동양적 콤플렉스가 얼마나 심각한 수준인가를 보여준다. 식민지하의 한국이 근대적 생산양식과 물적 토대가 제대로 구축되지 못한 채, 한국인들이 소비의 측면에서는 표피적인 근대적 자극에 무방비로 노출되었다는 김기림의 지적은 타당해 보인다. 그러나 이 글이 식민지배 말기인 1940년에 발표되었다는 점을 고려하더라도, 근대적 생산조직은 거세시키고 근대적 소비생활만을 부추긴 제국주의의 수탈적 성격에 대한 고민의 흔적은 보이지 않는다. 그의 근대성 인식은 매우 일반론적이고 추상적인 수준의 것이었다. 그는 식민지배기 한국의 '특이성(singularity)'[12]을 보지 못하고 <서양=일본=한국>이라는 전제하에서 사고를 진행하고 있다. 김기림이 이와 같은 인식하에서 시적 대상으로 삼은 것들은 무엇인가.

> 스윗타스는 이 짧은 말 가운데 현대시에 대한 매우 중대한 세 개의 명제를 포함시켰다. 첫째 우리들의 시는 기계에 대한 열렬한 미감을 가지게 되었다는 것. <운동과 생명의 구체화>로서의 기계의 미를 인정하는 것이다 그리고 그것은 내일의 사회질서와 인간생활에 있어서 새로운 기조가 될 것이다. 둘째 정지 대신에 동하는 미. 그것은 미학에 있어서의 새 영역이며,

---

11) 김기림, 「東洋人」, 《조선일보》, 1935.4.25.

12) 특이성(singularity)은 어떤 사물이나 사건을 그것으로서 존재하게 해주는 존재 근거도 아니며, 그것이 가진 어떤 보편성의 발현도 아니다. 다만 그것이 가진 특이한 성질일 뿐이다. 따라서 이는 특수성(particularity)과 구별된다. 가령 들뢰즈는 개별성에 머물지 않으면서도 이 특이한 성질을 보편성이나 평균적 성질로 환원하는 게 아니라, 반대로 부각시키기 위해 이 개념을 사용한다. 특이성에 대한 자세한 설명은 질 들뢰즈, 이정우 역, 『의미의 논리』, 한길사, 1999, 121~124쪽 참고.

> 시에 있어서의 새 역학의 존중이다. 행동의 가치에 대한 새 발견이다. 셋째 일하는 일의 미. 다시 말하면 노동의 미다. 움직이지 않는 것은 <죽음>이다. 움직이지 않는 신, 움직이지 않는 천국, 열반은 죽음의 상태가 아니고 무엇일까. 활동은 생명이다. 진보다. 그것은 그 자체가 미다.(82~83)

인용문을 요약하면 현대시의 새로운 시적 대상이 되는 것은 기계로 대표되는 <동적인 미>와 일하는 자의 <노동의 미>로 요약될 수 있다. 그것은 모두 근대세계의 도시문명에 속하는 것이다. 그러나 기계의 의미를 사회적 역학관계의 구체적 힘의 배치 속에서 파악하지 못하고, 노동의 미를 일하는 자의 땀에 담긴 수고로움 속에서 깨닫지 못한다면 그것은 추상적인 인식에 그치고 만다. 그것이 근대성의 표피만을 보는 것일 때, 그것은 일종의 문명예찬 혹은 엘리트의식에 기초한 허구적 문화주의로 흐를 위험이 있다. 김기림이 인식한 근대성이 매우 추상적인 수준의 것이며, 한국적 특이성을 전혀 고려하지 않고 있다는 것은 그의 근대/현대의 구분과 그 분열에서 드러난다.

> (1) 조선은 근대사회를 그 성숙한 모양으로 이루어 보지도 못하고 근대정신을 그 완전한 상태에서 체득해 보지도 못한 채 인제 근대 그것의 파국에 좋든 궂든 다닥치고 말았다. 벌써 새로이 문화적으로 모방하고 수입할 가치있는 것을 구라파의 전장에서 기대할 수는 없다. 또 다시 불구한 상태 그대로로 창황한 결산을 해야 하게 되었다. 그것은 어찌 보면 미증유의 창조의 시기 같기도 하다(51)

> (2) 원시성의 동경. 그것은 현대예술의 어떤 위대한 불만의 표현이다. 퇴폐기의 예술일수록 원시적 욕구는 더욱 강렬한 듯하다. 타이티의 토인을

> 그려 도망한 것은 고갱 개인이 아니라 차라리 구라파 화단 자체였을지 모른다. …(중략)… 조야는 힘의 상태다. 그것은 또한 건강의 발로다. 완성된 균정이라고 하는 것은 다수한 힘의 상쇄상태일지 모른다. 그러므로 그것은 어찌 보면 죽음의 경지다. 조야라 함은 힘의 영웅적 약동이다. 그리하여 근대예술이 도달한 죽음과 같은 균정에 포만한 현대의 감성은 조야 속에 자신의 불만을 구제해 주는 활로를 발견하고 작약하였다.(86～87)

식민지배기 한국은 제대로 된 근대를 경험하지 못했으며 따라서 근대의 파국에 봉착하거나 근대의 결산에 맞닥뜨리지도 않았다. 그것은 전연 서구의 사정이라고 할 수 있다. 그러나 김기림은 서구문명의 근대에 대한 반성의 기운을 그대로 식민지 한국의 것으로 추수하고 있다. 김기림의 사고는 근대에 대한 부정과 현대의 등장으로 옮아가고 있다. (1)에서도 보이듯이 김기림은 한국의 특이성을 고려하지 않고 <서구=일본=한국>이라는 전제하에서 사고한다. 그와 같은 근대성에 대한 추상적인 인식은 예술을 대하는 태도에도 그대로 드러난다. 근대예술의 균정의 미를 비판하고 원시성의 동경과 조야의 미를 추구하는 현대예술의 등장은 서구 화단(畵壇)의 일이었고 그것은 그 안에서 내면적 고투와 수많은 시행착오를 거쳐서 도달한 것이었다. 현대예술의 이러한 경향을 미적 근대성으로 보든 탈근대성으로 보든 그것은 이차적인 문제라 할 수 있다. 문제는 그러한 경험이 우리의, 20세기 전반기 식민지 한국의 것이었던가라는 점이다. 그 대답은 너무나도 자명하다. 이와 같은 의식의 분열은 김기림이 식민지 한국의 낙후성을 서구와의 시간적 격차로 인식하였기 때문이다. 그러나 그러한 인식하에서 서구의 근대는 누구나 따라갔어야 할 불변의 모델로 고정되고 만다. 20세기 전반기 한국의 문화적 후진성은 '시간적 격차'

가 아닌 '공간적 편차'라는 관점에서 이해되어야 한다. 그러나 김기림은 식민지배기의 한국이라는 공간의 특이성을 인식하지 않았다. 그의 실패는 여기에 있는 것이다.

현재의 관점에서 바라볼 때 김기림의 <詩論>은 여러 가지 문제점을 내포하고 있는 것이 사실이다. 그것은 위에서 지적된 바와 같이 보편주의의 미망 아래 20세기 전반기의 한국이라는 <공간의 특이성>을 포착하지 못한 데에 기인한다. 이와 같은 그릇된 보편주의에의 믿음은 김인환에 의해 과학주의의 보편성과의 관련을 통해서도 그 한계가 지적된 바 있다.[13] 김기림이 추구했던 문학은 근대주의로 요약될 수 있으며 그것은 서구를 모델로 한 것이었다. 그의 근대주의는 한국의 경험적 구체성을 포함하고 있지 못한 것이어서 추상적 보편주의에 머물고 말았다. 다시 말해 그의 실험은 구체적 경험을 통한 것이 아니라 '머릿속 실험(thought experiment)'에서 멈추고 말았다. 이와 같은 문제점은 마땅히 정확하게 지적되어야 할 것이다. 다른 한편으로 이상과 같은 한계에도 불구하고 그는 서구의 문학이론을 선구적으로 소개하여 척박한 우리 시단을 풍요롭게 하였고 그 넓이와 폭을 확장시켰다. 특히 그의 「詩論」은 한국근대시사의 뚜렷한 성취로서, 해방 이전의 유일한 체계적이고 과학적인 시론으로 평가될 수 있다. 그가 추구했던 근대주의는 서구의 압도적인 물리적 힘과 제국주의의 정치적 압력 속에서 피할 수 없는 선택이었다. 물질세계의 물리적 힘 앞에 전통의 정신세계는 무력할 수밖에 없었다. 따라서 그가 보여준 그릇된 보편성의 미망은 개인적 실패이면서 동시에 역사적 한계이기도 하다.

---

13) 김인환, 「김기림의 비평」, 『문학과 문학사상』, 열화당, 1978.

이태준의 전통주의 연구

1. 문제제기와 연구사 검토

상허 이태준은 한국 근대소설사에 매우 이채로운 족적을 남긴 작가이다. 그의 단편은 전통적인 리얼리즘 수법을 근간으로 하고 있지만, 리얼리즘이나 모더니즘, 전통주의의 어느 하나의 틀로만 포섭되지 않는다. 그의 단편을 전통주의(傳統主義) 혹은 상고주의(尙古主義)나 의고주의(擬古主義)의 관점에서 해석하는 시도들은 이미 있어 왔었다. 이태준 소설의 성격에 대한 규정은 최재서와 김기림에 의해 그 단초가 마련되었지만,[1] 비평적 용어의 수준에서 그의 상고주의(尙古主義)를 최초로 규정한 사람은 이재선이다.[2] 이재선의 평가는 단편과

---

1) 김기림, 「스타일리스트 이태준씨를 논함」, 《조선일보》, 1933.6.25~27.
최재서, 「단편작가로서의 이태준」, 『문학과 지성』, 인문사, 1938.

2) 이재선, 『한국현대소설사』, 홍성사, 1979, 365~368쪽. 이재선은 이 책에서 이태준의 상고주의를 다음과 같이 규정하고 있다. "그의 문학 세계의 강한 정신적인 기반이 되고 있는 것은 尙古主義와 연민의 정조다. 그의 이 尙古主義는 수

산문을 모두 검토하고 있어 나름대로의 타당성을 지니고 있는 것이 사실이지만, 이태준 작품에 드러난 표면적 진술들에 주목하고 있는 편이어서 그 이면의 의미를 해석해 내고 있지는 못하다. 이에 앞서 김현 역시 이태준의 전통에 대한 관심을 '딜레탕티즘(dilettantism)'으로 부정적으로 평가한 바 있다.[3] 그러나 김현의 이와 같은 평가는 단편집 『가마귀』만을 대상으로 한 것이어서 전체적이고 종합적인 평가라고 보기는 어렵다. 이상의 논의를 이어받아 이태준의 전통주의의 성격을 『문장(文章)』파의 문학관이라는 좀 더 포괄적인 시각에서 검토한 사람은 황종연이다.[4] 황종연 역시 이태준의 전통주의를 부정적으로 평가하는데, 그에 의하면 이태준의 문학세계는 '조선이라는 폐허를 사는 체념의 심정'으로 요약된다. 황종연의 논의는 보다 포괄적

필집 《無序錄》의 <古典> <古翫> <古翫品과 生活> 등에서 구체적으로 나타나고 있듯이 자기나 서화 같은 骨董品이나 漢詩, 고건물, 기명에 대한 특별한 애호 같은 것에서 드러난다. 이런 취향은 소설에서도 그대로 반영되고 있다. …(중략)… 이런 숨어 사는 선비로서의 處士的인 好古癖에서 그의 상고주의의 한 길을 보게 된다. 이러한 의식 때문에 그는 시간의 관념에 있어서 現在보다도 過去를 더 중시한다. 그의 작품에 등장하는 많은 인물이 노인들이고 또 운명에 대해서 受動的인 사실도 과거를 존중하는 의식과 결부된 것으로서 결코 우연한 것이 아니다. <愚菴老人> <福德房> <아담의 後裔> <寧越令監> <無緣> <돌다리> <不遇先生> 등은 모두 과거에 사는 노인들의 초상을 그리고 있는 작품이다. 이들 노인들은 모두 현실에서는 불우하고 무력한 사람들이지만, 그렇지 않았던 과거를 가지고 있었던 사람들이다."

3) 김현 · 김윤식, 『한국문학사』, 민음사, 1973, 199~200쪽. 김현은 이태준을 다음과 같이 평가하고 있다. "그가 자신의 정치학을 개진하지 못하고, 사회의 압력을 그대로 받아들이게 된 것은 거의 대부분이 그의 딜레탕티즘 때문이다. 그의 딜레탕티즘을 선비 기질이라고 표현하고 있는 비평가들도 있으나, 그것은 선비 기질과 딜레탕티즘을 혼동한 결과이다. 그의 딜레탕티즘은 개인의 안위와 골동품에 대한 호기심의 소산이며, 지조나 이념을 그 기반으로 하고 있는 선비 기질과 판연히 다르다."

4) 황종연, 「한국문학의 근대와 반근대」, 동국대 박사학위논문, 1991.

인 것이어서 이태준에 대한 진전된 시각을 보여주고는 있으나, 이전 논의의 테두리에서 벗어나지 않고 있으며, 자신의 논리를 부각시키기 위해 자신의 논지와 일치하지 않는 시각을 드러내는 부분은 생략함으로써 자료의 임의적인 선택이라는 문제가 있다.5)

이와는 반대의 시각에서 이태준의 전통주의의 성격을 긍정적으로 평가하고 있는 논자들이 있다. 이들 논의들은 비교적 최근의 것으로 이남호, 서영채, 장영우, 권성우, 김재용 등의 논의가 그것들이다.6) 이들 논자들은 이태준의 상고주의적 태도의 이면에 숨겨진 식민지 근대성에 대한 비판으로서의 성격에 주목한다. 즉 이태준의 상고주의는 전통으로의 단순한 회귀나 이의 무조건적인 복권이 아니라 다분히

---

5) 예를 들어, 이태준의 전통주의를 언급할 때 반드시 인용되는 「古翫品과 生活」이라는 글의 마지막 부분은 논자의 편의에 따라 생략된 채 인용되기도 한다. 그것이 반드시 의도적인 것이라고는 할 수 없겠지만 성실한 연구자의 태도라고 할 수는 없을 것이다.

6) 이남호, 「시대에 대한 미학적 간접화법」, 『문학의 위족 2』, 민음사, 1990.
서영채, 「두 개의 근대성과 처사의식」, 『소설의 운명』, 문학동네, 1996.
장영우, 『이태준 소설연구』, 태학사, 1996.
권성우, 「이태준의 수필 연구-문학론과 상고주의에 대한 해석을 중심으로」, 『한국문학이론과 비평』 제22집, 한국문학이론과 비평학회, 2004.
김재용, 「동양주의에서 국제주의로」, 『이태준 문학의 재인식』, 소명출판, 2004.
장영우는 "이태준의 상고주의는 물신적 전통숭배나 폐쇄된 고전 세계에의 집착이 아니라 옛것을 통하여 현재의 의미를 해석하고 올바른 방향으로 나아가려는 진취적 현실인식의 방법이다. 근대화의 물결에 밀려 퇴물 취급이나 당한 채 사회에서 소외된 노인층에게서 난세를 헤쳐나갈 삶의 슬기를 얻어내려는 전략과도 유사하다."(위의 책, 59쪽)라고 지적한다. 권성우 역시, "이태준이 도자기나 옛 그림 등의 고완품에 대한 특별한 애호를 보이는 것은 사실이다. 그리고 상당수의 소설 속에서도 전통적 가치를 수호하는 인물과 현대의 부박한 현실에 적응하지 못하는 낙오자들이 등장한다. 그러나 이태준의 이러한 면모를 전근대적인 것에 대한 향수나 동경으로 연계시키는 것은 단순한 견해에 불과하다."(위의 글, 26쪽)고 언급하면서 이태준의 세계관은 소박한 복고주의와는 분명하게 구별된다고 지적한다.

전략적이라는 것이다. 이와 같은 논의는 기존의 이태준 문학의 논의가 미적 자율성의 개념에 집중되는 편향을 비판적으로 극복하고자 하는 노력으로 볼 수 있다. 즉 이태준이 일관되게 사회·역사적 관심을 지니고 문학 활동을 했다는 관점은 그의 문학을 전체적인 구도 속에서 일관되게 해명할 수 있는 가능성을 열어 놓는다. 본 논문의 기본적인 취지와 시각 역시 이와 같은 맥락에 있다. 가령 이태준의 전통주의를 식민지 근대성에 대한 비판의 성격을 띠는 것으로 파악하는 것은, 해방이후 월북이라는 그의 정치적 선택이 우연적 사건이 아니라 그가 활동 기간 내내 문학이 집단적 발화행위로서 사회적 존재의 일부라는 사실을 항상 염두에 두었던 결과로 볼 수 있게 한다. 한편 이상의 관점을 통해 그의 전통주의를 식민지의 사회·역사적 근대성과 대비되는 미적 근대성의 근거로 해석해 내기도 한다.[7] 이 외에 장영우는 이태준의 '상고주의'를 옛 것을 통해 새 것을 배운다는 '온고지신(溫故知新)'의 정신으로 이해하기도 하며, 박헌호는 의고주의로 파악하기도 한다.[8]

---

7) 서영채, 위의 글. 이는 분명 의미 있는 고찰이긴 하지만 미적 근대성을 사회·역사적 근대성과 대립되는 것으로 파악하여 근대성을 이항 대립의 이분법적 체계로 환원시킬 위험이 있다. 그리고 민족의 주체적인 역량에 의한 사회·역사적 근대성 자체 내부에서의 반성과 자기 갱신의 가능성을 간과할 우려도 있다. 미적 근대성의 개념은 사회·역사적 근대성과 반드시 대립되는 것도 아니며, 사회·역사적 근대성과 중첩되고 뒤섞여 있는 것이다. 그리고 미적 근대성의 사회·역사적 근대성에 대한 비판으로서의 성격은 사회·역사적 근대성의 자기비판 가능성과 함께 논의되어야 한다.

8) 박헌호는 그의 『이태준과 한국 근대소설의 성격』(소명출판, 1999)에서 이태준의 전통주의를 1930년대 조선주의 문화운동과의 관련 하에, '의사 고전주의(擬似 古典主義)'를 뜻하는, <의고주의(擬古主義)>로 규정한다. 여기에서 그는 1930~40년대 정신사적 구도 속에서 이태준의 전통주의가 갖는 식민지 근대성에 대한 비판으로서의 성격을 애써 외면하고, 사회 경제사를 문학사와 등치시

이상의 논의를 종합해 볼 때, 이태준의 전통주의에 대한 연구는 다음과 같은 관점에서 접근해야 할 것으로 보인다. 먼저, 소설과 산문을 포함해서 이태준의 전 작품을 대상으로 한 충실하고 실증적인 일차적 독서가 다시금 요청된다. 『문장(文章)』파의 세계관을 논하고 있는 논자들이 주로 그의 산문만을 검토하고 있는 것은 문제가 있는 것으로 보이며, 이를 극복하기 위해서는 이태준의 소설까지 포함한 논의가 꼭 필요하다고 하겠다. 이는 논의의 전체성과 객관성을 위해 기본적이면서도 반드시 필요한 자세이다. 이를 위해서는 이태준의 장편까지를 포함한 검토가 필요한데 이는 추후의 과제로 남겨 두고, 이 글에서는 단편과 산문으로 논의의 대상을 한정하기로 한다.

둘째, 이태준의 전통주의는 반드시 그의 식민지 근대성에 대한 태도와의 관련 하에서 논의되어야 한다. 그의 전통에 대한 경사는 분명히 식민지 근대주의와의 연관 속에서 형성된 것이기 때문에 이에 대한 관계적 고찰이 필수적이라 하겠다. 이 부분에서 그의 전통주의가

키고 있다. 이어서 그는 미적 근대성의 논리에 근거해서 이태준의 전통주의의 성격을 규정하면서, '고완'을 심미성의 계발의 차원에서 설명한다. 물론 타당성이 없는 것은 아니지만 이는 논의의 범주설정이 어긋나 있는 것으로 보인다. 즉 이태준의 전통주의가 갖는 가장 중요한 맥락인 식민지 근대성에 대한 비판으로서의 성격은 사회적 근대성의 차원으로 보는 것이 타당한데, 그런 맥락은 고려하지 않고 미적 근대성의 심미적 차원에서만 고립적으로 설명하는 것은 논의의 차원을 제한하는 것이다. 비록 심미적 체험이라는 미적 근대성의 논리가 사회적 근대성에 대한 비판으로서의 성격을 지니고 있고 그것이 그가 말하는 '정신적 근대주의'라 할지라도, '고완'의 시대적 성격은 무시한 채 심미적 능력의 고양을 위한 방법론으로 추상회시키는 그의 논리는 동의하기 어렵다. 따라서 그의 말대로 식민지 시대의 정신사적 구도 속에서 '반근대주의'가 근대에 대한 무조건적인 거부를 의미하기 어렵다는 것은 평범한 진술에 그치고 만다. 이상의 맥락에서 이태준의 전통주의를 식민지 근대성에 대한 '반근대주의'가 아니라 '근대주의'로 봐야 한다는 그의 견해는 다소 소박하고 추상적인 견해가 아닐 수 없다.

근대와 교섭하는 전통이었는지, 아니면 딜레탕티즘이나 단순한 상고주의였는지가 밝혀질 것이다.

셋째, 두 번째 것과 밀접하게 관련되는 것으로 이태준의 예술관 내지 문학관과 그의 전통주의가 어떤 역학관계를 지니고 있는지를 밝혀내야 한다. 이는 앞의 미적 근대성과도 관련되는 것으로 세밀하고도 섬세한 고찰이 요구되는 부분이라고 하겠다.

이상의 문제의식을 토대로 본고는 이태준의 전통주의의 성격과 그 실체를 규명하고자 한다. 2절에서는 주로 『無序錄』을 포함한 그의 산문을 검토할 것이고, 3절에서는 그의 단편을 중심으로 논의를 전개할 것이다.

2. 산문에 나타난 전통주의의 성격

이태준은 엄밀한 논리를 동반한 전통론을 개진하거나 소설을 구성하는 중요한 원리로서 전통주의를 채택하지도 않았다. 그의 전통에 대한 논의라고 할 수 있는 것은 주로 그가 '古翫品'이라 명명한 지나간 시대의 골동품들을 대하는 태도를 통해 드러난다. 따라서 논의의 중심이 되는 것은 이태준의 전통을 대하는 자세와 시각이라고 할 수 있다. 먼저 이태준의 산문에서 전통주의에 대한 논의의 핵심이 되는 글은 「古翫品과 生活」이다. 이 외에 「古典」, 「古翫」, 「東洋畵」[9] 등의 글들이 함께 참조되기도 하지만, 대부분의 논의의 근거가 되고 있는 것은 「古翫品과 生活」이어서 우선적으로 이에 대한 자세한 검토가

9) 이 세 편의 글은 모두 『無序錄』(박문서관, 1941)에 실려 있다.

필요하다. 특히 논자에 따라 자신의 논리를 강조하고자 임의적으로 「古翫品과 生活」의 일부만을 부분적으로 인용하는 경우도 있어, 이 글은 더욱이 전체적이고도 객관적인 검토가 필요하다. 이를 위해서는 좀 긴 인용이 필요할 듯하다.

> 젊은 사람이 너머 古翫에 묻히는것도 反省해야 할것이다. 그렇지 않아도 各方面으로 早老하는 東洋人에게 있어서는 靑年과 古翫이란 오히려 警戒할 必要부터 있을런지 모른다. …(중략)… 先人들의 生活을 오래 이바지하던 그릇으로 더부러 오늘 우리의 生活을 담어본다는 것은, 그거야말로 古典이나 傳統이란 것에 對한 가장 正當한 <解釋>일런지 모른다. 그러나 婦女子의 세간사리를 이모저모 가려가며 舍廊에 陳列하는, 그 舍廊양반은 小心細經에 빠지기 체격 쉬웁다. …(중략)… 젊은 사람이 <現代>를 喪失하는 것은 늙은사람이 古翫境을 領有치 못함만 차라리 같지 못하다. 老儒에게 있어 珍籍은, 오직 <所藏>이라는것만으로도 名譽의 維持가 된다. 그러나 젊은 學徒에겐 <三代目> 같은 꿈의 珍書를 入手했다 치자 <所藏>만으로는 차라리 不名譽일것이다. 古翫의 境地만으로 勿論 趣味中엔 高級이다. 그러나 <所藏>만 일삼아선 오히려 過慾을 犯한다. 翫賞도 어느程度의 硏究批判이 없이는 수박겉핥기보다, 그器物의 正體를 못 찾고 늘 邪ㅅ된 魅力에만 끌려 彷徨할것이다. 古典이라거나, 傳統이란것이 오직 保管되는것만으로 끄친다면 그것은 <주검>이요 <무덤>의 代名詞일것이다 博物館이란 한낱 <아름다운墓地>에 不過할것이다. 우리가 돈과 時間을 드려 自己의 書齋를 墓地化시킬 必要는 없는것이다. 靑年層知識人들이 陶磁器를 蒐集하는것은, 古書籍을 蒐集하는 것과 같은 意味를 나타내야 할것이다. 翫賞이나 所藏慾에 끄치지않고, 美術品으로, 工藝品으로 正當한 現代的 解釋을 發見해서 古物 그것이 주검의 멈지를 털고 새로운 美와 새로운 生命의

不死鳥가 되게 해주어야할 것이다. 거기에 정말 古翫의 生活化가 있는줄 안다.10)

인용문은 전통을 대하는 이태준의 태도와 시각을 여실히 보여준다. 이를 통해서 상허가 누누이 반복해서 강조하고 있는 것은 아마도 고전과 전통에 대한 '정당한 현대적 해석'일 것이다. 상허는 고완이 자체로서 고급한 취미가 될 수 있다는 것을 인정하지만, 그것이 단순한 완상이나 소유욕에 그치는 것도 경계하고 있다. 특히 젊은 청년들이 '완물상지(玩物喪志)'하여 '현대를 상실'하게 된다면, 차라리 고완 취미를 체득하지 않는 것이 낫다고 충고하고 있다. 즉 골동품이 과거의 형태 그대로 오직 보관되는 것만으로 그친다면, 그것은 '<주검>이요 <무덤>의 대명사'로 전락하고 만다는 것이다. 그래서 생명감을 삭탈시키는 '골동품'이라는 용어보다 상허는 '될 수 있는 대로 <고완품>이라 쓰고 싶은' 것이다. 소장 욕심이나 완상에만 매달린다면 그것은 이미 창조적 생명력을 상실한 '연물증(戀物症, fetishsm)'으로 변질된 것이다. 연물증은 주체와 대상과의 관계를 변화하는 역동성 속에서 정립하지 못하고, 대상 속으로 주체가 고착되어 함몰되어 버린다. 그것은 사물을 정지된 상태로 붙잡아두려는 병적인 열망이라 할 수 있다. 상허가 지적하는 고완품의 '邪ㅅ된 魅力'이라는 것은 바로 연물증을 의미하는 것이다.

따라서 '선인들의 생활을 오래 이바지하던 그릇으로 더부러 오늘 우리의 생활을 담어본다는 것은, 그거야말로 고전이나 전통이란 것에 대한 가장 정당한 <해석>'이 된다. 여기에서 상허가 강조하는 것은

10) 李泰俊, 「古翫品과 生活」, 『文章』, 1940.10, 208~209쪽.

전통의 창조적 변용, 현재를 통한 과거의 갱신이다. 전통이 우리의 현재의 삶 속으로 용해되어 창조적으로 계승되지 못한다면, 그것은 주검의 먼지만이 쌓인 '古物'에 지나지 않을 것이다. 전통은 현재 속에서 '정당한 현대적 해석'을 발견할 때, 비로소 '주검의 먼지를 털고 새로운 미와 새로운 생명의 불사조'로 부활하는 것이다. 그리고 거기에 진정한 의미의 '고완의 생활화'가 있는 것이다. 이 글의 제목인, 「고완품과 생활」이라는 표제가 뜻하는 것은 바로 그것이다. 따라서 이태준의 전통주의를 '온고지신(溫故知新)'의 정신으로 이해한 장영우의 연구는 적절한 해석이라 할 수 있다.[11] 이 글을 통해 살펴 본 이태준의 전통에 대한 통찰이 깊이 있는 것이라거나 새로운 것이라고는 할 수 없다. 어찌 보면 너무나도 당연하고 평범한 진술에 불과한 것처럼 보이기도 한다. 이러한 이태준의 평범한 견해를 자세히 검토하는 이유는 이태준의 전통주의 혹은 상고주의나 의고주의를 전통으로의 무조건적인 회귀나 현실로부터의 도피로 해석하는 경우가 대부분이기 때문이다. 이태준이 전통에 대해서 깊이 있는 통찰을 보여주고 있지는 않지만, 최소한 그의 전통주의가 퇴행적인 것으로 치부되어서는 안 된다. 그는 최소한 <근대와 교섭하는 전통>, <근대를 갱신하는 전통>을 염두에 두었다고 보는 것이 보다 온당한 해석이 될 것이다. 다른 글들을 통해서 이를 좀 더 살펴보기로 하자.

(1) 고전 정신의 대도(大道)는 영원히 온고지신(溫故知新)에 있겠으나 고전의 육체미는 반드시 지식욕으로만 감촉될 성질의 것은 아니라 그리므로 모-든 고전의 고전미는 고완의 일면을 지님에 엄연하도다. …(중략)… 완

11) 장영우, 『이태준소설연구』, 태학사, 1996.

전히 느끼기 전에 해석부터 가지려함은 고전에의 츰입자(闖入者)임을 면치 못하리니 고전의 고전다운 맛은 알 바 아니요 먼저 느낄 바로다 생각한다.[12)]

(2) 미술이 무용이나 음악과 함께 국경이 없다 하지만 결국은 다 있는 것이다. 더구나 양(洋)의 동서를 볼때 뚜렷한 경계가 있는 것 같다. 최승희(崔承喜)의 춤에 조선춤이 가장 무리가 적어보힐 뿐 아니라 '샤리아핀'을 아모리 연습을 하더라도 육자배기에서는 이동백(李東伯)을 따르지 못할 것이다. 미술도 정도 문제일 뿐, 다 국경의 계선(界線)이 없지 않으리라 믿는다. 조선 사람으로 단원(檀園)이나 오원(五園)이 되기 쉽지 '쎄산누'나 '마치스'는 되기 어려울 것은 생각해 볼 필요도 없겠다. 되기 쉬운 것을 버리고 되기 어려운 것을 노력하는 데는 무슨 변명할 이유가 있어야겠는데 내가 단순해 그런지는 모르나 그런 특별한 이유도 얼른 생각나지 않는다. '나는 대가(大家)도 싫다. 나는 서양화가 좋으니까 그린다'하면 그건 개인 문제라 제삼자의 용훼(容喙)할 배 아니겠으나 그러나 나는 무례할지 모르나 이렇게 독단한다. 서양화보다는 동양화를 더 질길줄 아는 이가 문화가 좀 더 높은 사람이라고. 이것은 '사람'보다 사실은 '동양화'를 위해서 하는 말이지만, 무론 엄청난 독단이다. 그러나 서양화에선 무슨 나체를 잘 그린다고 해서가 아니라 색채본위(色彩本位)인만치 피는 느껴져도 동양인의 최고 교양의 표정인 선(禪)은 좀처럼 느낄 수 없는 것을 어찌하는가![13)]

(3) 학사 박사가 2천만이면 무얼하는가? 한 학사, 한 박사라도 먼저 조선

---

12) 이태준, 「古典」, 『무서록』, 박문서관, 1941. 여기에서는 『이태준문학전집 15-무서록』, 서음출판사, 1988, 230~231쪽. 이하 인용은 이 전집에서 하기로 한다.
13) 이태준, 「東洋畵」, 『무서록』, 전집 15, 243~244쪽.

> 사람이어야 할 것이다. 조선신문보다 다른 곳 신문, 조선잡지보다 다른 곳 잡지와 친하여 조선말, 조선글에 인연이 먼 사람은 그의 언행, 그의 취미, 그의 생활, 그의 인격의 바탕, 모도 다 조선 것이 아닌 사람이 되는 것이다. 그따위 학자는 쑥 백명이면 조선인 문화 발달에 무슨 상관이 잇는가 말이다. …(중략)… 교육자 제씨여! 소생의 곤찰이 그릇됨인지는 모르나 중학때 급우들을 오는 사회에서 보드라도 학교시대에 조선말과 조선글에 친하지 못하든 사람들이 흔히 '긴상'이니 '미스터'니 하고 까부르며 조선 신문, 조선책 조선 것은 조소부터 하고 아조 심보가 바뀌인 사람들이 만다. 여러분의 조선을 위하는 정성은 요따위 알미운 분자를 조선 사회에 제공하는데 잇지 안흘 것이다.[14)]

인용 (1)에서도 드러나듯이 이태준의 전통주의는 철저히 '온고지신'의 정신을 기반으로 하고 있는 것이었다. 이를 위해서 '고완'도 필요한 것이고, 그래서 해석 이전에 고전을 온전히 느낄 줄 아는 자세부터 필요한 것이다. 상허에게 '고전 정신의 영원한 대도(大道)'는 언제나 전통의 창조적 계승이었던 것이다. 인용 (2)와 (3)은 이태준의 전통주의의 근거가 되는 민족의 주체성에 대한 자각을 담고 있다. 이는 이태준의 전통주의가 갖는 식민지 근대성에 대한 비판으로서의 성격을 파악하는 데 단초가 된다. (2)는 경계를 넘어선 보편주의로서의 근대주의보다는, 경계를 잘 짓고 담을 잘 쌓아야 진정한 의미로서의 근대주의가 가능하다는 점을 암시해 준다. 보편주의로서의 근대주의는 다름 아닌 식민지 근대화의 논리와 상통하는 것이다. 서양의 물질문명과 근대주의는 보편적 이념으로서 동양에서도 추구해야 할 가치로

---

14) 이태준, 「문단인으로서 사회에 보내는 희망」, 전집 17, 331~332쪽.

승인되지만, 그것이 주체적 역량이 아니라 외세에 의해 타율적으로 주어지고 민족 전체의 발전을 위해서가 아니라 제국주의의 지배질서에 봉사하는 것으로 변질될 때, 그것은 우리의 근대가 아니라 타자의 근대일 뿐이다. 또한 근대화의 논리에는 서양의 문화적 전통과는 다른 동양과 한국의 문화적 특이성이 포함되어야 하는 것이다.[15] 이태준은 '서양화보다는 동양화를 더 질길 줄 아는 이가 문화가 좀 더 높은 사람'이라고 단언하기까지 한다. 그 근거로 그는 서양 정신의 직접적이고 표면적인 성격을 상징하는 '피'와 대비되는 동양의 심층적 정신세계인 '선(禪)'을 예로 든다. 이를 통해 이태준은 서양과는 다른 동양 내지 한국적 전통의 특이성을 강조하고자 했던 것으로 보인다. 이를 통해 그는 우리 것의 가치와 민족의 주체성을 일깨우고자 한 것이다. 인용 (3)의 주된 논지 역시 조선적인 것에 대한 강조라고 할 수 있다. 여기에서 상허는 조선 문화의 근간을 이루는 조선어의 가치에 대한 자각을 호소하고 있다. 민족어의 존망을 책임져야 하는 작가로서 조선어에 대한 자각을 호소하는 일은 당연한 것이기도 하다. 말이 민

15) 이와 같은 작가의 시각은 이미 단편 「결혼」(1931)에서도 피력된 바 있다. 그 부분을 인용해 보면 다음과 같다.
"또 S의 머리 속에는 그 뒤를 따라 지나가는 것이 있었다. 그것은 서양 사람들의 생활과 조선 사람들의 그것과의 비교였었다. 저들에겐 앞을 막는 것이 없다. 추으면 스팀이 잇다. 더우면 선풍기나 명사심리가 있다. 밤이 오면 찬란한 별밭을 누어서 바라보는 아름다운 이츠의 침대가 잇으며, 아츰이 오면 몇만리 밖에서도 뉴욕이나 파리에서 맨든 햄이나 쏘세지가 있다. 어느 곳을 가든지 저들은 개인적으로나 민족적으로나 멸시하는 곳이 없다. 자식을 낳으면 학교가 있고 버리터가 앞서 있다. 어째서 진정으로 하느님의 은혜를 찬송하지 않을 수가 잇으랴. 그러나 조선 사람에게 무슨 은혜가 잇는가. 다 같은 햇발과 다 같은 샘물을 마신다 치더라도 오늘 조선 사람으로서 저들이 불으는 찬송가의 가사를 그대로 번역해 가지고 그것을 외우고 섯을 때는 아닌 것 같은 생각이 들었다."(이태준, 「결혼」, 『彗星』, 1931년 4월~6월)

족의 얼을 담는 그릇이라는 상투적인 표현을 빌리지 않더라도, 일제 말기 민족의 생존조차 불투명해진 시기에 겨레말의 가치에 대한 강조는 적잖은 의미를 지닌다고 할 수 있다. 그리고 그것이 식민지 정치권력의 논리와 타협할 여지를 남겨 두는 것이 아니라는 점은 인용의 후반부 서술에서 유추할 수 있다. 식민지 권력의 근대화 논리에 충실히 순응하는 사람들은 이태준에게 '얄미운 분자들'인 것이다. 식민지 교육과 조선어 말살정책의 실상은 단편 「浿江冷」에서도 예시된 바 있다.16)

결국 이태준은 우리의 고유한 정신적 자산인 겨레말에 대한 강조를 통해 민족의 주체성을 진작시키고자 한 것이다. 인용 (2)와 (3)은 이태준의 전통주의의 성격을 짐작하게 해준다. 즉 상허가 고전과 전통에 주목하고 시대에 역행하는 고완 취미에 매달렸던 것은 식민지의 왜곡된 근대성에 이의를 제기하기 위해서였던 것이다. 그것은 추상적인 의미에서의 '반근대주의'가 아니라 구체적인 식민지 근대성에 대한 안티-테제였던 것이다. 현재의 근대화의 논리가 온전히 타자의 것이었기에, 상허는 지나간 우리 것에 대한 탐사를 통해 지금의 왜곡된 근대성을 갱신할 수 있는 가능성을 모색하고자 하였다. 상허가 그의 산문에서 민족의 주체성과 전통의 현대적 해석을 애써 강조하는 이유도 바로 거기에 있는 것이다. 따라서 상허의 전통주의는 액면 그대로의 것이 아니라 다분히 전략적인 것이었다. 그의 전통주의가 엄밀한 논리와 깊이를 동반한 것이라기보다는 추상적이고 상식적인 수준의 논의라는 점과 그것의 지향점이 불명확하다는 점은 문제가 있지만, 일제 말기의 정신사적 구도 속에서 나름의 의미를 획득하고 있

16) 졸고, 「이태준 단편 연구」, 『어문논집』 45호, 민족어문학회, 2002 참고.

다는 점마저 부정될 수는 없다. 그의 전통주의는 식민지 근대주의에 대한 정당한 반발이었다.

3. 단편에 나타난 전통주의의 성격

이태준의 전통주의를 그의 소설을 구성하는 중요한 원리의 하나로 파악하는 경우도 많지만 이는 부적절한 것으로 보인다. 단편 속에 표면적으로 등장하는 이태준의 전통에 대한 관심은 그의 소설을 추동하는 서사의 핵심을 이루지도 않으며, 대부분 소재적인 차원에서 다루어지는 경우가 많다. 이를 먼저 전제하고, 이태준의 전통주의를 논의할 수 있는 단편은 「불우선생」(1932), 「패강냉」(1938), 「영월영감」(1939), 「무연」(1942), 「석양」(1942) 등의 작품이 있다. 이 중에서 「석양」은 감상주의의 혐의가 짙기 때문에 여기에서는 제외하기로 한다. 「불우선생」과 「영월영감」은 작품의 제재 면이나 성격상 유사하기 때문에 함께 논의하기로 하고, 「패강냉」과 「무연」은 별도로 논의하기로 한다. 먼저 「불우선생」과 「영월영감」을 살펴보자. '불우선생'과 '영월영감'은 모두 과거에는 한 시대를 풍미했던 인물들로, 현재는 낙백한 지사들이다. 이들에게서는 조선조 선비들의 '처사적 풍모'(處士的 風貌)가 물씬 풍겨 난다. 불우선생은 '십여 년 전만 하여도 천여 석 추수를 받아먹고 살던 귀인이었으나, 그 재산이 한말 풍운 속에서 하루밤 꿈처럼 얻은 것이라 불순한 재물인 것을 깨닫던 날부터는 물 퍼내 버리듯 하였던' 인물이다. 영월영감도 그 '위엄이 아이들이나 하인배에뿐 아니라 그분과 동년배요 항렬로는 도리어 우이 되는 이라도 영월 영감이 오는 눈치면 으레 물었던 담뱃대를 뽑아들고 길을 비키었던' 분이고, 현재는 '심경에 큰 변화를 일으킨 듯 논을 팔고 밭을 팔고 가대와 종중(宗中)의 위토(位土)까지를 잡혀 쓰면서 한동안 경향 각지로 출입이 잦았던' 인물이다. 그들은 자신들의 몰락한 처지에도 불구하고 그 기상은 여전하여 젊은이들을 압도하며, 사회 현실에 대한 지대한 관심을 보인다. 그들은 젊은이들의 현실 순응적인 태도에 대한 비판적 기능을 담당한다. 다음 인용문을 보자.

> (1) "네…… 그런데 요즘 일중 문제가 꽤 주의를 끌지오?"한다. "글세요. 저는 그런 방면엔 문외한이올시다."하니, "그럴 리가 있소. 저렇게 발발한 청년 시기에…… 요즘 극동풍운이 맹랑해지거든……" 하는 데는 불우선생은 돌연히 지난 여름 의신 여관에서 보던 때와 같이 형형(炯炯)한 정렬에 눈이 빛나기 시작하였다. 그리고 그는 나의 음식을 먹으면서도 나를 자기가 먹이는 듯 무엇인지 나를 압박하는 것이 있었다.[17)]

> (2) "넌 너의 아버질 너무 닮는구나! 전에 너의 아버지께서 고석을 좋아하셔서 늘 안협으로 사람을 보내 구해오셨지…… 그런데 난 이런 처사취미(處士趣味)엔 대-반대다." "왜 그러십니까?" "더구나 젊은이들이…… 우리 동양 사람은, 그중에두 우리 조선 사람이지 자연에들 너무 돌아와 걱정이야." "글세올시다." "자연으루 돌아와야 할 건 서양사람들이지. 우린 반대야. 문명으루, 도회지루, 역사가 만들어지는 데루 자꾸 나가야 돼……"[18)]

인용 (1)은 청요릿집에서 '나'와 불우선생이 나눈 대화의 내용이다. 현실 정치에 무관심한 젊은이, 나와 대조적으로 불우선생은 노구의

17) 이태준, 「불우선생」, 전집 1, 158쪽.
18) 이태준, 「영월영감」, 전집 2, 119~120쪽.

몸에도 불구하고 사회 현실에 지대한 관심을 표명한다. 그래서 그는 내가 사준 음식을 먹으면서도 '나를 자기가 먹이는 듯 무언인지 나를 압박하는 것이 있었던' 것이다. 앞에서 필자는 이태준의 산문에 대한 검토를 통해 그의 전통주의는 언제나 현재 속에서 새롭게 재해석되는 것임을 확인한 바 있다. <불우선생>에서 등장하는 노인, 불우선생도 같은 의미를 지닌다. 즉 불우선생이라는 지나간 시대의 인물이나 전통이 현재 속에서 현재를 갱신하는 창조적 힘으로 작용하는 것이다. 그리고 불우선생이라는 고물(古物)은, 나라는 인물이 보여주는 체제 순응적인 식민지 근대화의 논리에 대한 비판적 기능을 수행한다. 이태준의 전통주의의 성격은 소설 속에서도 여실히 드러나고 있는 것이다. 그의 동양주의가 현실로부터의 도피나 과거로의 회귀가 아니라 현실에의 적극적인 개입을 통한 근대와의 교섭을 내포하고 있다는 점은 인용 (2)에서 확연히 드러나고 있다. 이태준은 사물화된 고완적 취미에 분명히 반대하고 있으며, 그의 전통주의는 식민지 근대주의를 갱신하기 위한 모색의 방법이자 현실에의 적극적인 개입이었다. 이런 사실은 "금력은 어디 물력뿐이냐? 정신력도 금력이 필요한 거다.", "서른 둘! 호랑이 같은 때로구나! 왜들 가만히들 있니?"와 같은 영월영감의 진술을 통해서도 드러나고 있다. 불우선생이나 영월영감이 지니는 성격적 특성은 인물의 조형성에서뿐만 아니라 보다 근본적으로는 이와 같은 맥락에서 다루어져야 한다.

「패강냉」은 「무연」과 함께 이태준의 전통주의적 지향을 잘 대변해주는 소설이다. 「패강냉」은 근대주의와 반근대주의와의 확연한 대조를 보여주면서, 이 양자의 대립항이 서사의 의미구조를 구성하는 원리로서 작동하고 있는 작품이다. 근대와 반근대의 대립항을 정리해서 인용해 보면 다음과 같다.

(1) 다락에는 제일강산이라, 부벽루라, 빛 낡은 편액들이 걸려 있을 뿐, 새 한마리 앉아 있지 않았다. 고요한 그 속을 드러서기가 그림이나 찢는 것 같이 현은 축대 아래로만 어정거리며 다락을 우러러 본다. 질펀하게 굵은 기둥들, 힘 내닷는 대로 밀어 던진 첨자와 춧가지의 깍음새들, 이조 문물다운 우직한 순정이 군대군대서 구수하게 풍겨 나온다.(104)/ 현은 평양여자들의 머리 수건이 늘 보기 좋았다. 현은 단순하면서도 한 호접과 같이 살아 보혔고, 장미처럼 자연스런 무게로 한 송이 얹힌 당기는, 그들의 악센트 명랑한 사투리와 함께 '피양내인'들만이 가질 수 있는 독특한 아름다움이였다. 그런 아름다움을 제고장에 와서도 구경하지 못하는 것은, 평양은 또 한가지 의미에서 폐허라는 서글픔을 주는 것이였다.(106)

(2) "이 자식들아 너이야말루 비러먹을 자식들인 게…… 그까짓 수건 쓴 게 보기 좋을 건 뭐며 이 평양부내만 해두 일년에 그 수건 값허구 당기 갑이 얼만지, 알기나 허나?"(111)/ 김은 뽀이를 불르더니 유성기를 가져오라 했다. 째쓰를 틀어놓더니 그제야 다른 두 기생은 저이 세상인 듯, 번쨔 김과 마주잡고 딴쓰를 추는 것이다.(113)[19]

인용 (1)의 앞부분은 부벽루의 풍취를 묘사하고 있다. '현'은 거기에서 '이조의 우직한 순정'을 느낀다. 우리는 '고요한 그 속을 드러서기가 그림이나 찢는 것 같이'라는 표현 속에서 이태준의 '상고주의(尙古主義)'적 경향을 다시금 발견할 수 있다. 이는 『문장(文章)』파 문학인들이 '난(蘭)'을 대하는 '경의(敬意)'의 태도와 다르지 않다. '난'이 이병기, 정지용, 이태준 등의 『문장(文章)』파 문학인들이 지향하는 정

19) 이태준, 「패강냉」, 전집 2, 인용문 속의 숫자는 이 책의 쪽수임.

신세계를 표상하는 것으로, 종종 의인화되었다는 것은 널리 알려진 사실이다. 이와 같은 태도는 '다락을 우러러 본다'는 표현 속에 암시되어 있다. 인용 부분의 논리는 이태준이 「고완품과 생활」에서 피력했던 '고완(古翫)'의 논리와 정확하게 일치하는 것이다. 이런 이유 때문에 「패강냉」은 상허의 상고주의를 잘 보여주는 작품으로 평가되어 왔던 것이다. 인용 (1)의 뒷부분도 앞부분의 논리와 크게 다르지 않은 것으로, '평양여자들의 머리 수건'이 사라져 버린 것에 대한 주인공의 애석한 심정을 서술하고 있다. 그것은 이미 사라져 버렸고 현에게 '독특한 아름다움'을 주는 것이어서, 고완품(古翫品)으로서의 성격을 고스란히 지닌다. 그러나 '그런 아름다움을 제 고장에 와서도 구경하지 못하기 때문에, 평양은 페허(廢墟)라는 서글픔'을 주는 것이다. 이상의 진술의 표면적인 의미에 집착해서 「패강냉」의 전통주의가 패배주의적이고 퇴영적이라고 평가하는 것은 성급한 판단이다. 우리는 여기에서의 전통주의가 놓여 있는 상황과 맥락을 고려하여, 그러한 진술들의 심층적인 의미를 물어봐야 한다. 이는 작품을 구성하는 또 하나의 축인 근대주의와의 관련 속에서만 그 의미가 드러나는 것이기 때문에, 인용 (2)를 마저 살펴보아야 한다.

인용 (2)의 앞부분은 머리 수건이 없어진 이유에 대한 '김'의 설명 부분이다. 그 이유는 단순하고도 명료하다. 돈이 든다는 것이다. 돈의 논리에 의해 문화적 가치는 여지없이 폄하된다. 파행적인 식민지 근대주의도 시장의 원리에 의해서 지배되는 것으로, 투입량에 비례하는 산출량이 없을 경우 자본의 투자는 중단된다. 아무리 소중한 가치를 지닌 것이라 할지라도 상품으로서의 교환가치를 지니지 못한다면 폐기처분되고 만다. 돈의 논리에 예속되어 있는 김의 사고방식은 식민지 정치권력의 근대화 논리에 철저하게 순응하게 되는 결과를 낳는다. 인용 (2)의 뒷부분에서 근대성의 표지로 등장하는 재즈 음악에 장단을 맞추는 기생들의 모습은 식민지 근대화의 논리에서 누구도 비껴갈 수 없음을 보여준다. 여기에는 예외가 있을 수 없어서, 기생 영월이도 '딴스를 어떻게 잘 할' 수밖에 없는 것이다. 「패강냉」에는 전통주의와 이상을 표상하는 인물인 '현'과 '박', 기생 '영월이'가 있고, 이와는 반대편에서 근대주의와 현실을 표상하는 인물인 '김'과 다른 '기생들'이 선명하게 대비되고 있다. 현실 속에서 '현'과 '박', '영월이'는 '김'과 '기생들'에 비해 무력할 수밖에 없다. 그럼에도 불구하고 주인공 '현'이 '김'과 '기생들'의 논리를 부정하고, 전통과 사라져 버리는 것들에 대해서는 깊은 애정을 갖고 있다는 것은 중요한 의미를 지닌다. 즉 「패강냉」에서 보여지는 전통주의는 단순한 '상고주의(尙古主義)'가 아니라, 현실을 지배하는 식민지 근대화의 논리에 대한 저항과 비판의 성격을 지닌다는 점이다. 즉 파행적인 식민지 근대성에 대한 '반 담론(反 談論)'으로서, 이를 갱신하기 위한 전략적 성격을 띤다는 것이다. 그것은 '이상견빙지(履霜堅氷至)'라는 주역(周易)의 말로 상징되는 이태준의 현실인식을 토대로 하고 있는 것이다. 이처럼 이태준의 전통주의는 그의 산문에서 본 바와 같이, 근대주의와의 관련 속에서 파악할 때만이 그 심층적이고 근원적인 의미가 드러나는 것이다.

「무연」은 '청복(淸福)'으로 상징되는 낚시에 얽힌 '나'의 이야기이다. 여기에서 '낚시'는 단순한 이야기의 소재가 아니라, 상허의 고완취미와 동등한 자격을 갖는다. 즉 '낚시'는 하나의 '고완품(古翫品)'인 셈이다. 따라서 「무연」은 이태준의 전통주의를 논하는 데 중요한 작품 중의 하나이면서 현실도피적인 성격도 강한 작품이다. 이 작품에서 주요한 이야기의 구성요소는 외조부에 대한 추억과 고향마을의 어느 노파에 얽힌 사연이다. 작품 속의 '외조부'는 실제 작가의 외조부를 모델로 한 것이 분명해 보이는데, '외조부'는 이태준이 동경해 마지않던 '처사(處士)'의 이미지로 그려진다. 그 이미지를 통해 '나'는 탈속의 경지를 맛보는 것이다. 그러나 외조부의 고향마을은 옛 모습을 찾아보기 어려울 만큼 변해 버렸고, 죽은 아들을 위해 물에다 돌을 부지런히 나르는 노파만 눈에 띌 뿐이다. 나는 거기에서 '자연도 주인과 함께 오고 주인과 함께 가는 것인지 몰라! 기거무시의 생활부터 없으며 이제는 전설일 밖에 없는 그런 청복을 시정에서 파는 속취 분분한 물감 칠한 낚싯대로 더부러 낚으러 다닌다는 것은 그 생각부터가 한낱 부질없는 꿈이런가!'하며 반성한다. 그리고 그 반성은 '모든 게 따로 대세의 운행이 있을 뿐, 처음부터 자갈을 날러 메꾸듯 할 수는 없을 것이다'라는 현실인식으로 이어진다. 이 작품은 상고주의적 경향이 강해서 이태준의 전통주의의 퇴행적 성격이 부각되어 있는 것으로 보인다. 하지만 결말부의 자기반성과 냉엄한 현실에 대한 인식은 그의 전통주의가 과거의 무조건적인 복원이나 단순한 회귀가 아님을 암시해 주고 있다. 그리고 좀 더 포괄적인 시각에서, 이태준의 전통에의 경사가 부정적 현실에 대한 반대급부로 이루어진 것을 감안한다면 이 작품의 심층적인 의미도 파악될 수 있을 것이다. 즉 식민지 근대화의 논리에 들려 있는 세간의 현실에 대한 혐오가 이태준을 낚시와 외조부에 대한 추억담으로 이끌었다고 할 수 있을 것이다.

4. 맺음말

본고는 이상의 논의를 통해 이태준의 전통주의의 성격과 그 실체를 규명하고자 하였다. 그의 산문과 단편을 함께 살펴본 결과, 이태준의 전통주의는 질적으로 그리 수준 높은 것이라고 할 수는 없었다. 하지만 그의 전통주의가 과거로의 단순한 회귀나 무조건적인 복원이 아니라는 사실만큼은 분명해졌다. 또한 일제 말기의 정신사적 구도 속에서 그의 전통주의가 나름대로 유의미한 가치를 지님을 확인하였다. 이태준의 전통주의는 근대주의와의 관련 속에서 고찰할 때 그 심층적인 의미가 드러나는 것이었다. 그러나 장편을 포함한 그의 전 작품을 다루지 못했다는 점은 여전히 한계로 남는다. 이태준의 전통주의가 목표로 했던 것은 '근대와 교섭하는 전통'이었고, 이는 왜곡된 식민지 근대성을 극복하기 위한 하나의 방법론적 모색이었다. 이상의 논의는 기존의 이태준 문학의 논의가 미적 자율성의 개념에 집중되는 편향을 비판적으로 극복하고자 하는 노력의 일환이다. 이태준이 일관되게 사회·역사적 관심을 지니고 문학 활동을 했다는 관점은 그의 문학을 전체적인 구도 속에서 일관되게 해명할 수 있는 가능성을 열어 놓는다. 즉 해방직후 월북이라는 정치적 행로는 우연적 선택이 아니라, 그가 활동 기간 내내 문학이 사회적 존재의 일부로서 집단적 발화행위로 존재한다는 점을 항상 염두에 두었던 결과로 볼 수 있을 것이다. 결론적으로 이태준 문학을 일관된 관점에서 파악하려는 본고의 시도는 앞으로도 그의 전 작품을 통해서 논증되어야 할 필요가 있다고 판단된다.

한국현대소설사를 보는 시각

1.

한국 근, 현대소설은 20세기 한국의 굴절된 역사를 배경으로 태동, 발전하였다. 20세기 한국사는 제국주의 세력에 의한 강압적이고 폭력적인 근대화의 과정으로 점철되어 있다고 해도 과언이 아니다. 역사 철학적으로 근대란 자유와 평등의 이념에 기초한 정치 체제가 확립되고, 사회의 전 부문에 걸쳐 자본주의적 경제 질서가 관철되는 것을 말한다. 20세기 전반기의 한국은 이와 같은 보편적 이념으로서의 근대와 식민지 권력의 제국주의적 지배 질서라는 파행성을 함께 동반하고 있다. 따라서 한국 현대소설사를 구성하는 환경으로서 사회사는 추상적인 의미의 <근대주의>가 아니라 어디까지나 구체적인 <식민지 근대주의>를 문제 삼아야 한다. 한국 근대소설은 이와 같이 매우 척박한 환경을 배경으로 해서 탄생, 발전되었다. 20세기 한국 소설사의 대체적인 발전 방향은 근대주의라고 해도 큰 무리는 아닐 것이다. 한국 현대소설사를 파악하는 데, 리얼리즘과 모더니즘, 전통주의라는 삼 항 체계를 설정하는 일은 도식적이라는 비난을 면하기 어려울 것이다. 리얼리즘과 모더니즘의 경계조차 매우 불분명한 것이며, 한국 소설사에서 전통주의는 리얼리즘이나 모더니즘보다 상위 개념으로서의 근대주의와의 관련 속에서만 파악되는 것이기 때문이다. 하지만 리얼리즘과 모더니즘은 근원적인 의미에서 '근대주의'로 묶일 수 있으며 전통주의라는 것은 '반근대주의'로서의 성격을 분명히 지니는 것이기 때문에 이와 같은 삼 항 체계는 20세기 한국 소설사를 파악하는 데 일단의 편의를 제공해 줄 수는 있다. 이 삼 항 체계는 물론 편의적인 것이고 따라서 각각의 체계를 구성하는 고정된 규범이나 원리들은 정의될 수 없다. 우리는 이 체계를 매우 유동적이고 개방적인 개념으로 정의해야 한다. 정리하면 20세기 한국 현대소설사는 광의의 개념으로서의 <근대주의>로 포괄할 수 있으며, 협의의 개념으로서의 '근대주의'(리얼리즘, 모더니즘)와 '반근대주의'(전통주의)라는 하위 범주로 구성된다.

2.

한국 근대소설은 외래적 요소의 압도적인 영향 아래, 전대(前代)의 문학적 전통과의 교섭 속에서 탄생하였다. 신소설의 과도기를 거쳐 본격적인 의미의 근대소설은 이광수에 의해서 창작되었다. 이광수에게 있어 개인적 자아와 개성은 민족이나 국가와 같은 보다 큰 자아나 개성으로 환원되는 것이었기 때문에 여전히 계몽주의적인 성격을 탈피하지 못했다. 이광수의 계몽주의는 1920년대 김동인, 현진건, 나도향 등에 의해 탈색과정을 거쳐, 염상섭에 이르러 보다 진정한 의미의 근대적 개인의 발견에 도달하게 된다. 이광수보다 조금 위 연배인 신채호는, 이광수와 다른 방향에서의 정신적 벡터의 한 극한을 보여주었다. <꿈하늘>, <용과 용의 대격전> 등의 신채호의 역사, 전기 소설은 이광수류의 허구적 서사로서의 소설이라는 전통과는 또 다른 한국 근대소설의 전통을 형성하였다. 그것은 기록된 서사로서의 소설이라는 전통으로 후대의 역사소설의 발전에 밑거름이 되었다. 진정한 의미에서의 한국 근대소설은 염상섭의 <만세전>에서 시작된다고 해고 과언이 아니다. <만세전>에 이르러 비로소 이성적인 반성적 주체로서의 근대적 개인의 모습이 구현된다. 염상섭과는 정반대의 방향에서 또 하나의 근대적 개인상을 창출해 낸 작가는 이상이다. 이상은 욕망의 흐름에 따라 부유(浮游)하는 파편화된 무의식적 주체의 모습을 성공적으로 정립하였다. 이는 염상섭이 묘사한 이성적 주체로서의 근대적 개인의 또 다른 이면이었다. 염상섭과 이상을 통해 한국 근대소설은 본격적인 국면에 접어들게 된다.

1920년대 중반부터 1930년대 전반기까지 문단의 주도권은 카프 계열의 작가들이 장악하였다. 그들이 표방한 사회주의 리얼리즘은 굴절된 식민지 현실을 혁파할 수 있는 정치적 잠재력을 지니는 것이었지만, 문학을 정치의 시녀로 전락시킴으로써 도식주의의 폐해를 낳았던 것은 부정적 측면이라 하겠다. 카프 작가의 소설들 중에 기억될 만한 작품은 오히려, 그들이 표방했던 사회주의 리얼리즘의 공식적 노선으로부터 거리를 유지한 채 경험적 사실의 구체성을 소중히 여겼던 이기영에 의해서 산출되었다. 이기영의 <고향>은 카프 계열에서 창작된 가장 우수한 작품이라 할 만하다. 이기영은 <고향>에서 속류 리얼리즘의 도식주의에 작품을 가두어 두지 않고, 원리로 환원되지 않는 완강한 사실들의 힘을 보여 주었다. <고향>에서 정치의 문제는 개인의 내밀한 욕망과 결부되어서 서술된다. 그것이 이기영이 <고향>에서 보여준 작가적 역량이었다.

1935년 카프가 공식 해체되고 시대의 지도이념이 사라지자 문학계는 일종의 정신적 진공 상태를 경험하게 된다. 통상 전형기(轉形期)라 불리는 1930년대 후반기 문학의 지형도는 어느 누구도 주도권을 주장하지 못하는 상태로 내용과 형식에서 다양한 분화와 변화를 겪게 된다. 카프 작가들이 생활로 복귀하는 어려움을 그린 이른바 전향소설이 쏟아지는 것도 바로 이 시기이다. 그들은 이념적 공황상태 속에서 구체적인 현실과 몸으로 맞닥뜨려야 했다. 김남천은 <장편소설론>, <로만개조론>, <풍속소설론> 등을 통해서 관념을 버리고 경험적 현실 속으로 뛰어 들어가고자 했다. 허 준, 최명익 등과 《단층》파 작가들이 등장한 것도 이 즈음이다. 그들은 심리주의적 수법을 통해서 '프로이디즘'과 '마르크시즘'을 종합하려고 했다. 그들의 소설을 통해 심리주의적 수법은 한국 근대소설에 보다 확산되었다. 1930년대를 대표하는 작가로서 상허 이태준, 백릉 채만식을 언급하지 않을 수 없다. 이태준은 김동인, 현진건을 이어서 한국근대단편소설의 형식과 기법을 완성하였다. 채만식은 판소리 등 우리문화의 전통적 양식에 소설을 담아내서 독보적인 영역을 구축했다. 또한 해방 후의 작품, <민족의 죄인>은 민족에 대한 한 양심적인 작가의 참회록이라는 점에서 중요한 정신사적 의미를 지닌다.

일제 말 암흑기를 지나 해방을 맞이한 문인들은 새로운 민족문학의 건설에 매진했다. 그러나 해방 공간은 새로운 민족국가의 건설이라는 정치적 명제가 민족문학의 건설이라는 문학적 명제를 압도하는 시기였다. 전쟁과 분단을 거쳐 남과 북의 문학은 이제 완전히 고립된 채로 전혀 다른 길을 걷게 되었다.

3.

1950년대는 전쟁이라는 폭력적 경험과 체험의 직접성으로부터 객관적인 거리를 유지하기가 어려웠던 시기였다. 이 시기의 중요한 작가로 손창섭, 이범선, 장용학, 하근찬 등을 들 수 있다.

4.19와 5.16으로 시작된 1960년대는 식민 지배기와는 다른 의미에서 근대를 다시 경험하게 된다. 즉 김승옥으로 대변되는 근대적 주체의 정립과정을 다시금 겪어야 하는 것이고, 최인훈으로 대표되는 정치적 근대의 실험을 다시금 시도해야 하는 것이다. '감수성의 혁명'이라 불리는 김승옥의 실험은 그러나 윤리적 차원의 혁명에까지 이르지는 못했다. 최인훈의 <광장>은 이 시기 문학이 거둔 중요한 성과 중의 하나이다. <광장>을 통해서 분단과 이데올로기의 문제는 감정적 진술의 차원에서 논리적 분석의 차원으로 한 단계 올라서게 된다. 홍성원은 깔끔한 문장과 남성적 문체를 통해 섬약한 여성적 문체가 만연해 있는 한국 현대소설에서 독자적인 스타일을 창조해냈다. 이청준은 관념 소설의 계보를 이어 한국 소설의 논리적 사유의 깊이를 더해 갔다. 그의 예술가소설, 지식인소설 등의 다양한 유형은 이청준의 작가적 역량을 입증해 주고 있으며, 그의 대표작 중의 하나인 <당신들의 천국>은 시대 현실과 교묘한 우화를 형성하면서 자유와 사랑의 변증법이 어떻게 가능한지를 묻고 있다.

한국인들이 본격적인 근대를 경험하게 되는 것은 1970~80년대에 들어와서이다. 즉 자본주의적 경제 질서가 사회의 전 부문에 걸쳐 관철되고, 생산부문의 주도권이 경공업에서 중공업으로 넘어가게 된 것은 이 시기에서였다. 산업화의 논리가 국가적 모토가 되고 이에 대한 부작용들도 부각되기 시작했다. 1970년대 소설이 주로 주목했던 것은 산업화의 논리에서 소외되었던 계층과 지역들의 문제로, 작가들은 획일적인 근대화의 논리에 저항했던 것이다. 한국 현대소설사에서 가장 빛나는 시기가 1930년대와 1970년대라는 사실은 널리 알려져 있다. 1970년대의 중요한 작가로 오정희, 황석영, 서정인, 조세희, 윤흥길, 이문구, 박태순, 최인호 등을 들 수 있다. 오정희는 감각적 문체와 그로테스크한 수법으로 삶의 비의적(秘意的) 진실을 예리하게 포착해내는 작가이다. 1970년대 소설의 대표작 중의 하나인 조세희의 <난장이가 쏘아올린 작은 공>은 도시 변두리의 뿌리 뽑힌 자들의 삶을 다룬 것으로, 리얼리즘과 모더니즘의 경계를 넘나드는 미학을 보여준다. 박태순 역시 소외된 사람들의 이야기를 주로 다루었는데, <정든 땅 언덕위>와 같은 작품들 속에서 민중에 대한 따뜻한 애정의 시선을 보내고 있다. 이문구는 산업화의 논리에서 소외된 지역인 농촌을 배경으로 한 작품들을 주로 써냈는데, 충정도 특유의 구수한 입담과 사투리를 통한 독특한 문체는 후대 작가들의 전범의 하나가 되었다. 하지만 문체의 힘만으로 소설을 엮어나가는 것은 그의 단점이기도 하다. 1970년대 소설의 특징 중의 하나로 대중소설이 높은 판매고와 함께 독자적인 영역을 형성하기 시작했다는 것은 주목할 만한 일이다. 조선작의 <영자의 전성시대>, 최인호의 <별들의 고향>, 한수산의 <부초>와 같은 작품들이 이 시기 대중소설을 대표하는 것들인데, 그들이 상업적으로 성공할 수 있었던 것은 작가적 역량이기도 하겠지만 무엇보다도 산업화의 진전에 따라 문학의 영역에도 자본의 논리가 침투하기 시작했기 때문으로 볼 수 있다. 1970년대는 급변해가는 현실의 논리만큼이나 작가들의 응전 또한 치열했다고 할 수 있다.

1980년대는 정치와 이념의 시대였다. 5.18로 시작되는 1980년대는 그동안 진행되어 왔던 근대화의 논리가 민중들의 저항에 의해 상당한 수준에서 수정을 요구받게 되었던 시기이다. 민중들은 정치의 영역에서 제도적 차원의 민주화가 아니라 실질적인 민주화를 요구하게 되었고, 경제의 영역에서 사회적 부의 공정한 재분배를 요구하게 되었다. 1970년대의 이념적 좌표가 자유였다면 1980년대는 그 중심축이 평등 쪽으로 넘어오게 된다. 또한 1980년대 들어 음성적으로 유통되던 사회주의 이론이 점차 지지의 영역을 넓혀가게 되면서 한국의 부정적 정치현실과 접목되기 시작하였다. 이 시기 문학의 모토는 문학의 정치화로 치달으면서 1920~30년대 카프문학이 노정하였던 문학의 편내용주의, 관념적 도식주의가 다시 한 번 팽배해졌다. 이 시기에 윤후명, 이문열 등과 같이 자신의 문학적 신념을 고집했던 작가도 있었지만 대부분의 소설가들은 시대의 대세를 따라 문학의 정치화 노선을 걸었다. 이 시기 문학의 특징 중의 하나로 노동문학의 성장을 들 수 있는데, 이는 사회주의 이론의 소개와 함께 노동자의 사회적 진출이 활발해진 결과이다. 이 시기의 주요 작가로 박영한, 양귀자, 이문열, 윤후명, 조성기, 송기원, 임철우, 최수철, 방현석, 유순하 등을 꼽을 수 있다.

1990년대의 소설은 1980년대 소설과의 인식론적 단절 속에서 출발하였다. 현존하는 사회주의 국가들의 잇따른 붕괴로 1990년대 초반의 정치적 지형도는 대단히 혼란스러워졌다. 1980년대의 문학정신을 계속 이어가는 작가들도 있었으나 대부분의 작가들은 80년대와는 다른 문법으로 소설을 썼다. 이 시기 문학적 환경의 변화 중에 또 하나 중요한 것이 문화적 주도권의 변경이다. 1990년대 들어 급속하게 성장한 영상문화는 문화의 주도권을 문학으로부터 넘겨받았다. 이 시기 이후로 문학은 더 이상 문화의 중심영역을 차지하지 못한다. 이 시기 소설의 가장 큰 특징은 소설적 소재의 일상화, 소설의 내성화 경향이다. 90년대의 작가들은 공동체의 선(善)보다는 개인의 실존적 문제에 더 매달리게 된다. 90년대 소설은 윤대녕, 신경숙으로부터 시작된다는 것이 거의 정설화되어 있다. 그러나 윤대녕이나 신경숙은 80년대 문학과의 대비 속에서 새로움을 획득할 수 있었던 것이지 그들이 90년대에 걸맞는 새로운 미학을 개척했다고 보기는 어렵다. 윤대녕의 '시원으로의 회귀'나 신경숙의 서정적인 문체 등은 이미 전대의 소설 속에서도 존재해 왔던 것들이다. 따라서 90년대의 새로운 미학은 백민석, 성석제, 배수아, 송경아, 김영하, 전경린, 은희경 등의 젊은 작가들에게서 찾아져야 한다. 이 시기 소설의 새로운 특징 중의 하나로 환상소설의 범람이 지적되어야 한다. 이는 장르의 다양화와 독자의 저변 확대에도 기인하는 것이겠으나, 문학의 옹색해진 사회적 입지를 반영하고 있다. 환상 소설의 독자들은 소설의 리얼리티를 더 이상 문제 삼지 않는다. 이는 이 시대를 사는 사람들의 환멸감과 허무의식을 반영하고 있다. 진실은 어디에도 존재하지 않으며 아무도 진실을 찾아 나서지 않는다. 백민석이나 배수아의 만화적 상상력, 송경아의 환상에 대한 실험, 전경린의 파토스와 은희경의 냉소, 성석제의 웃음의 미학, 김영하의 전복적 상상력 등은 이 시기 소설의 새로운 미학을 대변하고 있는 것으로 섬세한 고찰이 요구된다 하겠다.

＊이 책에 실린 글들이 처음 발표된 지면과 당시 제목은 다음과 같다.

제1부 식민지 시대의 삶과 소설의 언어

1. 낭만적 정신의 현실적 구조-신채호의 <꿈하늘>론
 : 「낭만적 정신의 현실적 구조-신채호의 '꿈하늘'론」, 『민족문화연구』 37호, 고려대 민족문화연구원, 2002.
2. 몸의 소설학 혹은 욕망의 계급적 분포도-이기영의 <고향>론
 : 「몸의 소설학 혹은 욕망의 계급적 분포도-이기영의 '고향'론」, 『한국문학평론』 21호, 한국문학평론가협회, 2002.
3. 이태준 단편 연구
 : 「이태준 단편 연구」, 『어문논집』 45호, 민족어문학회, 2002.
4. 허준 소설 연구-<속 습작실에서>를 중심으로
 : 「허준의 <續 습작실에서>(1948)론」, 『현대소설연구』 35호, 한국현대소설학회, 2007.

제2부 정신분석과 문학연구

1. 라캉 정신분석과 문학연구
: 「라캉 정신분석과 문학연구」, 『우리어문연구』 16집, 우리어문학회, 2001.
2. 송병수의 <빙하시대>론-한국 전후소설의 양식 문제와 관련하여
: 「송병수의 '빙하시대'론-한국 전후소설의 양식 문제와 관련하여」, 『현대소설연구』 26호, 한국현대소설학회, 2005.

제3부 시론과 문학사

1. 김준오 시론 연구-『詩論』을 중심으로
: 「김준오 시론 연구-『詩論』을 중심으로」, 『국어국문학』 145호, 국어국문학회, 2007.
2. 김기림의 근대성 인식: 미발표.
3. 이태준의 전통주의 연구
: 「李泰俊의 傳統主義 硏究」, 『한국문학이론과 비평』 35집, 한국문학이론과 비평학회, 2007.
4. 한국현대소설사를 보는 시각: 미발표.

참고문헌

제1부 식민지 시대의 삶과 소설의 언어

*낭만적 정신의 현실적 구조-신채호의 〈꿈하늘〉론

1. 단재신채호선생기념사업회편, 『단재신채호전집』(개정판) 上·中·下·別集, 형설출판사, 1972.
2. 이광수, 『이광수전집 10』, 삼중당, 1971.
3. 단재신채호선생기념사업회편, 『단재신채호와 민족사관』, 형설출판사, 1980.
4. 김영민, 『한국근대소설사』, 솔, 1997.
5. ______, 「1920년대 한국문학 비평 연구」, 『한국근대문학비평사연구』, 세계, 1989.
6. 김병민, 『신채호문학연구』, 아침, 1989.
7. 김윤식, 「단재 소설 및 문학사상의 문제점」, 『서울대 교양과정부 논문집』 제5집, 1973.
8. ______, 「단재의 문학관에 대하여」, 『단재신채호와 민족사관』, 형설출판사, 1980.
9. ______, 「한국 근대문학의 성격」, 『한국현대사와 역사의식』, 한길사, 1987.
10. 이선영, 「민족사관과 민족문학」, 『세계의 문학』, 1976년 겨울호.
11. ______, 「단재의 사상과 문학」, 『단재신채호와 민족사관』.
12. 송재소, 「민족과 민중」, 『단재신채호와 민족사관』.
13. 임중빈, 「단재문학의 영웅상과 민중상」, 『단재신채호와 민족사관』.
14. 김인환, 「한국현대소설의 계보」, 『문학동네』, 1998년 겨울호.
15. 김길웅, 「미적현상과 시대의 매개체로서의 알레고리」, 『현대비평과 이론』

14호, 1997.
16. 조민환, 「중국에서의 철학과 문학의 관계-도(道)와 문(文)의 관계를 중심으로」, 『현대비평과 이론』 15호, 1998.
17. 김용직 외, 『문예사조』, 문학과지성사, 1997.
18. 신재홍, 『한국몽유소설연구』, 계명문화사, 1994.
19. 조동일, 『한국문학통사 4』, 지식산업사, 1994.
20. 박은식, 『한국통사』, 김승일 역, 범우사, 1999.
21. 백남운, 『백남운전집 4』, 이론과실천, 1991.

＊몸의 소설학 혹은 욕망의 계급적 분포도-이기영의 〈고향〉론

1. 김남천, 「지식계급 전형의 창조와 '고향' 주인공에 대한 감상」, 《조선중앙일보》, 1935.6.28~7.4.
2. 안함광, 「장편소설 검토-<로만>논의의 제 과제와 '고향'의 현재적 의의」, 『인문평론』 13, 1940.
3. 이재선, 「반항의 시학과 상상력의 제한」, 『세계의 문학』 50호, 1988.
4. 김재용, 「일제하 농촌의 황폐화와 농민의 주체적 각성-'고향' 해설」, 풀빛, 1989.
5. 김윤식, 「이기영론-'고향'에서 '두만강'까지」, 『한국현대현실주의소설연구』, 문학과지성사, 1990.
6. 김병걸, 「이기영의 '고향'론」, 『1930년대 민족문학의 인식』, 한길사, 1990.
7. 조남철, 「30년대 농민소설의 전개양상」, 『1930년대 민족문학의 인식』, 한길사, 1990.
8. 김동환, 「고향론」, 『민족문학사연구』 1, 민족문학사연구소, 1991.
9. 류보선, 「현실적 운동에의 지향과 물신화된 세계의 극복」, 『민족문학사연

구』 3, 민족문학사연구소, 1992.
10. 문흥술, 「이기영 '고향'에 나타난 미적 특수성에 관한 연구」, 『한국문학과 리얼리즘』, 한양출판, 1995.
11. 김인환, 「한국현대소설의 계보」, 『문학동네』, 1998년 겨울호.
12. 이보영, 「민촌 이기영의 현실인식」, 『문예연구』 22, 문예연구사, 1999.
13. 최원식 · 한기영 외, 「권두좌담-한국문학에서 식민지 근대와 민족문제」, 『민족문학사연구』 13, 민족문학사연구소, 1999.
14. 조성면, 「탐정소설과 근대성」, 『민족문학사연구』 13, 민족문학사연구소, 1999.
15. 김재용, 『카프비평의 이해』, 풀빛, 1989.
16. 김인환, 『상상력과 원근법』, 문학과 지성사, 1993.
17. 이상경, 『이기영-시대와 문학』, 풀빛, 1994.
18. 정호웅 편, 『이기영-작가론 총서 1』, 새미, 1995.
19. 송하춘, 『탐구로서의 소설독법』, 고려대출판부, 1996.
20. 서종택, 『한국현대소설사』, 고려대출판부, 1999.
21. G. Lukacs, 『역사와 계급의식』, 박정호 · 조만영 역, 거름, 1986.
22. I. Kant, *What Is Enlightenment?*, University of Chicago Press, 1950.
23. Marshall Berman, 윤호병 · 이만식 역, 『현대성의 경험』, 현대미학사, 1998.
24. T. W. Adorno, *Aesthetic Theory*, University of Minnesota Press, 1997.

＊이태준 단편 연구

＊1차 자료

1. 이태준, 『이태준문학전집』, 서음출판사, 1988.

* **평론 및 논문**

1. 김기림, 「스타일리스트 이태준씨를 논함」, 《조선일보》, 1933년 6월 25~27일.
2. 김환태, 「상허의 작품과 그 예술관」, 『개벽』, 1934.12.1.
3. 최재서, 「단편작가로서의 이태준」, 『문학과 지성』, 인문사, 1938.
4. 김동석, 「예술과 생활」, 『예술과 생활』 박문출판사, 1948.
5. 강진호, 「이태준론」, 고려대 석사학위논문, 1987.
6. 이남호, 「시대에 대한 미학적 간접화법」, 『문학의 위족 2-소설론』, 민음사, 1990.
7. 유종호, 「인간사전을 보는 재미」, 『1930년대 민족문학의 인식』, 한길사, 1990.
8. 황종연, 「한국문학의 근대와 반근대」, 동국대 박사학위논문, 1991.
9. 서영채, 「두 개의 근대성과 처사의식」, 『소설의 운명』, 문학동네, 1996.
10. 박헌호, 『이태준과 한국 근대소설의 성격』, 소명출판, 1999.
11. 서종택, 「닫힌 세계와 자아」, 『한국현대소설사론』, 고려대출판부, 1999.

* **단행본**

1. 김윤식 · 김현, 『한국문학사』, 민음사, 1973.
2. 정한숙, 『현대한국문학사』, 고려대출판부, 1982.
3. 민충환, 『이태준 연구』, 깊은샘, 1988.
4. 상허문학회, 『이태준 문학연구』, 깊은샘, 1993.
5. 김인환, 『상상력과 원근법』, 문학과지성사, 1993.
6. 장영우, 『이태준 소설 연구』, 태학사, 1996.
7. 엄미숙, 『서술기법의 백과사전 율리시즈』, 한신문화사, 1995.
8. 미셸 푸코, 『담론의 질서』, 이정우역, 서강대 출판부, 1998.

＊허준 소설 연구-〈속 습작실에서〉를 중심으로

＊평론 및 논문

1. 권성우, 「허준 소설과 미학적 현대성」, 『모더니티와 타자의 현상학』, 솔, 1999.
2. 김윤식, 「소설의 내적 형식」, 『한국현대문학사』, 일지사, 1976.
3. _____, 「모더니즘과 리얼리즘의 넘어서기에 대하여」, 『한국문학의 리얼리즘과 모더니즘』, 민음사, 1989.
4. 박성란, 「허준 연구」, 인하대 석사학위논문, 1999.
5. 서동욱, 「들뢰즈의 주체 개념」, 『현대비평과 이론』 14, 한신문화사, 1997.
6. 신형기, 「허준과 윤리의 문제」, 『상허학보』 17집, 2006.
7. 우한용, 「소설기호론의 층위-허준의 '잔등'」, 『한국현대소설구조연구』, 삼지원, 1990.
8. 유항림, 「개성 · 작가 · 나」, 『단층』, 1938.
9. 이계열, 「허준의 <속습작실에서> 연구」, 『현대소설연구』 9호, 1998.
10. 채호석, 「허준론」, 『한국학보』 56집, 1989.
11. 최재서, 「단층파의 심리주의적 경향」, 『문학과 지성』, 대동출판사, 1938.
12. 한성봉, 「"습작실" 연작을 통해 본 허준 소설의 서사공간」, 『한국언어문학』 36집, 1996.
13. 허 준, 「나의 문학前」, 『조선일보』, 1935.8.2～4.
14. _____, 「문학방법론」, 『중앙신문』, 1946.4.7.
15. 허준외, 「신진작가좌담회」, 『조광』 1월호, 1939.1.
16. 홍성식, 「모더니스트의 월북문제 연구」, 『명지어문학』 22호, 1995.
17. 황 경, 「허준 소설연구」, 『현대문학이론연구』 11집, 1999.

* **단행본**

1. 강상희, 『한국모더니즘소설론』, 문예출판사, 1999.
2. 김달진 역해, 『당시전서』, 민음사, 1987.
3. 김인환, 『언어학과 문학』, 고려대출판부, 1999.
4. 서준섭, 『한국모더니즘문학연구』, 일지사, 1988.
5. 우한용, 『한국현대소설담론연구』, 삼지원, 1996.
6. 질 들뢰즈, 『프루스트와 기호들』, 서동욱 외 역, 민음사, 1997.
7. 미셸 푸코, 『담론의 질서』, 이정우 역, 서강대출판부, 1998.
8. 아도르노, 『미학이론』, 홍승용 역, 문학과지성사, 1987.

제2부 정신분석과 문학연구

***라캉 정신분석과 문학연구: 각주로 대체**

***송병수의 〈빙하시대〉론-한국 전후소설의 양식 문제와 관련하여**

1. 고 은, 『1950년대』, 청하, 1989.
2. 김영민, 『한국근대소설사』, 솔, 1997.
3. 김 현, 「테러리즘의 문학」, 『문학과지성』, 1971년 여름호.
4. 송하춘 · 이남호 편, 『1950년대의 소설가들』, 나남, 1994.
5. 신경득, 『한국전후소설연구』, 일지사, 1983.
6. 이도연, 「1950년대 소설의 미학적 거리 연구」, 고려대 석사학위논문, 1999.
7. 정희모, 『1950년대 한국문학과 서사성』, 깊은샘, 1998.
8. 조건상 편저, 『1950년대 문학의 이해』, 성균관대출판부.
9. 하정일, 「1950년대 단편소설 연구」, 연세대 석사학위논문, 1986.

10. 한국문학연구회 편, 『1950년대 남북한 문학』, 평민사, 1991.
11. 한국현대문학연구회 편, 『한국의 전후문학』, 태학사, 1991.
12. 한승옥, 「1950년대 소설」, 『한국근현대문학연구입문』, 한길사, 1990.
13. 한점돌, 「전후소설의 현실인식」, 『한국전후문학연구』, 삼지원, 1995.
14. 한용환, 『소설학사전』, 고려원, 1992.
15. 지그문트 프로이트, 「집단심리학과 자아 분석」, 『문명 속의 불만』, 김석희 역, 열린책들, 1997.
16. 지그문트 프로이트, 『쾌락원칙을 넘어서』, 박찬부 역, 열린책들, 1997.
17. G. Lukacs, *Solzhenitsyn*, trans. by William David Graf, The MIT Press, 1971.
18. J. Laplanche & J. B. Pontalis, *The language of psycho-analysis*, The Hogarth Press, 1983.

제3부 시론과 문학사

* 김준오 시론 연구-『詩論』을 중심으로

* 1차 자료

1. 김준오, 『詩論』(제4판), 삼지원, 1996.
2. ______, 「轉移의 시론」, 『시와 시학』, 1997년 겨울호.
3. ______, 「서정, 反서정, 신서정」, 『시와 사상』, 1999년 여름호.

* 평론 및 논문

1. 고현철, 「이론과 실천이 직조하는 체계적 기술시학」, 『현대시학』, 1999년 5월호.

2. ______, 「체계적 기술시학-김준오의 시론과 장르론」, 『문학과 사회』, 2000년 여름호.
3. 구모룡, 「비판시학의 열린 체계: 해석에서 해체로-김준오론」, 『한국문학과 열린 체계의 비평담론』, 열음사, 1992.
4. ______, 「시학의 확장: 본질시학에서 해체시학으로」, 『시와 시학』, 1997년 겨울호.
5. ______, 「궁극적 화(和)」, 『다층』, 1999년 여름호.
6. ______, 「왜 쓰는가-비평적 글쓰기의 윤리학과 심리학」, 『문화. 비평. 사회 2』, 현대미학사, 2000.
7. ______, 「비평적 글쓰기와 이타성의 지평」, 『문예중앙』, 2000년 가을호.
8. 김경복, 「인간을 찾아, 근원을 찾아」, 『시와 사상』, 1999년 여름호.
9. 이광호, 「동일성의 시학과 균열의 시학」, 『포에지』, 2000년 여름호.

＊단행본

1. 질 들뢰즈 · 펠릭스 가타리, 『천개의 고원』, 김재인 역, 새물결, 2001.
2. 헤겔, 『정신현상학 1』, 임석진 역, 지식산업사, 1988.
3. G. Deleuze, *Difference and Repitition*, trans. by Paul Patton, New York : Columbia Univ Press, 1994.
4. J. Lacan, *Ecrits*, *A selection*, trans. by alan sheridan, New York : Tavistok Publication, 1977.

＊김기림의 근대성 인식

＊평론 및 논문

1. 김우창, 「모더니즘과 근대세계」, 『현대 한국문학 100년』, 민음사, 1999.
2. 김인환, 「김기림의 비평」, 『문학과 문학사상』, 열화당, 1978.
3. _____, 「과학과 시」, 『상상력과 원근법』, 문학과지성사, 1993.
4. 문혜원, 「김기림의 시론 연구」, 『한국현대시론사』, 모음사, 1992.
5. 신범순, 「김기림의 근대성 추구에 있어서 '작은 자아', '군중' 그리고 '가슴'의 의미」 『모더니즘연구』, 자유세계사, 1993.
6. 이남호, 「현실과 문학과 모더니즘」, 『세계의 문학』, 1988년 가을호.
7. 최원식, 「'리얼리즘'과 '모더니즘'의 회통」, 『현대 한국문학 100년』, 민음사, 1999.
8. 황종연, 「리얼리즘과 모더니즘의 재고를 위한 물음」, 『현대 한국문학 100년』, 민음사, 1999.

* **단행본**

1. 김용직, 『한국현대시연구』, 일지사, 1974.
2. 김윤식, 『한국근대문학사상사』, 한길사, 1984.
3. 김윤정, 『김기림과 그의 세계』, 푸른사상사, 2005.
4. 김준오, 『문학사와 장르』, 문학과지성사, 2000.
5. 문덕수, 『한국모더니즘시연구』, 시문학사, 1981.
6. 서준섭, 『한국모더니즘문학연구』, 일지사, 1988.
7. 송 욱, 『시학평전』, 일조각, 1963.
8. 오세영, 『20세기한국시연구』, 새문사, 1989.
9. 오형엽, 『한국근대시와 시론의 구조적 연구』, 태학사, 1999.
10. 윤여탁, 『김기림 문학비평』, 푸른사상, 2002.
11. 이승훈, 『한국현대시론사』, 고려원, 1993.
12. _____, 『모더니즘시론』, 문예출판사, 1995.

13. 정순진, 『김기림문학연구』, 국학자료원, 1991.
14. 정순진 편, 『김기림』, 새미, 1999.
15. 최혜실, 『한국모더니즘소설연구』, 민지사, 1992.
16. 한국현대문학연구회, 『한국문학과 모더니즘』, 한양출판, 1994.

*이태준의 전통주의 연구

*1차 자료

1. 이태준, 「古翫品과 生活」, 『文章』, 1940.10.
2. 이태준, 「결혼」, 『彗星』, 1931, 4~6월호.
3. 이태준, 『이태준문학전집 1, 2, 15, 17』, 서음출판사, 1988.

*평론 및 논문

1. 권성우, 「이태준의 수필 연구-문학론과 상고주의에 대한 해석을 중심으로」, 『한국문학이론과 비평』 제22집, 한국문학이론과 비평학회, 2004.
2. 김기림, 「스타일리스트 이태준씨를 논함」, 『조선일보』, 1933.6.25~27.
3. 김재용, 「동양주의에서 국제주의로」, 『이태준 문학의 재인식』, 소명출판, 2004.
4. 서영채, 「두 개의 근대성과 처사의식」, 『소설의 운명』, 문학동네, 1996.
5. 이남호, 「시대에 대한 미학적 간접화법」, 『문학의 위족 2』, 민음사, 1990.
6. 이두연, 「이태준 단편 연구」, 『어문논집』 45호, 민족어문학회, 2002.
7. 최재서, 「단편작가로서의 이태준」, 『문학과 지성』, 인문사, 1938.
8. 황종연, 「한국문학의 근대와 반근대」, 동국대 박사학위논문, 1991.

* **단행본**

1. 김현 · 김윤식, 『한국문학사』, 민음사, 1973.
2. 김택호, 『이태준의 정신적 문화주의』, 월인, 2003.
3. 문학과사상연구회, 『이태준 문학의 재인식』, 소명출판, 2004.
4. 박헌호, 『이태준과 한국 근대소설의 성격』, 소명출판, 1999.
5. 상허학회, 『이태준과 현대소설사』, 깊은샘, 2004.
6. 송인화, 『이태준 문학의 근대성』, 국학자료원, 2003.
7. 이재선, 『한국현대소설사』, 홍성사, 1979.
8. 장영우, 『이태준 소설연구』, 태학사, 1996.
9. 질 들뢰즈, 『의미의 논리』, 이정우 역, 한길사, 1999.

이도연
1971년 서울출생
고려대 국어국문학과 및 동대학원 졸업
2005년 「채만식 소설의 세계 인식과 미적 구조」로 문학박사학위 취득
2007년 문학동네신인상에 평론 「정직과 관대 혹은 욕망의 자기 윤리학
-김애란론」이 당선되어 등단
현재 고려대 민족문화연구원 연구교수

경험과 초월

초판 1쇄 인쇄 • 2007년 11월 26일
초판 1쇄 발행 • 2007년 11월 30일
지은이 • 이 도 연
펴낸이 • 박 성 복
펴낸곳 • 도서출판 **月印**
서울특별시 강북구 흰구름길 19-3(수유2동 252-9)
등록 • 제6-0364호 / **등록일** • 1998년 5월 4일
대표전화 • (02) 912-5000 / **팩스** • (02) 900-5036
http://www.worin.net

ISBN 978-89-8477-380-6 93810

값 11,000원